普通高等教育物流管理与工程类专业教材

物流技术与装备

李晓霞 主　编
杨京帅 副主编
王生昌 主　审

人民交通出版社股份有限公司
北京

内 容 提 要

本书是普通高等教育物流管理与工程类专业教材。全书博采当代物流技术与装备方面的最新成果,详尽介绍了各种物流技术与装备的分类、工作原理及其应用。全书按照运输、装卸搬运、仓储、分拣、包装、流通加工等物流功能环节依次成章,并介绍了集装单元化、信息化、智能化物流技术与装备以及物流装备机务管理等相关知识。

本书可作为高等院校物流管理与工程类、交通运输类、汽车服务工程、工业工程等专业的本科生教材或教学参考书,也可供物流相关行业管理人员、技术人员参阅。

图书在版编目(CIP)数据

物流技术与装备/李晓霞主编. —北京:人民交通出版社股份有限公司,2022.1
ISBN 978-7-114-17765-1

Ⅰ.①物… Ⅱ.①李… Ⅲ.①物流技术—高等学校—教材 ②物流—机械设备—高等学校—教材 Ⅳ.①F253.9

中国版本图书馆 CIP 数据核字(2021)第 276993 号

书　　名:	物流技术与装备
著　作　者:	李晓霞
责任编辑:	钟　伟
责任校对:	席少楠
责任印制:	刘高彤
出版发行:	人民交通出版社股份有限公司
地　　址:	(100011)北京市朝阳区安定门外外馆斜街 3 号
网　　址:	http://www.ccpcl.com.cn
销售电话:	(010)59757973
总 经 销:	人民交通出版社股份有限公司发行部
经　　销:	各地新华书店
印　　刷:	北京市密东印刷有限公司
开　　本:	787×1092　1/16
印　　张:	16.75
字　　数:	381 千
版　　次:	2022 年 1 月　第 1 版
印　　次:	2022 年 1 月　第 1 次印刷
书　　号:	ISBN 978-7-114-17765-1
定　　价:	48.00 元

(有印刷、装订质量问题的图书由本公司负责调换)

PREFACE 前 言

信息化和智能化的迅猛发展及广泛应用，使得物流技术不断进步、物流装备层出不穷，也正因得益于现代物流技术与装备的支撑，当代物流才得以高效运作。

全书按照物流功能环节及集装单元化、信息化、智能化的应用依次成章，包括运输、装卸搬运、仓储、分拣、包装、流通加工、集装单元化、信息化、智能化物流技术与装备以及物流装备机务管理。本书博采大量已有教材和网络资料，综合多年教学经验，结合新技术在物流行业发展的实际应用，仔细编排章节架构，注重各章节内容衔接顺畅，以方便读者建立起对物流所有作业环节的技术与装备全貌；注重知识点全面且集中，以方便读者对比掌握；注重行业发展前沿，尤其是信息化和智能化的发展应用，以助读者了解方兴未艾的物流高新技术装备和智能技术装备，诸如云计算、EPC 物联网、物流机器人（包括无人机、无人驾驶车、自动导引车、堆垛机器人、分拣机器人、子母穿梭车）等，紧贴时代发展的脉搏。各章扩展阅读材料紧扣本章主题，以助读者了解本环节物流技术与装备的实际生产应用。

本书由李晓霞担任主编并统稿，由杨京帅担任副主编，参与编写的还有高扬、付颖斌、赵博选，具体编写分工如下：第一章、第三章、第七章、第九章、第十章第二节、第十一章由李晓霞编写；第二章、第五章由杨京帅编写；第四章由付颖斌编写；第六章、第十章第一节、第十章第三至八节由高扬编写；第八章由赵博选编写。本书由王生昌担任主审。

编写过程中，张芳、郑珂珂、蒋冬冬、沈建平、张露阳、李园园、李向红、韩宁、杜灿舟、马晓悦、黄川川、刘成鑫、李萌、陈士伟、曹王欣、刘进渊、康森、栾洪刚等研究生做了大量的工作；参考引用了国内外大量文献资料，谨此深表谢意！

希望本书能成为一本真正的教科书。恐有谬误，敬请批评指正！

编　者

2021 年 8 月

CONTENTS 目　录

第一章　绪论 ··· 1
　第一节　概述 ·· 1
　第二节　物流技术 ·· 1
　第三节　物流技术装备 ·· 3
　第四节　物流技术装备的作用和配置原则 ·· 5
　第五节　现代物流技术装备的特征与发展趋势 ······································ 8
　思考题 ·· 14

第二章　货物运输装备 ·· 15
　第一节　概述 ·· 15
　第二节　公路运输技术与装备 ·· 16
　第三节　铁路运输技术与装备 ·· 21
　第四节　水路运输技术与装备 ·· 28
　第五节　航空运输设备 ·· 36
　第六节　管道运输设备 ·· 41
　扩展阅读　美国阿拉斯加原油运输 ·· 44
　思考题 ·· 45

第三章　装卸搬运装备 ·· 46
　第一节　概述 ·· 46
　第二节　起重设备 ·· 50
　第三节　连续输送装备 ·· 61
　第四节　工业车辆 ·· 74
　扩展阅读　山东港口青岛港集装箱码头硬件设施 ································· 77
　思考题 ·· 78

第四章　仓储技术与装备 ··· 79
　第一节　概述 ·· 79
　第二节　仓库 ·· 79
　第三节　货架 ·· 84
　第四节　自动化仓库 ··· 91
　第五节　仓库附属设备 ·· 100
　扩展阅读　京东上海"亚洲一号"仓 ·· 104
　思考题 ·· 106

1

第五章 分拣技术与装备 ·· 107
  第一节 概述 ··· 107
  第二节 分拣装备工作原理 ··· 112
  第三节 自动分拣系统 ·· 113
  第四节 自动分拣装备分类 ··· 116
  扩展阅读 烟草配送中心分拣装备的应用 ······································· 120
  思考题 ··· 121

第六章 包装技术与装备 ·· 122
  第一节 概述 ··· 122
  第二节 包装技术 ··· 123
  第三节 包装机械 ··· 126
  第四节 包装自动生产线 ··· 130
  扩展阅读 智能包装系统 ··· 132
  思考题 ··· 134

第七章 流通加工技术与装备 ·· 135
  第一节 概述 ··· 135
  第二节 常见的流通加工技术 ·· 138
  第三节 常见的流通加工设备 ·· 139
  扩展阅读 上海联华生鲜食品加工配送中心智能物流管理系统 ············· 144
  思考题 ··· 147

第八章 集装单元化技术与装备 ··· 148
  第一节 概述 ··· 148
  第二节 物流标准化与集装单元化 ·· 148
  第三节 托盘 ··· 150
  第四节 集装箱运输技术 ··· 154
  第五节 其他常见集装器具 ··· 162
  第六节 集装箱装卸搬运装备 ·· 164
  扩展阅读 自动化集装箱码头的装卸工艺系统 ································ 174
  思考题 ··· 176

第九章 信息化技术与装备 ··· 177
  第一节 概述 ··· 177
  第二节 条码技术 ··· 178
  第三节 射频识别技术 ·· 180
  第四节 电子数据交换技术 ··· 183
  第五节 卫星导航技术 ·· 185
  第六节 地理信息系统技术 ··· 188
  第七节 产品电子代码技术 ··· 191
  第八节 物体标记语言 ·· 196

  第九节　云计算 ··· 198
  第十节　物联网技术 ··· 203
  扩展阅读　条码技术在汽车生产管理中的应用 ······························ 206
  思考题 ··· 207

第十章　智能化技术与装备　208
  第一节　传感与控制技术基础 ··· 208
  第二节　物流机器人 ··· 212
  第三节　无人机 ··· 214
  第四节　无人驾驶车 ··· 215
  第五节　自动导引车 ··· 217
  第六节　堆垛机器人 ··· 225
  第七节　子母穿梭车 ··· 227
  第八节　分拣机器人 ··· 229
  扩展阅读　智能化中药固体制剂生产物流系统 ······························ 232
  思考题 ··· 234

第十一章　物流装备机务管理　235
  第一节　概述 ·· 235
  第二节　物流装备的使用管理 ··· 239
  第三节　物流装备的技术管理 ··· 242
  第四节　物流装备的安全管理 ··· 245
  第五节　物流装备的更新和技术改造 ··· 249
  扩展阅读　物流装备的安全法规和标准 ······································ 251
  思考题 ··· 255

参考文献　256

第一章 绪 论

第一节 概 述

依据《物流术语》(GB 18354—2021),物流是指"根据实际需要,将运输、储存、装卸、搬运、包装、流通加工、配送、信息处理等基本功能实施有机结合,使物品从供应地向接收地进行实体流动的过程"。

物流的作业对象是货物,各种物流活动都是在一定的场所或设施条件下,提高人的直接劳动或人操控一定的作业工具或机械设备/装备,实施对货物的作业。

物流技术与装备是指完成物流各项作业活动的工具与技术手段,主要是指在货物运输、仓储保管、装卸搬运、流通加工、包装与信息处理等物流作业中所使用的各种技术装备,包括物流搬运装备、装卸装备、运输车辆、流通加工装备、分拣装备、存储装备、自动化系统、包装器具与各类信息系统软件等。物流技术与装备是现代物流学研究和应用的重要领域,现代物流的各种功能依赖于各种现代物流技术与装备得以实现,依赖于以现代物流技术装备为中坚力量的现代物流系统的运营。物流技术与装备是组织物流活动与物流专业的物质基础,是物流服务水平的重要体现。

现代物流是建立在现代科学技术基础上的新兴产业,从事现代物流生产活动必须依靠现代物流技术的支撑。无论从物流服务对象,还是从物流运作实体而言,物流系统的现代化建设已经成为一种趋势。21世纪经济全球化使得现代物流的发展呈现出信息化、自动化、网络化、智能化、柔性化、标准化、社会化、精益化及绿色物流的趋势。现代物流网络体系中的任何节点、任何环节都必须实现高度的机械化、自动化和信息化。没有现代物流技术装备的支撑,就没有现代物流的实施与运作。物流技术装备在现代物流中具有非常重要的地位和不可替代的作用。

当前,国际上物流企业的技术装备已达到相当高的水平,形成以信息技术为核心,集信息技术、运输技术、配送技术、装卸搬运技术、自动化仓储技术、库存控制技术、分拣技术、包装技术等专业技术为支撑的现代化物流装备技术格局,高新技术在物流系统的应用与发展表现尤为突出。

本书按照完成物流各项作业活动所使用的各种装备与技术手段,集装单元化、信息化、智能化物流技术与装备,以及物流装备机务管理分别成章。

第二节 物 流 技 术

一、现代物流技术

1. 物流技术

依据《物流术语》(GB 18354—2021),物流技术是指"物流活动中所采用的自然科学与社会科学方面的理论、方法以及设施、设备、装置与工艺的总称"。可见,物流技术是指人们在物流活动中所使用的各种工具、设施、设备/装备和其他物质手段,以及由科学知识和劳动经验发展而形成的各种方法、技能和作业程序等。物流技术可以表现为抽象的规划设计、图纸、说明、物流预测、计算机程序,也可以表现为实物形态,如在运输、装卸、储存、包装、流通加工、配送及信息交互处理等物流活动中所使用的工具、仪器和设备/装备及其他物质设备/装备。

严格地讲,物流技术不是一种独立的新技术,它是多学科领域的技术在物流领域的综合利用。各个领域的技术思想以综合形式获得创造性成果,正是当代技术发展的主要特点。物流技术的形成,正是这种趋势的具体体现。物流技术不是其他技术的简单相加或直接应用,而是其综合应用的结果,因而它具有新的性质。

2. 现代物流技术

现代高新技术在物流领域的具体应用形成了现代物流技术。现代物流技术除了其自身的搬运、运输和物资保管等功能技术之外,更多的是社会科学和自然科学各领域技术创新结果的综合和集成,具有各领域技术应用的广泛性、集成性、综合性和交叉性。如机械技术、自动化技术和电子技术在物流活动中的综合应用,便产生了交通运输技术、装卸技术、自动化仓储系统技术、自动分拣技术和自动包装技术;而网络化技术、信息化技术、全球定位系统(Global Positioning System,简称GPS)技术和地理信息系统(Geographic Information System,简称GIS)技术在物流活动中的综合应用,便产生了物联网技术、物流信息管理技术、物流标识技术、物流电子数据交换技术、物流卫星跟踪定位技术等。同时,现代物流技术不是其他技术的简单相加或直接应用,而是其综合应用的结果。所有现代物流技术都具有全新的实质和内容。

二、物流技术的分类

物流技术具有形态多元性、功能中介性和应用专业性三个显著的特点。

1. 按物流技术形态分类

物流技术按形态可以分为物流硬技术和物流软技术。

物流硬技术是指实物流动所涉及的各种机电设备/装备与设施、运输工具、仓储装备与设施、装载工具与容器、搬运装备、站场、电子计算机和通信装备等(亦称物流技术装备)。

物流软技术是指物流活动中所使用的各种方法、技能和作业程序等。这里所说的方法主要是指物流规划、物流预测、物流设计、物流作业调度、物流信息处理中所使用的运筹学方法、系统工程方法和其他现代管理方法。它是以提高物流系统整体效益为中心的技术方法。

随着物流技术的发展,人们不但注意硬技术的研制,而且重视已经发展到较高水平的硬技术的优化组合与衔接,以充分发挥设备/装备的能力,获得更好的技术经济效果。物流软技术能最合理地运用和最充分地发挥物流硬技术的效能和潜力,进而获得物流系统的最佳效果、效益和效用。物流硬技术和物流软技术互为依托,共同保证物流系统的有效运营。

2. 按物流功能环节分类

物流功能是通过物流技术来实现的,每项物流活动都必须有相应的物流技术作支撑,因此物流技术按物流功能环节可分为货物运输技术、物料搬运与装卸技术、仓储技术、包装技术、流通加工技术、分拣配送技术等。例如：货物运输要依靠铁路、公路、水路、航空、管道等多种运输方式或多式联运；货物的中转、移位要依靠自动化程度较高的物料装卸搬运技术与装备；货物的存储要依靠货架技术、自动存取技术和立体仓库等；保护产品、方便运输或促进销售要依靠包装技术；从生产过程到消费过程的流通过程中要依靠流通加工技术；货物的配送要依靠分拣技术、车辆调度技术、车辆配载技术、路径优化技术、GPS 和 GIS、云计算、互联网技术及智能化物流技术等。

第三节　物流技术装备

物流技术装备是指进行物流生产活动所采用的各种设施与设备/装备的总称。物流技术装备门类繁多，品种复杂，功能各异，而且往往是同一种物流装备，通过组合集成，可以实现多种功能。从总体上，物流技术装备可以划分为物流设施和物流装备。物流技术装备是从事物流活动的重要技术要素，是从事物流生产活动的基本物质基础，它体现出物流产业和物流企业的装备条件。

一、物流设施

依据《物流术语》（GB 18354—2021），物流设施是指"用于物流活动所需的不可移动的建筑物、构筑物及场所"。从广义上讲，凡是与物流活动相关的各种设施都属于物流设施。在物流生产实践中，根据各种设施在社会生活中地位和功能的不同，可以把这些设施划分为物流专用设施和物流基础设施两大类，其中物流专用设施属于狭义的物流设施，它们专门用于从事物流生产和经营活动。

1. 物流专用设施

物流专用设施就是指具备物流相关功能和提供物流服务的场所，主要包括物流园区、物流中心、配送中心以及各类仓库和货运站等。

（1）物流园区。物流园区是指为了实现物流设施集约化和物流运作共同化，或者出于城市物流设施空间布局合理化的目的，而在城市周边等区域集中建设的物流设施群，也是众多物流从业者在地域上的物理集结地。《物流园区分类与规划基本要求》（GB/T 21334—2017）将物流园区划分为四种基本类型：货运服务型、生产服务型、商贸服务型和综合服务型。该标准制定了物流园区规划要求（含配套设施规划要求）。

（2）物流中心。物流中心是指从事物流活动的、具有完善的信息网络的场所或组织。物流中心应基本符合以下要求：①主要面向社会提供公共物流服务；②物流功能健全；③集聚辐射范围大；④储存吞吐能力强；⑤对下游配送中心提供物流服务。《物流中心分类与规划基本要求》（GB/T 24358—2019）将物流中心分类如下：按服务对象分类可分为自用型和公共型；按货属性分类可分为专业型和通用型；按服务功能分类可分为仓储性和集散型。该标准还规定了物流中心的设施要求。

（3）配送中心。配送中心是指从事配送业务的、具有完善的信息网络的场所或组织。配送中心应基本符合以下要求：①主要为特定用户或末端客户提供服务；②配送功能健全；

③辐射范围小;④提供高频率、小批量、多批次配送服务。《物流仓储配送中心输送、分拣及辅助设备　分类和术语》(GB/T 35738—2017)界定了物流仓储配送中心、输送、分拣及辅助设备的分类和术语。

上述物流设施都是一些新兴的、功能齐全的先进物流专用设施,近年来在我国得到了较快的发展。此外,各类仓库、货运站等也是从事物流服务的专用物流设施,分属于仓储设施和运输设施。

2. 物流基础设施

物流基础设施主要包括物流运输港站和枢纽、运输通道和物流公共信息平台等。这些设施通常主要是由国家统一规划和投资建设,为全社会生产和居民生活提供公共服务,是社会公共基础设施的重要组成部分。物流基础设施是用于保证国家或地区物流生产和社会经济活动正常进行的公共服务系统,是社会物流赖以生存和发展的基础物质条件,这些基础设施的建设水平和通过能力直接影响着物流各环节的运行效率。

(1)物流运输港站和枢纽。物流运输港站和枢纽主要包括各种运输方式的车站、港口、机场等港站设施,以及公路运输枢纽、铁路运输枢纽、水路运输枢纽、航空运输枢纽和综合运输枢纽等。交通运输港站和枢纽是物流网络结构中的结点,是物流活动的重要集散地,对物流的运作效率起着至关重要的瓶颈作用。

(2)物流运输通道。物流运输通道主要包括公路和城乡道路、铁路、水运航道、航空航线、运输管路等各种运输通道设施。物流运输通道是物流网络结构中的线路,是货物流动的主要通路,物流运输通道的通行能力直接影响着全社会物流的速度和效率。

(3)物流公共信息平台。物流公共信息平台是指基于计算机通信网络技术,提供物流信息、技术和装备等资源共享服务的信息平台。其主要功能是支持或者进行物流服务供需信息的交换,为社会物流服务供给者和需求者提供基础物流信息服务、管理服务、技术服务和交易服务。物流公共信息平台是建立社会化、专业化和信息化的现代物流服务体系的基石,对促进产业结构调整、转变经济发展方式和增强国民经济竞争力具有重要作用。

近年来,国家和各级政府高度重视物流基础设施的投资建设,对我国物流业的快速发展起到了极大的推动作用。

二、物流装备

依据《物流术语》(GB 18354—2021),物流设备是指"物流活动所需的装备及器具的总称"。物流装备可划分为物流基本功能装备和物流辅助装备两类。物流基本功能装备有运输装备、装卸搬运装备、仓储装备、包装装备、流通加工装备、分拣装备等类别;物流辅助装备有物流集装化装备、物流智能化装备和物流信息化装备等类别。广义上,物流技术装备也应包括由上述物流技术装备所构成的各类物流设施,如仓库、配送中心、货运站场、集装箱站场等。

可见,物流技术装备是一个范围庞大、种类繁多的实体系统,物流技术装备的分类和体系构成如图1-1所示。

随着生产和物流规模的扩大,以及自动化程度的提高,物流装备在现代化生产和物流中的应用越来越广,发挥的作用越来越大,现代化生产和物流对物流装备提出了更高的要求。

现代物流装备设计能力的提高和科学技术的飞速进步,使得物流装备的技术含量、知识含量、文化含量急剧增加,物流装备正经历着一场巨大的变革。物流装备的技术性能将进入一个崭新的发展阶段,物流装备必将取得更大的改进。

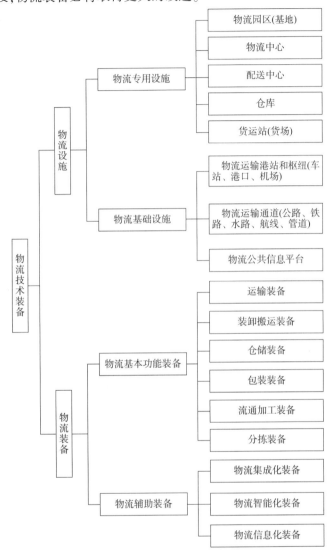

图 1-1　物流技术装备的分类和体系构成

第四节　物流技术装备的作用和配置原则

一、物流技术装备的地位和作用

随着我国社会和经济的快速发展,商品的流通量越来越大,流通范围越来越广,对物流的运作速度和效率提出了越来越高的要求。现代物流生产实践不断证明,物流技术装备对于物流的运作速度和效率起着至关重要的作用,物流系统的高效运行离不开物流技术装备。

离开物流技术装备,物流系统就无法运行,服务水平及运行效率就可能极其低下。作为重要的物流技术要素,物流技术装备担负着物流作业的各项任务,影响着物流活动的每一环节,在现代物流系统的构成中处于极其重要的地位,在现代物流系统的运行中发挥着越来越重要的作用。

(1)物流技术装备是现代物流系统的"硬件"要素,是物流系统运行的物质基础。从系统论的角度分析,现代物流系统是由若干要素组成的庞大系统,主要包括人、财、物等一般要素,运输、仓储、装卸搬运等功能要素,法规、制度、标准等支撑要素,以及物流设施、装备、信息网络等物质基础要素。可见,在这些构成要素中,物流技术装备是最重要的"硬件"要素,是物流系统得以正常运行的基本物质基础。

(2)物流技术装备是物流产业的基本生产要素,是物流企业评价的重要条件。物流业是服务性行业,物流生产所提供的是物流服务。物流生产不同于一般的工业生产,物流企业不需要占有生产产品的原材料。所以,物流技术装备是物流产业最基本的生产要素,现代先进的物流技术装备一般都需要巨大的资本投入,除了物流基础设施通常由国家或社会资本投资建设以外,物流企业要购置先进的物流技术装备,因此需要有较强的经济实力。物流企业拥有的物流技术装备条件,通常是反映物流企业经济和技术能力的重要标志。《物流企业分类与评估指标》(GB/T 19680—2013)将物流企业拥有的物流装备条件作为重要的评价指标,并将物流企业分为3种类型(即:运输型物流企业、仓储型物流企业和综合型物流企业)和5个等级(即:AAAAA级、AAAA级、AAA级、AA级和A级),对不同类型、不同级别的物流企业应当具备的装备条件都作出了明确的规定,各类各级物流企业装备条件指标见表1-1。可见,物流技术装备在物流企业的经营和发展中具有重要的地位和作用。

物流企业装备条件指标　　　　　　表1-1

企业类型	评价指标		级　别				
			AAAAA级	AAAA级	AAA级	AA级	A级
运输型物流企业	设施设备/装备	运营网点(个)	50以上	30以上	15以上	10以上	5以上
		自有货运车辆(辆)/总载质量(t)	1500以上/7500以上	400以上/2000以上	150以上/750以上	80以上/400以上	30以上/150以上
	信息化水平	网络系统	货运经营业务信息全部网络化管理			物流经营业务信息部分网络化管理	
仓储型物流企业	设施设备/装备	自有仓储面积(m²)	20万以上	8万以上	3万以上	1万以上	4000以上
		自有或租用货运车辆(辆)/总载质量(t)	500以上/2500以上	200以上/1000以上	100以上/500以上	50以上/250以上	30以上/150以上
	信息化水平	网络系统	物流经营业务信息全部网络化管理			物流经营业务信息部分网络化管理	
综合服务型物流企业	设施设备/装备	运营网点(个)	50以上	30以上	20以上	10以上	5以上
		自有或租用仓储面积(m²)	10万以上	3万以上	1万以上	3000以上	1000以上

续上表

企业类型	评价指标		级别			
		AAAAA级	AAAA级	AAA级	AA级	A级
综合服务型物流企业	设施设备/装备	自有或租用货运车辆(辆)/总载质量(t)	1500以上/7500以上	500以上/2500以上	300以上/1500以上	200以上/1000以上	100以上/500以上
	信息化水平	网络系统	物流经营业务信息全部网络化管理			物流经营业务信息部分网络化管理	

(3)物流技术装备是现代物流生产的基本技术手段。在现代物流生产活动中,无论是对物品的包装、装卸搬运,还是对物品的储存、运输,都需要借助物流技术装备来实现;无论从生产速度和效率上,还是从作业质量上,都要求实现物流作业的机械化、自动化甚至智能化。现代物流生产已经摆脱了落后的人力作业,物流技术装备已经成为现代物流生产作业的基本技术手段,能够彻底改变传统的物流作业方式,全面提高物流速度和效率。

(4)物流技术装备是物流系统现代化水平高低的主要标志。现代物流与传统物流的主要区别之一就在于现代物流技术装备的应用程度。一个国家和地区物流业的发展水平、物流系统的现代化水平高低,很大程度上体现在其物流技术装备的现代化程度上。现代物流离不开现代物流技术装备的广泛应用。随着现代物流技术的进步和发展,物流活动各个环节都在各自的领域中不断提高技术水平,主要反映在各种类型的先进物流装备得到了快速的发展和应用。例如,现代化的交通运输设施和运输工具,现代化的物流园区和物流中心,先进的大型自动化立体仓库,快速的自动化货物分拣系统,分拣机器人、堆垛机器人、搬运机器人、自动仓储穿梭车、无人驾驶车等智能化物流技术装备等,这些现代化的物流装备都标志着物流系统的现代化水平。

二、物流技术装备的配置原则

物流技术装备应用及配置应根据物流系统的成本目标、服务水平和质量进行综合考虑。

1. 物流技术装备配置的合理性原则

(1)合理采用物流机械系统。机械化系统可以大大地改善劳动条件,减轻劳动强度,增强作业安全性,提高作业效益和效率。在机械化的物流过程中,要考虑系统目标和设计情况。一般情况下,对于作业量很大,特别是重、大货物,启动频繁、重复、节拍短促而有规律的作业,适宜采用机械化系统。对于要求作业效率高、精度高,或影响工人的健康、有危险的作业场合,适宜采用自动化系统。

(2)合理选用物流技术装备。每一类设备都有其基本功能,在选用设备时,要使其基本功能得到有效的发挥,并不断扩大其使用范围。但并不是设备/装备越先进越好、越多越好。设备/装备先进程度、数量多少要以适用为主,使设备/装备性能满足系统要求,以保证设备/装备的充分利用,防止设备/装备闲置浪费。为此要对物流技术及其装备进行科学规划,要认真研究分析设备需求种类、配置状况、技术状态,制定切实可行的配置方案,并科学合理地选用,充分发挥物流机械设备的效能。

(3)集成化与配套使用。在物流系统中,不仅要注意物流技术装备单机的选择,更重要的是整个系统各环节的衔接和物流技术及其装备合理匹配。如果设备之间不配套,不仅不能充分发挥设备的效能,而且经济上可能造成很大的浪费。为此,要保证各种物流技术装备在性能、能力等方面相互配套,物流技术装备自动化处理与人工操作合理匹配。

2. 物流系统运作的快速性、及时性、准确性和经济性原则

合理利用物流技术装备,以最低的物流成本,提供高效、优质的服务,为顾客创造最大的价值,是赢得持久竞争优势的关键。顾客对不同产品的购买,在时间要求上也有所不同,而生产系统为保证生产,有时需要快速地供应生产所用的材料产品,这对物流技术及其装备提出了更高的要求,要求其快速、及时、准确、经济地把物料或货物运送到指定场所。快速是为了满足生产和用户需要,以最快时间运送。为了保证物流速度,就需要合理配置物流装备,广泛应用现代化物流装备。及时是指按照生产进度,合理运用物流装备,将物料或货物及时地运到指定场所。无论是生产企业各车间工序间内部物流,还是企业外各种物料的流动,都要根据市场的需要及时地进行;否则,生产就会受到影响。这就要求物流装备随时处于良好状态,能随时进行工作,准确要求在仓储、运输、搬运过程中确保物流技术及其装备可靠、安全,防止由于物流装备的故障造成货物损坏、丢失。对物流技术及其装备进行科学管理,是保证装备货物安全的前提。经济性是指在完成一定的物流任务的条件下,投入的物流技术及其装备最佳,即最能发挥装备的功能,消耗费用最低。

3. 选用物流工器具和装备的标准化原则

在物流系统中,采用标准化物流技术装备、器具,可以降低设备和器具的购置和管理费用,提高物流作业的机械化水平,提高物流效率和物流经济效益。特别是选用标准化集装单元器具,有利于搬运、装卸、储存作业的统一化和设施设备/装备的充分利用。

4. 具有较强的灵活性、适应性原则

在物流系统中,所采用的物流技术装备应能适应各种不同物流环境、物流任务和实际应用的需求,应满足使用方便、符合人体工程学原理等要求。例如,物流技术及其装备的使用操作要符合简单、易掌握、不易出错等要求。

5. 充分利用空间

利用有效的空间,进行物流作业,例如架空布置的悬挂输送机、立体库、梁式起重机、高层货架等;使用托盘和集装箱进行堆垛,向空中发展,这样可减少占地面积,提高土地利用率,充分利用空间。

6. 减少人力搬运

从人机工程的角度出发,要尽量减少体力搬运,减少人员步行距离,减少弯腰的搬运作业。例如,可用手推车减少体力搬运,可用升降台减少或不用弯腰进行搬运作业。应尽量减少搬运、装卸的距离和次数,减少作业人员上下运作、弯腰的次数和人力码垛的范围及数量。

第五节 现代物流技术装备的特征与发展趋势

一、现代物流技术装备的特征

随着现代市场的全球化、多样性和不确定性,市场竞争的核心发生了改变,竞争的重心

已经从产量、质量和成本的竞争发展到时间和服务的竞争。现代物流以其快速反应能力和高度的柔性化适应了市场竞争重心的转移。现代物流技术装备的特征,不仅体现在单机设备上,更重要的是体现在其系统的整体性能上。单机设备的主要特点是速度更快、准确度更高、稳定性更好,以及多样化与专业化、标准化与模块化等方面显著改善;而对于整个物流系统,则体现在其系统性、集成性以及信息化程度的提高上。

1. 系统性和集成性

随着企业对现代物流理念的逐步深入领会,物流系统化的理念已深入人心,企业需要的是符合自己实际情况的合理化物流系统,而不是只关心单一物流产品的性能。因此,物流技术装备的发展越来越注重系统性和集成性。

系统性物流系统是将各种信息化技术、自动化技术、机械化技术以及各种装备应用在各种大型物流设施中,形成一个更大的物流系统,如现代化的物流中心、配送中心、分拨中心等。集成性物流系统是将各种高新技术和产品集成在一起,实现物流的自动化、合理化、智能化、快捷化、网络化、信息化和集成化。

一些国际著名的物流系统集成商,如大福、村田、岗村、德马泰克等公司都向用户提供系统解决方案,满足客户的整体要求。我国的一些物流装备制造商也在向物流系统集成商方向发展,一些物流研究所和装备生产商已开始向用户提供系统解决方案,例如诺力股份、昆船智能、今天国际、蓝剑智能、上海精星、东杰智能、音飞储存、德马科技、瑞晟智能、合肥井松等。

常见的自动化物流系统主要包括自动化立体仓储系统、自动输送系统、自动导引系统、机器人作业系统、自动分拣系统等,它们可通过计算机系统的集成控制和管理,实现物流的自动化、智能化、快捷化、网络化和信息化。自动化物流系统是一项复杂的系统工程,涉及机械、电气、控制、条码识别、模拟仿真、网络通信、数据库系统、数据采集、实时监控、无线通信、红外通信、激光定位、激光导引、电磁波、惯性导航和机器人等方面的技术。

我国一些大型制造和分销企业在进行物流系统改造时,都非常重视整个物流体系的系统规划,聘请了专业的物流咨询机构或系统集成商进行详细的系统规划,充分重视其整个物流系统的高效性和合理性,根据系统的需求,确定物流设施的配置和设备/装备的选型。

2. 信息化

随着信息技术的发展及其在物流领域的广泛应用,信息技术逐渐成为现代物流技术及装备的核心。现代化的物流设备和装备已与信息技术紧密结合在一起,通过信息技术可以实现对物流全过程的跟踪、识别、认证、控制和反馈。信息技术已从条码发展到二维码、IC卡(Integrated Circuit Card,集成电路卡)、电子标签、无线标志、数字加密、数字水印等技术。高档商品的管理将引入指纹、声纹、视网膜等识别技术,视觉识别、GIS技术、GPS技术也在物流系统中得到应用。

越来越多的物流装备供应商已从单纯提供硬件装备转向提供包括控制软件在内的整体物流系统,并且在越来越多的物流装备上加装计算机控制装置,实现了对物流装备的实时监控,大大提高了其运作效率。物流装备与信息技术的完美结合,是物流系统集成商追求的目标,也是其竞争力的体现。

现场总线、无线通信、数据识别与处理、互联网等高新技术与物流装备的有效结合,成为越来越多的物流系统发展模式。无线数据传输装备在物流系统中更是发挥着越来越大的作用,运用无线数据终端可以将货物接收、储存、提取、补货等信息及时传递给控制系统,实现对库存的准确掌控,借由联网计算机指挥物流装备准确操作,几乎完全消除了差错率,缩短了系统反应时间,使物流装备得到有效利用,整体控制提升到更高效的新水平。而将无线数据传输系统与客户计算机系统连接,实现共同运作,则可为客户提供实时信息管理,从而极大地改善客户整体运作效率,全面提高客户服务水平。

3. 多样性与专业化

为满足不同行业、有不同规格要求的客户对不同功能的要求,物流装备的形式越来越多,专业化程度日益提高。

许多物流装备厂商都致力于开发生产多种多样的产品,以满足客户的多样化需求作为自己的发展方向,所提供的物流装备也由全行业通用型转向针对不同行业特点设计制造,由不分场合转向适应不同环境、不同工况要求,由一机多用转向专机专用。此外,自动化立体仓库、分拣装备、货架等也都有按行业、用途、规模等不同标准细化的多种形式产品。许多厂商还可根据用户的特殊情况,为其量身定做各种物流装备,体现了更高的专业化水平。

4. 标准化与模块化

当前,经济全球化特征日渐明显,国际化进程在国内进一步加快。物流装备也需要走向全球化,只有实现了标准化和模块化,才能与国际接轨。因此,标准化、模块化成为物流装备发展的必然趋势。

标准化既包括硬件装备的标准化,又包括软件接口的标准化。通过实现标准化,可以轻松地与其他企业生产的物流装备或控制系统对接,为客户提供多种选择和系统实施的便利性。模块化可以满足客户的多样化需求,客户可按不同的需要自由选择不同功能模块,灵活组合,增加了系统的适应性。

5. 绿色化与节能化

随着全球环境的恶化与人们环境保护意识的增强,对物流技术装备环保节能指标的要求也越来越高。有远见的物流装备供应商开始关注环保问题,生产和开发对环境污染小的绿色产品或节能产品。如采用新的装置与合理的设计,降低设备的振动、噪声与能量消耗量等。

发展现代物流,构建高效的物流系统,离不开现代化物流技术与装备。首先,长期以来我国物流装备的应用水平较低,表现在企业较少采用货架、叉车等物流设备,货物搬运、装卸等操作主要靠人力,平面库占绝大多数,即使拥有少量物流装备,有些功能已经落后,远远满足不了现实需要,已到了更新换代的时候。其次,我国加入 WTO(World Trade Organization,世界贸易组织)后,国外企业纷纷进入我国市场或加快在我国的发展,也需要大量先进的物流装备。此外,市场竞争日益激烈,迫使企业向物流要效益,提高物流现代化水平已成为企业提高综合素质的重要手段。

近年来,我国物流装备需求大增,如自动化立体仓库、输送分拣系统等现代化物流装备,已经从烟草、汽车、电子、医药等部分行业应用到几乎所有行业,市场前景越来越好。

随着对现代物流理念领会的逐步深入,企业越来越注重物流系统的先进性和总体解决方案的合理性。物流技术装备不再是单一的简单应用,而是朝着集成化、系统化方向发展,尤其是自动化物流系统装备已成为物流技术装备发展的核心。

二、现代物流技术装备的发展趋势

1. 现代物流技术装备关键技术发展趋势

1) 单机产品

单机产品方面,采用最新的红外、激光、无线、编码、认址、识别、调速、定位、PLC(Programmable Logic Controller,可编程逻辑控制器)、现场总线、光纤、数据库等光、机、电、信息技术,提高设备的运行速度和停位精度;通过提高作业能力,减少设备数量,提高设备的可靠性。例如,巷道堆垛机为了提高出入库能力,需要进一步提高水平运行速度和垂直提升速度,采用更好的调速、定位、控制技术,引入激光定位技术,提高控制精度;自动搬运车(自动导引车和有轨自动车)为了提高输送能力,需要提高行走速度,改进交通调度管理控制和策略等。自动导引车(Automated Guided Vehicle,简称AGV)的导引方式由有线导引向激光导引、惯性导引等无线柔性化方向发展,在单机产品的设计方面向着高速化、轻量化、多品种、系列化、标准化和模块化方向发展。

2) 系统性技术

物流系统方面,进一步向信息化、自动化、网络化、智能化方向发展,并将生产过程自动化、物流自动化、信息自动化技术相互渗透、有机结合形成智能网络。在控制上,由继电逻辑控制向PLC并在向FCS(Fieldbus Control System,现场总线控制系统)技术发展。为实现动态图像网络传输和实时监控,将采用千兆位宽带网络;采用三层或多层客户机/服务器(Client/Server System,简称C/S)系统结构;采用Internet/Intranet网络;广泛采用条码、二维码、IC卡、POS(Point of Sales,销售点)、电子标签、视觉自动识别等技术,实现高速准确地分拣、堆码、出入库、数据采集和管理,与EDI(Electric Data Interchange,电子数据交换)、ECR(Efficient Customer Response,有效客户反应)系统、SCM(Supply Chain Management,供应链管理)、CRM(Customer Relationship Management,客户关系管理)、ERP(Enterprise Resource Planning,企业资源计划)系统、EPC(Electronic Product Code,电子产品代码)、PLM(Product Lifecycle Management,产品生命周期管理)等系统集成,在高度信息化、自动化的基础上实现物流对内与ERP,对外与供应链管理、客户关系管理、配送管理、电子商务、虚拟物流等系统的集成。

3) 巷道堆垛机技术

巷道堆垛机专用于高架仓库,采用巷道堆垛起重机的仓库高度可达45m左右。起重机在货架之间的巷道内运行,主要用于搬运装在托盘上货箱内的单元货物;也可开到相应的货格前,由机上人员按出库要求拣选货物出库。巷道式堆垛起重机由起升机构、运行机构或货台驾驶室和机架等组成,起升机构采用钢丝绳或链条提升。机架有一根或两根立柱,货台沿立柱升降。货台上的货叉可以伸向巷道两侧的货格存取货物,巷道宽度比货物或起重机宽度多15~20cm。起重量一般在2t以下,最大可达10t,航空集装箱专用堆垛机已达16.5t。一般巷道堆垛机起升速度为15~25m/min,有的可达50 m/min。起重机运行速度为60~100m/min,最大达180m/min。货叉伸缩速度为5~15m/min,最大已达到30m/min。

巷道堆垛机的具体发展趋势如下:

(1) 高速化。水平速度最大可达400m/min,垂直速度达100m/min,要根据库长、库高,选用经济实用、速度及加速度值匹配的设备。复合作业循环时间由 15～20 次/h 提高到 50～70 次/h。

(2)自重轻。通过采用计算机辅助设计(Computer Aided Design,简称 CAD)、计算机辅助工程(Computer Aided Engineering,简称 CAE)等技术以及新材料等减轻自重;超高层最高可达 50m。

(3)准确化。由认知片加旋转编码器定位,到部分采用旋转编码器加激光定位,使定位精度由 ±10mm 提高到 ±3mm。驱动由传统的调速技术发展为内置潜入式计算机的矢量变频调速技术,从而获得更佳的起动-停止曲线图,减少循环时间,获得更佳起动转矩。通信方式已由无线、有线、电磁感应过渡到红外通信。货位虚实探测技术已开始应用无线摄像传输。机上控制技术已开始采用现场总线技术代替专用硬软件,便于与上位机兼容联网。

4)堆垛拆码技术

随着工业机器人批量生产,价格降低,堆垛、拆码等作业有用工业机器人取代传统滑动下落式堆码机的趋势,与圆柱坐标、直角坐标、龙门式机器人相比,关节式尤其是六关节式工业机器人得到了更广泛的应用。通过采用交流伺服传动和三维运动学控制软件技术,可以达到 0.4mm 的重复定位精度。带视觉识别的装卸机器人和自动导引车相结合,使装卸作业达到了很高的自动化水平。

5)物流控制技术

物流的控制系统在经历了机电逻辑控制系统、以 PLC 微机为代表的集中式数字控制系统、集散控制系统之后,向现场总线控制系统发展。现场总线因网络化、开放性、可互操作性、分散性、低成本、系统维护方便等优点,不仅在系统上,而且在复杂的单机上,如堆垛机、AGV 上推广应用。

6)物流装备信息技术

物流装备信息技术向集成化方向发展,主要包括:

(1)条码及自动识别技术在物流系统中广泛应用。

(2)与电子商务实现对接,提高营销水平。

(3)与企业 ERP 系统实现对接,提高企业物流管理的实时性和准确性,促进物流合理化、物料需求和供应的科学化,减少资金占用,实现精益生产。

(4)电子标签、RF(Radio Frequency,射频)拣选技术在配送中心得到成功的运用。

(5)商品的加密、防伪技术在物流系统和设施中的应用。

(6)指纹、声纹、视网膜等识别技术在高档商品库存管理中开始得到应用。

(7)GIS、GPS 技术在配送和运输中得到应用。

(8)EPC 系统、物体标记语言(Physical Markup Language,简称 PML)及物联网(Internet of Things,简称 IoT)技术在当代及未来物流中的应用。

(9)云计算为物流所有作业提供各种各样的服务。

2.自动化现代物流系统装备发展趋势

自动化物流系统是集光、机、电、信息技术为一体的复杂系统,而信息技术的发展,使它具有了更丰富的内涵。物流自动化装备主要包括自动化立体仓储系统、自动分拣系统、自动导引车系统、机器人作业系统、自动控制系统、多媒体实时监控系统、计算机模拟仿真系统及计算机集成管理系统等。自动化物流系统涉及机械工程技术、条码技术、无线标志、模拟仿真、图像识别、网络通信、数据库系统、数据采集、实时监控、无线通信、红外通信、激光定位、激光导引、电磁导引、惯性导航、机器人等多项现代技术。

1) 自动化立体仓储系统

自动化立体仓储系统——自动化仓库的出现和发展是第二次世界大战以后生产力发展的必然结果。随着战后经济的恢复和生产发展,原材料、配套件、制成品的数量不断增加,对物料搬运和储存提出了越来越高的要求。传统的仓储方式越来越不能适应生产和流通的要求。土地稀缺、地价上涨,促使仓储作业向空间发展,越来越多的简易仓库改造为高架仓库。

自 20 世纪 60 年代以来,美国、日本、欧洲等国家和地区设计和投入使用的立体仓库越来越多,立体仓储技术已成为一门新兴的学科。据不完全统计,美国有各种类型的自动化立体仓库 30000 多座,日本有 46000 多座,德国有 18000 多座,英国有 8000 多座,俄罗斯有 4000 多座。

21 世纪以来,自动化仓库在我国得到快速发展,据不完全统计,截至 2010 年底,我国已建成的自动化立体仓库接近 2000 座。尤其是近十年来,我国自动化仓库的建设规模和需求数量有了明显的提高,主要分布在电子、烟草、医药、化工、机电、汽车、电力、银行、印刷等行业,也逐渐应用于一些流通领域内,作为物流中心或配送中心的集中储存区域。据统计,全国立体库面积从 2012 年底的 1.40 亿 m^2 增长至 2017 年的 2.74 亿 m^2,2017 年和 2018 年我国新建自动化立体仓库均超过 800 座,截至 2018 年底,全国立体库面积约 2.91 亿 m^2,保有量 5000 座左右;2019 年保有量 6000 座左右。随着自动化物流及配送的理念为越来越多的企业所认可,以及现代企业规模化、集约化生产的不断发展,未来自动化物流系统项目将不断增多,自动化立体仓库将得到更广泛的应用。

2) 自动分拣系统

随着用户个性化需求的加强,订单向多品种、小批量化发展,配送中心拣货、拆零作业的劳动力已占整个配送中心劳动力的 80%。如何提高该物流环节的作业效率,已成为配送中心机械化、自动化的研究重点。常见的分拣自动化技术包括自动分货系统、自动拣选系统和电子标签拣货系统等。

自动拣选系统是一种信息处理和分拣作业完全自动实施的系统,主要用于一些高价值商品的分拣,一般应用于医药、卷烟及化妆品等配送中心。

电子标签拣货系统是一种无纸化的拣货系统。这种数字显示拣货系统,不用拣货单,而在货架上加装一组 LED(Light Emitted Diode,发光二极管)显示器。客户的订单资料直接从计算机传输到货架的显示器上,拣选人员根据显示器上的数字进行拣货,拣货完成之后按确认键即可。采用这种方式可大大提高拣选效率,降低工人的劳动强度,而且使差错率大幅下降。

RF 拣货系统也是一种无纸化的拣货系统,它是由 RF 主机、无线登陆点(无线网桥)和 RF 终端组成的信息传递系统。RF 主机系统连接在配送中心信息系统有线局域网络上。当主机接到出入库指令时,对作业指令进行分解,并把分解后的指令发给各个终端,指挥作业人员或车辆进行操作。作业完成后,利用键盘可以将作业完成情况的全部信息反馈给主机系统。目前,我国的医药行业、电子行业已开始广泛使用电子标签拣货系统和 RF 拣货系统,全自动分拣系统已开始应用。

3) 自动导引车系统

1913年,美国福特汽车公司开始使用有轨道的导引车辆;1954年,英国首先研制出地下埋线电磁感应导向车,20世纪50年代末AGV已在欧洲推广应用;后来逐步传向美国和日本。20世纪60至80年代是欧洲AGV高速增长期,美国和日本则到了20世纪80年代才进入高速增长期。到20世纪90年代,全世界拥有AGV达10万台以上。目前AGV趋于单机智能化,即AGV系统无固定的行驶路径。近十年来,我国AGV生产和使用已进入高速增长期。例如,截至2020年底,云南昆船智能装备有限公司(简称昆船智能)就已开发AGV车型70余种,签约AGV系统140余套、单机1200余台,产品不仅应用于国内各行各业,还出口到南美洲和东南亚等地区。

(1) 导引技术。埋线电磁导引技术是早期比较稳定的技术,得到了广泛的应用。随后,基于电子耦合组件(CCD)的光学磁条识别、周边图像识别导引技术也开始被研究和应用。美国以汽车行业为代表,应用推广了基于陀螺导航的定位技术,瑞典的NDC公司则推出了激光反射测角定位技术,取得了AGV"控制之王"的地位,10年内销售激光定位传感器1000余台。近年来,出现了激光测角与测距相结合,复合应用在一台AGV之中的技术。导引技术的进步提高了行程路径的柔性,同时提高了定位精度,由±10mm缩小到±5mm乃至±3mm。GPS技术在大型(最大可达40t)AGV上得到应用。结合GIS技术,AGV能够对自己行驶区域的周围环境进行图像识别,实现智能行驶。

(2) 移载技术。针对不同的应用需求,出现了背辊式、双工位辊道式、背链式、推挽式(包括单推挽式、双推挽式)、牵引式、龙门式、侧叉式、前叉式、落地叉式、后叉式、三向叉式、升降伸缩叉式、链式等结构。由于移载技术、驱动技术和电池技术的进步,促进了载重/自重比的大幅提高,由原来的1:4提高到1:1.2,即同样载质量下,先进车型自重下降为落后车型的1/4,使车辆移动的能耗成倍降低,使AGV的自重、功耗形成良性循环。

(3) 无人搬运系统。

自动导引车系统由若干辆沿导引路径行驶、独立运行的AGV组成。无人搬运系统在计算机的交通管制下有条不紊地运行,并通过物流系统软件集成于整个工厂的生产监控和管理系统中。该项自动化技术被广泛应用于自动化工厂和配送中心内,实现物料搬运的高度自动化和智能化。目前,青岛海尔国际物流中心、一汽红塔发动机及后桥装配、玉柴发动机、济南重汽、陕汽汉德、天津电力等都采用了AGV;我国红河、青岛、玉溪等几十家烟厂均采用了自动导引无人搬运系统。

思考题

1. 什么是物流技术?按物流功能环节分类的物流技术有哪些?
2. 什么是物流技术装备?物流基本功能装备和物流辅助装备各有哪些?
3. 简述物流系统中物流技术装备的作用。
4. 简述物流技术装备的配置基本原则。
5. 简述现代物流技术装备的特征。

第二章　货物运输装备

第一节　概　述

依据《物流术语》(GB 18354—2021),货物是指"经济与社会活动中实体流动的物质资料",运输是指"利用载运工具、设施设备及人力等运力资源,使货物在较大空间上产生位置移动的活动"。

货物运输常见的运输方式有公路运输、铁路运输、水路运输、航空运输和管道运输。不同的运输方式由不同的载运工具、装备与基础设施构成。

运输能力是指公路、铁路、水运、航空和管道等运输方式或运输企业,运用各种技术设施在一定时间内所能完成的最大运输量;或一条交通线路、一个交通区段、一个交通枢纽,在一定时期内所能通过、输送或编解的运输工具的数量。

运输量是指运输部门在一定时期内运送货物的数量,以运量和周转量表示。货运量是指一定时期内,运输部门实际运送的货物吨数。周转量是全面反映运量和运输距离的运输生产产量指标。货物周转量是一定时期内,运输部门实际运送的货物吨数和其运输距离的乘积,以吨公里计。货物周转量可以分为总周转量、各种运输方式的货物周转量、分货物品类的周转量。近年来,我国货运量与货物周转量总体呈增长趋势,分别如图 2-1 和图 2-2 所示。

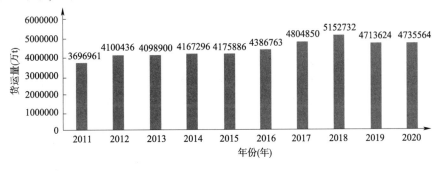

图 2-1　2011—2020 年我国货运量变化情况

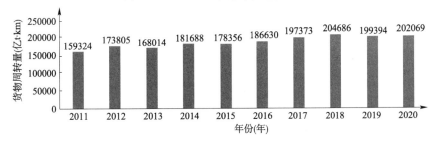

图 2-2　2011—2020 年我国货物周转量变化情况

第二节　公路运输技术与装备

公路货物运输是指利用一定的载运工具,一般主要以载货汽车为主要运输工具,通过公路使货物产生空间位移的过程。狭义地说,公路货物运输即指汽车运输。

公路货物运输的生产过程主要以汽车、公路、货运站作为技术装备和设施,实现货物的组织与承运、中转货物、货物的交付及装卸等。

一、公路运输的特点与基本设施

1. 公路运输的主要特点

(1) 机动灵活,适应性强。由于公路运输网一般比铁路网、水路网的密度大,分布广,因此,公路运输车辆可以"无处不到"。公路运输在时间方面的机动性也较高,车辆可随时调度、装运,各环节之间的衔接时间较短。公路运输对货运量的多少具有很强的适应性,既可以单个车辆独立运输,也可以由若干车辆组成车队同时运输,这一点对抢险、救灾工作和军事运输具有特别重要的意义。

(2) 可实现"门到门"直达运输。汽车体积较小,中途一般不需要换装,可以把货物从始发地门口直接运送到目的地门口,实现"门到门"直达运输。这是其他运输方式无法与公路运输比拟的特点之一。

(3) 在中、短途运输中,运送速度较快。在中、短途运输中,由于公路运输可以实现"门到门"直达运输,中途不需要倒运、转乘就可以直接将货物运达目的地,与其他运输方式相比,其货物在途时间较短,运送速度较快。

(4) 原始投资少,资金周转快。与铁路、水路、航空运输方式相比,公路运输所需固定设施简单,车辆购置费用一般也比较低,因此,投资兴办容易,投资回收期短。

(5) 车辆驾驶技术较易掌握。与列车司机或飞行员的培训要求来比,汽车驾驶技术比较容易掌握,对驾驶员的各方面素质要求相对也比较低。

(6) 运量较小,运输成本较高。由于汽车载质量相对较小,不适宜长距离运输,加之行驶阻力比铁路大 9~14 倍,因此,汽车运输成本仅次于航空运输,比水路和铁路运输高。

(7) 运行持续性较差。车辆运行中震动较大,易造成货损货差;公路的平均运距是最短的,运行持续性较差。

(8) 安全性较低,污染环境较大。汽车交通事故的死亡人数较多,汽车所排出的尾气和产生的噪声对人类健康有害。

2. 公路运输的基本设施

公路运输的基本设施主要为公路与货运站。

1) 公路

按照公路管理相关法规及技术标准,公路是按照国家规定的公路工程技术标准修建,并经公路主管部门验收认定的城间、城乡间、乡间可供汽车行驶的公共道路。公路的主要组成部分有路基、路面、桥梁、涵洞、渡口码头、隧道、绿化、通信与照明等设备及其他沿线设施。

公路等级有不同的划分角度,公路按技术等级分为高速公路、一级公路、二级公路、三级公路和四级公路;按其在公路路网中的地位分为国道、省道、县道、乡道和村道。

公路按行政等级可分为国家公路、省公路、县公路和乡公路(简称为国、省、县、乡道)以及专用公路五个等级。一般把国道和省道称为干线,县道和乡道称为支线。

2)货运站

货运站是指以场地设施为依托,为社会提供有偿服务的具有仓储、保管、配载、信息服务、装卸、理货等功能的综合货运站(场)、零担货运站、集装箱中转站、物流中心等经营场所。

货运站主要有以下六大功能:①运输组织;②中转换装;③装卸储存;④运输代理;⑤通信信息;⑥综合服务。

根据公路货运站建设投资主体的不同,公路货运站可以分为政府主导型模式和企业主导型模式。根据公路货运站的核心功能,公路货运站可以分为综合性公路货运站和专业性公路货运站。

二、公路运输设备

公路运输设备就是载货汽车(简称货车)。汽车是由自带动力装置驱动的无架线的运载工具,主要由动力装置、底盘、车身、电气系统等部分组成。

1. 货车的分类

按照《汽车和挂车类型的术语和定义》(GB/T 3730.1—2001),货车可分为普通货车、多用途货车、越野货车、专用货车、专用作业车等。

普通货车指在敞开(平板式)或封闭(厢式)载货空间内载运货物的货车。多用途货车指在设计和结构上主要用于载运货物,但在驾驶员座椅后带有固定式或折叠式座椅,可载运3名以上乘客的货车。越野货车指在设计上,所有车轮可以同时进行驱动或几何特征、技术特征和其他的性能允许在非道路上行驶的一种车辆。专用货车指在设计和技术特征上用于特殊物品的货车,如罐式车、集装箱运输车等。专用作业车在设计和技术特征上用于特殊工作的货车,如消防车、救险车、垃圾运输车、应急车、街道清洗车、扫雪车等。

货车的常见分类如下:

(1)按最大总质量分为微型货车、轻型货车、中型货车和重型货车。

(2)按用途及使用条件分为普通货运汽车和专用货运汽车。其中,普通货运汽车具有栏板式车厢,可运载各种货物。专用货运汽车通常由普通货车改装而成,具有专用功能,用于承担专门运输任务的汽车,主要包括汽车列车、自卸车货车、厢式货车、罐式货车、冷藏式货车和特种车等。

(3)按货箱形式分为栏板式货车、自卸式货车、厢式货车、罐式货车、平台式货车、仓栏式货车和牵引-半牵引式货车(分为全挂车和半挂车)。

2. 货车的主要参数

1)质量参数

(1)整车整备质量。整车整备质量指汽车完全装备好的质量,包括:发动机、底盘、车身、全部电气设备和车辆正常行驶所需要的辅助设备的质量;加足燃料、润料、冷却液的质量;随车工具、备用轮胎及备品等的质量之和。

(2)最大总质量。最大总质量指汽车满载时的总质量,即整车整备质量与最大装载质量及驾驶员质量的总和。

(3)最大装载质量。最大装载质量指最大总质量和整车整备质量之差。

(4)最大轴载质量。最大轴载质量指汽车单轴所承载的最大总质量。

2)尺寸参数

(1)外廓尺寸。外廓尺寸包括货车的长、宽和高。

(2)前悬和后悬。前悬是指货车最前端到前轴中心的距离；后悬是指货车最后端到后轴中心的距离。

(3)接近角和离去角。接近角是指通过货车最前端最低处所作的前轮切线与地面相交的角度；离去角是指通过货车最后端最低处所作的后轮切线与地面相交的角度。

(4)轴距和轮距。轴距是指相邻同轴的水平距离；轮距是指同一轴上两个轮胎中心线的距离，如为双轮胎，则指双轮胎之间中心线的距离。

(5)离地间隙。离地间隙是指在载货汽车满载时，货车最低点距地面的距离。

(6)最小转弯半径。最小转弯半径是指货车转弯时，当转向盘转角最大时，转弯中心距货车外侧车轮轨迹的最小距离。

3. 使用性能

使用性能是指货车在一定使用条件下所具有的工作能力，包括动力性、通过性、制动性、操纵稳定性、燃油经济性、舒适性、行驶安全性与环保性，这些是评价和选用货车时不可缺少的指标。

4. 常用的货运车辆

常见的货运车辆主要有栏板式、厢式、罐式、平板式、仓栅式等。

1)普通栏板式货车

普通栏板式货车具有整车重心低、载质量适中的特点，适合装运百货和杂品。普通栏板式货车如图2-3所示。

2)厢式货车

厢式货车具备全封闭的厢式车厢，货物安全性好，结构简单，利用率高，适应性强，应用前景广泛。小型厢式货车是配送中常用的车，是实现"门到门"运输的重要工具，如图2-4所示。

图2-3 普通栏板式货车

图2-4 厢式货车

3)挂车与汽车列车

汽车列车是指一辆汽车(货车或牵引车)与一辆或一辆以上挂车的组合。货车和牵引汽车为汽车列车的驱动车节，称为主车；被主车牵引的从动车节称为挂车，如图2-5所示。采用汽车列车运输是提高经济效益最有效而简单的重要手段，具有迅速、机动、灵活、安全等优势,可方便地实现区段运输、甩挂运输和滚装运输。

a)全挂车　　　　　　　　　　　　b)半挂车

图 2-5　挂车

汽车列车的基本结构包括牵引汽车、挂车与连接装置。牵引汽车是指专门或主要用于牵引挂车的汽车。挂车指由汽车牵引而本身无动力驱动装置的车辆。连接装置是将牵引车与挂车连接起来,组合成汽车列车的一种连接机构。

4) 仓栅式货车

仓栅式货车是具有栅栏式结构车厢的专用货车,如图 2-6 所示。其主要运输瓜果、蔬菜等鲜活农产品,以及家禽、牲畜等活体动物。仓栅式货车主要用于运输对防雨要求不高、对透气性要求高的物品。

a)仓栅式单体货车　　　　　　　　b)仓栅式半挂列车

图 2-6　仓栅式货车

5) 冷藏保温汽车

冷藏保温汽车是指装有冷冻或保温设备的厢式货车,用来运输易腐和对温度有特定要求的货物。

(1) 保温汽车。保温汽车指仅装有隔热材料车厢的汽车。它可以维持车厢温度在一定范围内,一般用于运输对温度有特定要求的货物。

(2) 冷藏汽车。冷藏汽车指既装有隔热车厢又装有制冷装置的汽车,如图 2-7 所示。其多用于运输对要求温度较低的货物。

6) 罐式汽车

罐式汽车是装有罐状容器的运货汽车或挂车,如图 2-8 所示。其专门用于装运散装的液状、粉状、颗粒状、气体等具有一定流动性的货物。

7) 平板式货车

平板式货车具有敞开式平面货台,如图 2-9 所示,主要运输各种长、大、笨重的货物。

8) 集装箱运输车

集装箱运输车是专门用来运输集装箱的专用汽车,如图 2-10 所示,用于港口码头、铁路货场与集装箱堆场之间的运输。

图 2-7　冷藏汽车　　　　　　　　图 2-8　罐式汽车

图 2-9　平板式货车　　　　　　　图 2-10　集装箱运输车

9）商品车运输车

商品车运输车是用于运输小型汽车的专用货车，如图 2-11 所示。其车厢一般分为框架式和厢式等，具有双层结构固定汽车装置。商品车运输车多采用半挂车。

10）自卸汽车

自卸汽车装有由本身发动机驱动的液压举升机构，能将车厢卸下或使车厢倾斜一定角度，使货物依靠自重能自行卸下的专用汽车，如图 2-12 所示。其主要用于运输散装并可以散堆的货物（如砂、土、矿石及农作物等），还可运输成件的货物。自卸汽车主要服务于建材场、矿山、工地等。常见自卸汽车的类型有后倾式、侧倾式、高位自卸汽车和底卸式自卸汽车。

图 2-11　商品车运输车　　　　　　图 2-12　自卸汽车

5.货运车辆装载规定

货运车辆的装载规定有：①车辆装载货物的质量不得超过车辆行驶证上核定的载质量；②装载货物的长、宽、高不得违反装载要求；③运载超限的不可解体的物品，必须按照超限运输相关规定装载和运送；④全挂汽车列车装载货物，全挂车的装载质量不得超过全挂牵引车的装载质量；⑤货车装载货物必须将货物可靠地密封和固定，不得使货物掉落、遗洒、飘散；⑥危险品运输车辆运输危险货物，必须严格按照危险品运输相关规定装载；⑦普通货物运输车辆不得装运危险货物。

第三节　铁路运输技术与装备

铁路货物运输是指货物经由铁路实现有目的变更或位移其空间或场所的运输，即铁路作为承运人接受托运人委托，将货物从始发地经由铁路运至目的地交付给收货人。

一、铁路运输的特点与基本设施

1. 铁路运输的主要特点

铁路运输主要承担长距离、大批量的货物运输，在没有水路运输条件的地区，几乎所有大批量货物都是依靠铁路来运输的。铁路运输是在干线运输中起着主力运输作用的运输方式，是现代运输业的主要运输方式之一。

铁路运输具有以下优点：①铁路运输能力大，价格低，适合于中、长距离运输；②铁路运输受气候和自然条件影响较小，能保证运行的经常性、持续性和准时性；③铁路运输可以方便地实现驮背运输、集装箱运输及多式联运；④铁路运输计划性强，运输能力可靠，比较安全。

铁路运输也具有以下缺点：①原始投资大，建设周期长，占用固定资产多；②铁路按列车组织运行，在运输过程中需要有列车的编组、解体和中转改编等作业环节，占用时间较长，因而增加了货物的运输时间；③铁路运输中的货损率比较高，而且由于装卸次数多，货物毁损或丢失事故通常也比其他运输方式多；④受轨道线路限制，灵活性较差，难以实现"门到门"运输，通常需要其他运输方式配合才能完成运输任务；⑤始发和终到的作业时间较长，不利于运距较短的运输业务。

2. 铁路运输的基本设施

铁路运输设施和设备主要包括铁路线路、铁路机车、铁路车辆、铁路站场、铁路装卸搬运机械、铁路信号和通信设施等以及相关技术。

1）铁路线路

铁路线路是由路基、桥隧建筑物和轨道组成的一个整体工程结构，它直接承受机车车辆轮对传来的压力，是列车和机车车辆运行的基础。铁路路基是承受并传递轨道重力及列车动态作用的结构，是轨道的基础，是保证列车运行而修建的土工构筑物。铁路通过江河、溪沟、谷地和山岭等天然障碍物或跨越公路及其他铁路线时需要修筑各种桥隧建筑物。桥隧建筑物包括桥梁、涵洞、隧道等。轨道由钢轨、轨枕、连接零件、道床、防爬设备和道岔等组成。为了确保机车车辆在铁路线路上运行的安全，防止机车车辆撞击邻近线路的建筑物和设备，而对机车车辆和接近线路的建筑物、设备所规定的不允许超越的轮廓尺寸线，称为限界。铁路基本限界可分为机车车辆限界和建筑接近限界两种。货物装车后货物任何部分的高度和宽度超过机车车辆限界的货物，称为超限货物。

2）铁路站场

铁路站场主要包括铁路车站（即火车站）和铁路货运场站。

(1) 铁路车站。

铁路车站是铁路运输的基本生产单位，是办理旅客运输与货物运输的基地，旅客的上下车和货物装卸车及其有关作业都是在车站进行的。铁路车站集中了与运输过程各作业环节有关的技术设备。此外,路网上还有一部分既不办理客运业务,也不办理货运业务,专为列车交会和越行而设立的车站,称为会让站和越行站。铁路车站按技术作业性质可分为编组站、区段站和中间站。编组站通常设置在大城市或大厂矿所在地或衔接3个及以上方向铁路线、有大量车流集散的地点,其主要工作是改编车流,即解体和编组各种货物列车,以及机车换挂、整备;乘务组换班;列车的技术检查和车辆检修等。区段站设在机车牵引区段的分界处,其主要工作是办理货物列车的中转作业,进行机车的更换或机车乘务组的换班,以及解体、编组区段列车和摘挂列车。由于区段站和编组站拥有较多的技术设备,并主要办理货物列车和车辆的技术作业,故又统称为技术站。铁路线以技术站划分为区段。中间站是为沿线城乡人民及工农业生产服务,提高铁路区段通过能力,保证行车安全而设的车站。中间站一般设在技术站之间区段内或在支线上,主要办理列车的接发、会让和越行、摘挂列车的调车作业以及客货运业务。有些中间站还办理市郊列车的折返和列车的始发和终到作业。

车站按照所担负的任务量及在国家政治、经济中的地位,可分为特等站、一等站、二等站、三等站、四等站和五等站共6个等级。车站数量每年都在变化之中,当新线开通时,会增加若干车站,当旧线改造后,也可能减少若干车站,核定车站等级应依据《铁路车站等级核定办法》相关规定执行。车站等级是车站设置相应机构和配备定员的依据。

(2)铁路货运场站。

铁路货运场站即铁路货场和铁路货运站,是铁路货物运输的基本生产单位。铁路货场是铁路车站办理货物承运、装制、保管和交付作业的场所,也是铁路与其他运输工具相衔接的场所。铁路货运站是铁路车站专门办理或主要办理货物的承运、装卸、暂存、交付、中转或联运换装、综合服务的场所,铁路货运场站一般设在会产生大量货流的地方,如大中城市、港口、大型厂矿企业等。

(3)铁路货场设备。

在货运营业站上直接用于货物装卸、运送、保管作业以及其他为办理货运业务服务的设备,称为货场设备,它是负责运输的物质基础。铁路货场设备按其功能分为基本设备、货场用具及检斤设备和特种用途设备。

基本设备是货场保证货物作业的基础保障设施,是完成大部分货物作业都需要运用的设备,包括:货场用地;线路(系指装卸货物用的线路,或指明为货物服务的线路,如货场内的装卸线、调车线、牵出线、留置线、货车洗刷线、轨道衡线、换装线、危险品货车停留线等);货物仓库及雨棚;各种货物站台、低货位、高架线,各种滑坡仓、漏斗仓;货场照明设备,电力及通信、信号设备,通风采暖设备;直接为货运职工和货主服务的房舍(如货运营业室、货运员办公室、门卫室、工人值班室、休息室、工具室等);货场堆货场、道路、道口、货场围墙;上水管路及排水设备,货场清扫设备;消防及保安设备,如避雷、报警设备等;货场内港池、码头。

货场用具包括装卸作业和保管货物所需的各种用具,如跳板、防湿枕木、防湿篷布等。

检斤设备包括磅秤、汽车衡(地磅)、轨道衡、电子秤等。

特种用途设备包括:货车洗刷、消毒、污水处理设备;危险货物专用设备;军用装卸设备;罐车装卸设备;量载设备;篷布及维修设备。

此外,货场设备还包括集装箱及其他集装用具、各种装卸机械以及用于维修、制造、鉴定货运用具的有关设备。

二、铁路运载设备

铁路运载设备包括铁路机车和铁路货车。

1. 铁路机车

铁路机车是铁路运输的动力装置,是铁路车辆运行的基本动力。由于铁路车辆一般没有动力装置,必须把许多车辆连挂在一起编成一列,由机车牵引运行。为了完成客、货列车的牵引和车站上的调车两项任务,铁路上必须保有足够数量、性能良好的机车,同时,还必须对机车的运用进行合理组织,并加强机车的保养和检修工作,使机车处于良好状况。

按牵引动力不同,铁路机车可分为蒸汽机车、内燃机车、电力机车和动车组。

1)蒸汽机车

蒸汽机车是最早在铁路上使用的一种机车,它是利用蒸汽机把燃烧产生的热能转换成机械能,用来牵引列车的一种机车,如图2-13所示。蒸汽机车热效率很低,最高热效率只有8%~9%,而且在车站停车、在机务段整备及停留等仍需消耗燃料,所以实际热效率只有5%~7%。蒸汽机车还具有燃煤消耗量大、环境公害问题大、乘务员劳动条件差和强度大等不足,不能满足现代铁路运输高速度、大运量的需求。随着经济的增长和技术的进步,蒸汽机车已不能适应社会发展的需要。

2)内燃机车

内燃机车是以内燃机作为原动力,通过传动装置驱动车轮的机车,如图2-14所示。根据机车上内燃机的种类,可分为柴油机车和燃气轮机车。由于燃气轮机车的效率低于柴油机车以及高温材料成本高、噪声大等原因,其发展落后于柴油机车。在我国,内燃机车的概念习惯上指的是柴油机车。内燃机车与蒸汽机车相比,具有热效率高(内燃机车热效率比蒸汽机车高3倍左右)、持续工作时间长、通过能力大、用水量少、机车整备时间短、可实现多机连挂牵引、乘务员劳动条件较好和强度较低等优点。但内燃机车缺点在于构造复杂,制造、维修和运营费用大,对环境有较大的污染。

图2-13 蒸汽机车

图2-14 内燃机车

内燃机车按传动方式不同,可分为机械传动、液力传动、电力传动内燃机车。

3)电力机车

电力机车是指从铁路沿线的接触网获取电能,通过机车上的牵引电动机产生牵引动力

图2-15 电力机车

的机车,如图2-15所示。电力机车不是自带能源的机车,其所需的电能来自地区电力系统的高压电网,并经牵引变电所降压、整流后,通过铁路线上空架设的接触网和装在机车顶部的受电弓,进入机车。

电力机车的能源直接来自容量很大的接触网,而不像其他形式的机车那样受到原动机功率的限制。因此电力机车功率大、运输能力强、爬坡性能好,出车前的整备时间也比其他机车短,而且起动平稳、加速快,几乎不受气候和地理条件的限制。此外,电力机车本身不带原动机,不会产生煤油和废气,环境污染小,乘务员劳动条件良好。从世界铁路牵引动力的发展来看,电力机车被公认为是最有发展前途的一种机车。

4)动车组

动车组是由动力车和拖车或全部由动力车长期固定地连挂在一起组成的车组。动车组具有安全、高速、高效、快捷、舒适、环保以及编组灵活等特点。动力分散动车组是当今世界铁路动车组特别是高速动车组技术发展的方向,目前我国高速动车组均采用动力分散式驱动模式,即动力车和拖车分散编组。动力分散型动车组虽然有牵引设备的数量多、总质量大的缺点,但其优点较多,如最大轴重小、对线路的影响小、列车总体利用率高、列车的牵引及制动性能好、可靠性高、运用成本低等。

我国动车组最开始仅用于客运,自2014年4月起高速铁路快递业务正式运营,利用高速铁路运力承担快递的干线运输,干线运输之外的两端运输(门到门寄件和收件)则由公路等其他运输方式完成。截至2020年底,980条高速铁路线路推出高速铁路快递服务,覆盖全国80余座城市。高速货运动车组于2020年12月23日在中车唐山公司正式下线,具有中华鲟骨骼仿生形车头的高速货运动车组,每节车厢侧面都有一对2.9m宽、全球最大开度的装载门,方便货物装载,如图2-16所示。高速货运动车组以我国时速250km高速动车平台为基础,突破了承载系统、走行系统、智能化装卸设备、快速装卸等多项轨道交通货运快速化关键技术,实现了大载重、大容积、快速装卸及货物在途管理。高速货运动车组利用大数据分析、云端虚拟配载、精准质量控制等技术,实现了货物的智能配载和车辆负载的合理分配。采用无载波脉冲通信技术、移动数据网络及北斗卫星导航技术,实现了货物的精准识别、精确定位和货物信息的车地交互,可满足600~1500km距离中长途快速货运需求,具有运输时效性高、运营频次多、运输成本低以及全天候等显著优势。

a)高速货运动车组外形

b)高速货运动车组大型装载门

图2-16 高速货运动车组

2. 铁路货车

铁路货车是承载货物的铁路运输工具,一般不具备动力装置,需要连接成列车后由机车牵引运行。

铁路货物运输所涉及的货物种类繁多,其性质不同,在运送中的要求也不一样。为了适应货物运输的需要,铁路货车具有不同的类型,按用途不同可分为通用货车、专用货车和特种货车。

1)通用货车

通用货车是为了适应日常的货物运输需求、满足大部分货物的装载和运输的车辆。随着铁路运输行业的不断发展,其种类和功能已基本定型,一般有平车、敞车和棚车等几种类型。

(1)平车。大部分平车的车体为一平板,如图2-17所示,主要用于运送钢材、木材、汽车、机械设备等体积或质量比较大的货物,也可借助集装箱运送其他货物。装有活动墙板的平车也可用来装运矿石、沙土、石渣等散粒货物。

(2)敞车。敞车是指具有端墙、侧墙、地板而无车顶的货车,如图2-18所示,主要供运送煤炭、矿石、矿建物资、木材、钢材等大宗货物用,也可用来运送质量不大的机械设备。若在所装运的货物上蒙盖防水帆布或其他遮盖物,可代替平车承运怕雨淋的货物。因此,敞车具有很大的通用性,在货车组成中数量最多。

图2-17 平车

图2-18 敞车

敞车按卸货方式不同可分为两类:一类是适合于人工或卸车机作业的通用敞车,其特点是端墙高在0.8m以上,车体两侧开有侧门,有的还设置底开门,以便煤炭或砂石等散粒货物自流卸出;另一类是只通用于大型工矿企业、站场、码头之间成列固定编组运输,用翻车机卸货的专用敞车,对装卸地点固定的散装货物,还可采用漏斗车或自翻车。

(3)棚车。棚车是有顶棚、侧墙、端墙、地板和车窗的铁路货车,如图2-19所示。棚车可防止雨水浸入车内,主要用于装运贵重器材及怕日晒、怕潮湿的货物,如各种粮谷、日用工业品及贵重仪器设备等。有的棚车可在车内安装火炉、烟囱、床板等,必要时可以运送人员和牲畜。

2)专用货车

(1)罐车。罐车车体为一圆筒形,主要用于装载各种液体、液化气体和粉末状货物,如图2-20所示。罐车按用途可分为轻油类罐车、黏油类罐车、酸碱类罐车、液化气体类和粉状货物罐车。按结构特点可分为有空气包、无空气包罐车,有底架、无底架罐车,上卸式和下卸式罐车等。在罐车的气包或罐顶设有呼吸式安全阀,当外界温度变化使罐车内压力超过一定数值时,安全阀能自行打开,将罐体内气体放出;罐内压力低于一定数值时,通过安全阀可向罐内补气,以减小液体对罐体的冲击作用。因罐体具有较大的强度和刚度,能够承担作用在罐体上的纵向力,因此新型罐车不设底架。黏油类罐车均采用下卸式排油装置,罐内液体直接从排液阀卸出。上卸式罐车罐体的底部中央需设有排液管、进风管等装置,其中设置进风管是为了通入压缩空气保持压力平衡,以加速上卸排液。

图2-19 棚车

图2-20 罐车

（2）长大货物车。长大货物车主要用于装运体积庞大而又笨重的货物,或体积较小但质量很大的货物（如大型机床、发电机定子、汽轮机转子、大型变压器等设备）。长大货物车按其结构形式可分为长大平车、凹底平车（或称元宝车）、落下孔车和钳夹车等,如图2-21所示。由于这些车的载质量及自重大,为了适应线路允许的轴重要求,车轴数较多。

a）凹底平车

b）钳夹车

图2-21 长大货物车

（3）冷藏车。冷藏车的车体外形与棚车相似,但车体外表涂成银灰色,以利于阳光的反射,减少太阳辐射热的侵入,如图2-22所示。冷藏车主要用于运送鱼、肉、水果、蔬菜等易腐货物。这类货物在运送过程中需要保持一定的温度、湿度和通风条件,因此冷藏车的车体装有隔热材料,车内设有冷却装置、加温装置、测温装置和通风装置等,具有制冷、保温和加温三种性能。

3）特种货车

（1）集装箱车。集装箱车只具有车底架,但比平车车底架强度大,是用于运载集装箱的车辆,如图2-23所示。集装箱车作为适应现代货物运输发展的一种车型,担负着重要的货物运输任务。

图2-22 冷藏车

图2-23 集装箱车

(2)矿石车。矿石车一般为全钢车体,专供运送各种矿石,如图2-24所示。为卸货方便,有的车体下部做成漏斗形,设置底开门;有的整个车体能借液压或空气压力的作用向一侧倾斜,并可开此边侧门(故又称为自翻车)。

(3)毒品车。毒品车为全钢结构,具有顶棚,顶棚上装有隔热顶板,外墙为黄色,有黑色骷髅标记,隔热顶板涂以银灰色,主要用于装运农药等有毒物品,如图2-25所示。

图2-24　矿石车　　　　　　　　　图2-25　毒品车

(4)粮食车。粮食车是专供运送散装粮食的货车,如图2-26所示。

(5)运输汽车专用车。运输汽车专用车主要用于国产及进口各种微型、小型汽车的铁路货运车辆,如图2-27所示。

图2-26　粮食车　　　　　　　　　图2-27　运输汽车专用车

(6)家畜车。家畜车是用于装运活家畜、家禽装置的货运车辆,如图2-28所示。

图2-28　家畜车

(7)水泥车。水泥车为密封车体,供装运散装水泥用。

(8)活顶棚车。活顶棚车为活动车顶结构,由车体、制动装置、车钩缓冲装置和转向架等部件组成。车体由底架、侧墙、端墙、车门、活动车顶、活顶开闭机构等组成。该车可装运各种免受日晒、雨雪侵袭的箱装或袋装货物,特别适用于需要通过吊车装卸的货物。

3.铁路货运车辆装载规定

铁路货运车辆的装载规定有:①货物装车前应当根据货物种类正确选择车辆类型,必须遵守有关货车使用限制的规定;②货车装载的货物质量(包括货物包装、防护物、装载加固材料及装置的质量)不得超过其容许载质量;③货物的装载高度和宽度,除超限货物外,不得超过货物装载限界和特定区段装载限制;④货物装载必须均衡、稳固、合理地分布在货车底板上,不偏载、不偏重、不集重;⑤装载货物时,应根据需要使用必要的装载加固材料和装置进行加固;⑥要充分利用货车容积巧装满载。

第四节　水路运输技术与装备

一、水路运输的特点与基本设施

1. 水路运输的主要特点

水路运输是指利用船舶,在江、河、湖泊、人工水道以及海洋上运送旅客和货物的一种运输方式。按照船舶航行的区域,水路运输可划分为远洋运输、沿海运输和内河运输三种形式。远洋运输通常是指除沿海运输以外所有的海上运输。沿海运输是指利用船舶在我国沿海区域各地之间的运输。内河运输是指利用船舶、排筏和其他浮运工具,在江、河、湖泊、水库及人工水道上从事的运输。

水路运输主要适宜担负中、远距离大宗货物运输和集装箱运输。远洋运输主要承担进出口贸易货物运输,包括大宗散货运输、杂货运输、石油和国际集装箱运输,是国际贸易运输的主要工具。沿海运输及内河运输主要承担煤炭、矿石、建材、粮食等大宗货物运输和国内集装箱运输,其中沿海水运的煤炭运输量较大,是我国"北煤南运"的主要运输力量。

水路运输主要特点有:①运输能力大,能源消耗小,单位运输成本最低;②续航能力大,运输连续性好;③基建投资较小,占用土地少;④初期投资(购船)较大,而且回收期长;⑤运输速度低,受气候影响大;⑥运输机动性差。

2. 水路运输的基本设施

水路运输的基本设施主要包括港口及其集疏运设施。港口由水域和陆域组成:港口的水域设施主要包括港池、航道和锚地;港口陆域设施主要包括码头、泊位、港口作业区及港口道路和铁路设施等。码头的基本布局形式主要有顺岸式和突堤式,如图2-29所示。

a)顺岸式码头　　　　　　　　　　　b)突堤式码头

图2-29　码头

根据货物的类别不同,码头可分为杂货码头、粮食码头、煤炭码头、液体化工码头、石油码头和集装箱码头等。

为了便于港口的生产管理，通常根据货物种类、吞吐量、货物流向、船型和港口布局等因素，将港口划分为若干个相对独立的装卸生产单位，称为港口作业区。港口作业区一般由码头前沿作业地带和仓库及堆场等设施组成。码头前沿作业地带就是沿着码头岸边设置的具有一定宽度的船舶装卸作业区域，用于货物装卸、转运和临时堆存。仓库和堆场是货物的集散地。港口集疏运设施是指与港口相互衔接、为集中与疏散港口吞吐货物服务的交通运输设施，主要由港口道路、铁路、内河航道及相应的交接站场组成，如图2-30所示。

图2-30 港口集疏运设施

一般可将港口陆域分为以下几个部分。

1) 码头与泊位

码头是供船舶停靠，以便旅客上下、货物装卸的水工建筑物。码头前沿线通常即为港口的生产线，也是港口水域和陆域的交接线。

所谓泊位，即供船舶停泊的位置。一个泊位即可供一艘船舶停泊；而不同的船型其长度是不一样的，所以泊位的长度依船型的大小不同而有差异，同时还要留出两船之间的距离，以便于船舶系解绳缆。一个码头往往同时要停泊几艘船，即要有几个泊位，因此码头线长度是由泊位数和每个泊位的长度来决定的。

码头前沿的水深一定要满足船舶吃水，并应考虑到船舶装卸和潮汐变化的影响，留有足够富余的水深。

2) 港口仓库和堆场

仓库和堆场是供货物装船前和卸船后短期存放使用的。多数较贵重的件杂货都在仓库内堆放保管；那些不怕风吹雨淋的货物如矿石、建材等可放入露天堆场或货棚内，这种散堆装货物的堆场常常远离市区和其他码头，以免对环境造成污染。

从港口货场到码头前沿为码头前方场地，又称码头前沿作业区。这里既要安排装卸机械，又要安排火车、汽车的通道，使货物转运方便，或是进入货场，或是直接运往港外。码头前方场地通常是港口最繁忙的地区。

3) 铁路及道路

货物在港口的集散除了充分利用水路外，主要需依靠陆路交通，因此铁路和公路系统是港口陆域上的重要设施。当有大量货物用铁路运输时，需设置专门的港口车站。在港口车站货物列车可以进行编组或解体，并配有专门的机车，将车辆直接送往码头前沿或库场的装卸线；装卸完毕后再由机车取回送往港口车站编组。在没有内河的海港，铁路是主要的疏运方式，港口生产与铁路部门有密不可分的关系，如我国的秦皇岛港、大连港、青岛港等。

港内道路与港外公路应该有很好的连接,对于有集装箱运输的港口,道路系统尤为重要,港区内的道路要能通往码头前沿和各库场,回路要通畅,进口与出口常常分开设置,并尽可能减少与铁路线或装卸线的平面交叉,以减少相互间的干扰。

4)起重运输机械

现代港口装卸工作基本是由各式各样的机械来完成的。有的机械主要用来起吊货物,称为起重机械,有的主要用于搬运货物,称为运输机械,两者合起来称为起重运输机械。起重运输机械在港口可完成对船舶进行装卸作业、对火车和汽车进行装卸作业,以及在船舱内进行各种搬运、堆码和拆垛等工作;在库场上进行起重、搬运、堆码、拆垛等工作。

5)港口辅助生产设施

为维护港口的正常生产秩序,保证各项工作得以顺利进行,港口还需要在陆域上配备一些辅助设施,如给排水系统、输电与配电系统、燃料供应站、工作船基地、各种办公用房、维修工程队和船舶修理站等设施。

综上所述,港口的设施数量是非常庞大的,犹如一个独立的小城市。然而就生产作业来说,大体上可归纳为船舶航行作业、装卸作业、货物存储以及集疏运四大部分。船舶航行作业部分包括港内外航道、锚地、港池和船舶回转水域,还有为安全航行的通信、导航设施;装卸作业部分包括码头、水上装卸锚地以及各种装卸设备;货物存储部分主要包括陆域上的仓库和堆场以及库场上的机械设备,集疏运部分除了水路外主要就是铁路与公路。

3. 集装箱码头

集装箱码头是专供停靠集装箱船舶、装卸集装箱的港口作业场所,如图 2-31 所示。它是在集装箱运输过程中,水路和陆路运输的连接点,也是集装箱多式联运的枢纽。

图 2-31 集装箱码头

集装箱码头在整个集装箱运输过程中对加速车船周转、提高货物运输速度、降低整体运输成本等方面,起着十分重要的作用。通常认为集装箱码头主要有以下职能:①集装箱运输系统中的集散站;②提供集装箱堆场,作为转换集装箱运输方式的缓冲地;③水路集装箱运输和陆路集装箱运输的连接点和枢纽。

集装箱码头的主要业务是组织各种装卸机械在各个不同的运输环节中迅速有效地进行集装箱装卸和换装作业,以及负责装箱和箱内货物的交接或保管。对集装箱码头来说完成有关业务必须具备下列条件:①具备保证大型集装箱船舶可以靠离的泊位、岸壁和水深,确保船舶的安全;②有宽敞的集装箱堆场和必要的设施,能适应大量集装箱的妥善分类、保管、交换和修理的需要;③配备足够数量的装卸、搬运机械和有关设备以及能熟练操作这类机械的驾驶员和维修保养人员;④具有能直接连结陆路运输的机能;⑤具有完善的组织管理系统和有关的工作制度。

集装箱码头作为运输系统中货物的交会点，其应有的必要设施有泊位、码头前沿、集装箱码头堆场、货运站、控制室、维修车间、检查口和行政楼等。

从运输、存储条件和装卸工艺的角度考虑，水路运输货物可分为件杂货、干散货、液体货和集装箱。件杂货指成件运输和保管的货物，不论有无包装，都可称件杂货。干散货包括散装谷物、煤炭、矿石、散装水泥、矿物性建筑材料及化学性质比较稳定的块状或粒状货物。液体货包括石油、石油产品、植物油和液化气等，大量通过港口的原油和成品油，属于易燃液体。集装箱是能装载包装或无包装货进行运输，并便于用机械设备进行装卸搬运的一种成组工具。集装箱最大的成功在于其产品的标准化以及由此建立的一整套运输体系。

货物在港内作业常用的名称术语如下：

(1) 操作过程。操作过程指根据一定的装卸工艺完成一次货物的搬运过程。

(2) 装卸过程。装卸过程指货物从进港运输工具上卸下到装上出港运输工具的全过程，也叫换装过程。由一个或以上的操作过程所组成的装卸过程如图 2-32 所示。

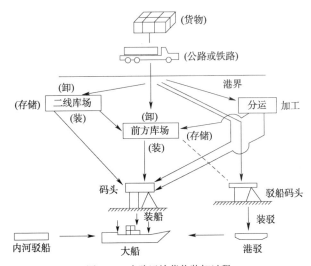

图 2-32 水路运输货物装卸过程

(3) 直接换装。直接换装是指只经一次操作（一个操作过程）即可完成全部装卸过程的作业方式，也叫直取作业。

(4) 间接换装。间接换装是指经两次以上操作才能完成换装过程的作业方式。

(5) 操作量。操作量是指每个操作过程中装卸货物的数量（即每一个箭头表示的作业），用 P 表示，是反映装卸工作量的主要指标。

(6) 装卸量。装卸量是指一个换装过程中装卸货物的数量，用 Q 表示。1t 货物从进港起到出港止，不管经过多少次操作，只算 1t 装卸量（自然吨）。

(7) 操作系数。操作系数指操作量与装卸量的比值，用 ρ 表示。有 $\rho = P/Q \geqslant 1$（$\rho = 1$ 时即为直取作业）；且 $P = nQ$，n 为操作次数。

二、水路运输船舶

船舶是指能航行或停泊于水域进行运输或作业的工具，按不同的使用要求而具有不同的技术性能、装备和结构形式。

1. 船舶的基本组成

船舶是由许多部分构成的,按各部分的作用和用途,可综合归纳为船体、船舶动力装置、船舶舾装、船舶的其他装置和设备等。

1)船体

船体是船舶的基本部分,可分为主体部分和上层建筑部分。

(1)主体部分一般指上甲板以下的部分,它是由船壳(船底及船侧)和上甲板围成的具有特定形状的空心体,是保证船舶具有所需浮力、航海性能和船体强度的关键部分。

(2)上层建筑位于上甲板以上,由左、右侧壁,前、后端壁和各层甲板围成,其内部主要用于布置各种用途的舱室,如工作舱室、生活舱室、储藏舱室、仪器设备舱室等。上层建筑的大小、楼层和形式因船舶用途和尺度不同而异。

2)船舶动力装置

船舶动力装置主要包括推进装置、辅助机械设备和系统、船舶电站以及其他辅助机械和设备。

(1)推进装置指主机经减速装置、传动轴系来驱动推进器(螺旋桨是主要的形式)。

(2)辅助机械设备和系统是为推进装置的运行服务的,如燃油泵、润滑油泵、冷却水泵、加热器、过滤器、冷却器等。

(3)船舶电站为船舶的甲板机械、机舱内的辅助机械和船上照明等提供电力。

(4)其他辅助机械和设备如锅炉、压气机、船舶各系统的泵、起重机械设备、维修机床等。通常把主机(及锅炉)以外的机械统称为辅机。

3)船舶舾装

船舶舾装包括舱室内装结构(内壁、天花板、地板等)、家具和生活设施(炊事、卫生等)、涂装和油漆、门窗、梯和栏杆、桅杆和舱口盖等。

4)船舶的其他装置和设备

船舶的其他装置和设备包括锚设备与系泊设备、舵设备与操舵装置、救生设备、消防设备、船内外通信设备、照明设备、信号设备、导航设备、起货设备、通风、空调和冷藏设备、海水和生活用淡水系统、压载水系统、液体舱的测深系统和透气系统、舱底水疏干系统、船舶电气设备和其他特殊设备(依船舶的特殊需要而定)。

2. 船舶的主要性能

船舶的主要性能有浮性、稳性、抗沉性、快速性、耐波性、操纵性和经济性等。

(1)浮性是指船在各种装载情况下,能浮于水中并保持一定的首、尾吃水和干舷的能力。根据船舶的重力和浮力的平衡条件,船舶的浮性关系到装载能力和航行的安全。

(2)稳性是指船受外力作用离开平衡位置而倾斜,当外力消失后,船能恢复到原平衡位置的能力。稳性是与船舶安全密切相关的一项重要性能。有关规范规定了各类船舶应具备的稳性标准,所有船舶必须达到规定的指标要求。为使船舶具有良好的稳性,可采取措施降低船舶的重心、减小上层建筑受风面积等措施。

(3)抗沉性是指船体水下部分如发生破损,船舱淹水后仍能浮于水面而不沉和不倾覆的能力。船舶主体部分水密分舱的合理性、分舱甲板的干舷值和船舶稳性的好坏等,是影响抗沉性的主要因素。

（4）快速性是表征船在静水中直线航行速度，与其所需主机功率之间关系的性能。它是船舶的一项重要技术指标，对船舶营运开支影响较大。船舶快速性涉及船舶阻力和船舶推进两个方面。合理地选择船舶主尺度、船体系数和线型，是降低船舶阻力的关键。

（5）耐波性是指船舶在风浪等外力作用下，产生摇荡运动以及砰击、上浪、失速等现象时仍具有足够的稳性和船体结构强度，并能保持一定的航速安全航行的性能。在水上运行的船舶，应尽可能地减少摇摆而处于比较平稳的状态，以利于船上乘员的生活和工作。

（6）操纵性是指船舶能按照驾驶员的操纵保持或改变航速、航向或位置的性能，主要包括航向稳定性和回转性两个方面，是保证船舶航行中少操舵、保持最短航程、靠离码头灵活方便和避让及时的重要环节，关系到船舶航行安全和营运经济性。

（7）经济性是指船舶投资效益的大小。它是促进新船型的开发研究、改善航运经营管理和促进造船工业发展的最活跃因素。

3．船舶分类

货船按照其用途的不同，通常可分为散货船、杂货船、集装箱船、冷藏船、液货船、滚装船、铁路车辆渡船、驳船和载驳船等多种类型。

1）散货船

散货船（也称为干散货船）是指专门用于载运无包装的粉末状、颗粒状、块状等类大宗干散货物的运输船舶，如图2-33所示，常用于运输的货物主要包括散装的粮食谷物、盐、矿砂、煤炭及水泥等。根据功能不同，散货船可分为普通散货船、专用散货船、兼用散货船和特种散装船等类型。

2）杂货船

杂货船是用于装运各种箱装、桶装以及成包、成捆等件杂货的船舶，如图2-34所示。杂货船分为普通型杂货船与多用途杂货船，其中多用途杂货船既可装杂货，又可装散货、集装箱甚至滚装货。

图2-33　散货船

图2-34　杂货船

3）集装箱船

集装箱船是用于装运标准集装箱的货船，如图2-35所示。根据集装箱船的功能结构可分为全集装箱船、半集装箱船和可变换集装箱船三种类型。

4）冷藏船

冷藏船是专门用于运输需要冷冻和保鲜的鱼、肉、水果、蔬菜等时鲜易腐货物的货船，如图2-36所示。

图 2-35　集装箱船

图 2-36　冷藏船

5）液货船

液货船是专门用于运输液态货物的船舶，主要有油船、液体化学品船和液化气船等类型，如图 2-37 所示。

a）油船

b）液体化学品船

c）液化天然气船

d）液化石油气船

图 2-37　液货船

6）滚装船

滚装船是指把汽车直接开进船，将汽车连同车上的货物一起运输的专用船舶，如图 2-38 所示。滚装船所载运的汽车可以是轿车、客车、货车等各种类型的车辆。

图 2-38 中，连接码头陆地与船舱的、供汽车上下船的装置称为登车桥。登车桥是实现货物快速装卸的专用辅助设备，其高度可调节，在船舱与码头陆地、车辆与货台等处架起一座桥梁，叉车等搬运车辆通过它能直接驶入船舱、车厢内部进行货物的批量装卸，仅需单人作业，即可实现货物的快速装卸。登车桥有固定式和移动式两种。固定式登车桥一端与货台等高，另一端为活动的，并可以搭在载运工具上；移动式登车桥装有轮胎和车轴，便于移动转移，广泛用于无装卸设备的货台及流动装卸场所。

7) 铁路车辆渡船

铁路车辆渡船是用于装载铁路车辆在江河两岸、海峡两岸或岛屿之间进行运输的大型专用船舶,通常称为火车渡船或铁路轮渡,如图2-39所示。一般火车渡船可以装载40~50节客运或货运车厢,船舱内的甲板上布设有多条火车轨道,通过火车渡船码头上的专用机车将车辆送入或牵出船舱。

图2-38 滚装船

图2-39 铁路车辆渡船

8) 驳船和载驳船

驳船是指需要靠拖船或推船带动的单层甲板平底船,如图2-40所示。载驳船是专门用于载运驳船的运输船舶,又称为子母船,如图2-41所示。其运输过程是将货物先装载于统一规格的方形货驳(子船)上,再将货驳装上载驳船(母船)上,载驳船将货驳运抵目的港后,将货驳卸至水面,再由拖船分送各自目的地。载驳船的特点是不需码头和堆场,装卸效率高,便于海河联运。

图2-40 驳船

图2-41 载驳船

4. 船舶的主要性能参数

1) 重量性能参数

船舶的重量性能是表示船舶能够装载货物重量多少的能力,包括船舶排水量和载重量两个方面的指标,其计量单位为t。

船舶排水量是指船舶在一定状态下的总重量。船舶满载时的总重量称为满载排水量,或重排水量;船舶不装载货物时船体和机舱等部分的总重量称为空船排水量,或轻排水量;如未指明时,船舶的排水量多指满载排水量。

船舶载重量反映出船舶的装载能力。载重量中货物、旅客及其行李的重量称为净载重量,反映出船舶的运输能力,是船舶载运货物和旅客的最大营业载重量。货船的净载重量即是载货量。客货船的净载重量则是货物加上旅客及其行李的重量。载货量是货船和客货船的重要设计指标。

船舶满载时的总重量为船本身的重量与船舶载重量之和,等于满载排水量。船本身重量等于空船自由浮于静水面时所排开水的重量,即空船排水量。满载排水量减去空船排水量等于船舶载重量。

2）容积性能参数

船舶的容积性能是表示船舶能够装载货物体积多少的能力。船舶容积性能参数主要包括货舱容积和船舶登记吨位。

货舱容积是指船舶各货舱的总容积或其中任一货舱的单舱容积,是散装舱容和包装舱容的统称。散装容积,即能装散装货的货舱容积,如粮谷、矿砂、煤炭等。包装容积,即能装包装货的货舱容积。包装容积比散装容积小,一般为散装容积的90%~95%,有时还包括液体舱容积,即能供装载燃料和淡水用的舱室容积。

船舶登记吨位是指为船舶注册登记而规定的一种以容积折算的专门吨位,它是根据船舶吨位丈量规范的有关规定,丈量所得到的船舶内部容积,按每 $2.83m^3$ 为 1 注册吨进行折算而得出的船舶吨位。船舶登记吨位分为总吨位和净吨位两种。

总吨位是通过对船舶所有围蔽处所容积进行丈量和折算而得到的吨位。净吨位是对船舶可用于装载货物的容积进行丈量和折算而得到的吨位。

3）船舶主尺度参数

船舶主尺度是用以表示船体外形大小的主要尺寸度量,通常包括船长、船宽、船深、吃水和干舷等参数。

4）船舶航速

船舶航速指船舶在航行时单位时间内所能航行的距离。船舶航速的单位通常用节(knot)表示,1 节(knot) = 1 海里/小时(n mile/h)。远洋杂货船船速一般为14~18节;近洋杂货船船速一般为13~15节;沿海杂货船航速一般为11~13节。

第五节 航空运输设备

航空运输是利用飞机作为运输工具在空中飞行运送旅客或货物的一种运输方式。航空运输设备与设施主要由飞机、飞行航线、机场和空中交通管理系统等部分构成。

一、航空货物运输的特点与基本设施

1. 航空货物运输的主要特点

航空货物运输主要适用于对时间性要求较强的邮件、快件货物、鲜活易腐货物和价值较高的高科技机电产品等货物的运输,其货物的体积和质量以及运输批量一般都较小,运输距离主要适用于中、长距离。此外,航空运输是救灾、抢险等紧急物资运输的主要方式。

与其他运输方式相比,航空货物运输具有以下特点:①运行速度快,时间短;②不受地形限制,机动性、舒适性和安全性高;③基本建设周期短、投资少、占地少;④运载能力小,运输成本高,受气候条件影响大;⑤适于长距离、小批量、贵重货物的运输。

2. 航空运输的基本设施

航空运输的基本设施主要有机场和航线。

机场也称航空港,是用于飞机起飞、着陆、停放、维护、补充给养等活动,以及组织旅客上下和货物装卸等航空运输服务的场所。

机场内的主要设施包括跑道、滑行道、停机坪、机场交通、指挥塔和管制塔、助航系统、输油系统、维护修理基地、货运设施及其他各种公共设施(如水、电、通信、消防系统等)。

航线是由航空管理部门设定的飞机从一个机场飞达另一个机场的路线,是航空运输网络中的线路。航线按照飞行范围分为国内航线和国际航线。国内航线根据所连接的城市不同可分为国内干线、国内支线和地方航线。

二、航空运输设备

1. 飞机

飞机是航空器的一种,国际民航组织给出的定义为:"航空器是指可以从空气的反作用(但不包括从空气对地球表面的反作用)中取得支撑力的机器。"

1)飞机的分类

飞机的分类方法很多。按用途主要可分为军用飞机和民用飞机两类,其中民用飞机又分为客机、货机、客货两用机;按发动机类型分为螺旋桨飞机、喷气式飞机;按发动机数量分为单发动机飞机、双发动机飞机、三发动机飞机、四发动机飞机;按飞行航程分为近程飞机、中程飞机与远程飞机,其中近程飞机是指航程在1000km以内的,主要用于支线飞机;中程飞机是指航程在3000km左右的,主要用于国内干线;远程飞机是指航程在11000km左右的,用于国际航线。中国民用航空局的分类方法中,按客座数分为大型(200座以上)、中型(100~200座)、小型(100座以下);按航程分为短程(2400km以下)、中程(2400~4800km)、远程(4800km以上);按机身尺寸分为窄体飞机和宽体飞机;按机舱载货类型分为全货机和客货两用机;根据飞机装载货物的多少可分为小飞机和大飞机系列。

窄体飞机机身宽度约为3m,舱内只有一条通道,一般只能在下舱内装载包装尺寸较小的散件货,如B737、B757、MD-80、MD-90、A320、A321等。

宽体飞机机身宽度不小于4.72m,舱内有两道通道,下舱可装机载集装箱,如B767、B777、B747、MD-11、A300、A310、A330、A340、A380。

全货机是指机舱全都用于装载货物的飞机。全货机一般为宽体飞机,主舱可装载大型集装箱。目前世界上最大的全货机装载量达250t,通常的商用大型全货机装载量在100t左右。

客货两用机即普通客机,上舱(主舱)用于载客,下舱(腹舱)用于载货。

小飞机系列主要有A320、B737、B757以及其他一些小型机。这些飞机在客舱的下面一般有2~3个货舱,而且是散舱,货物装载时只能散落在货舱里面,不能装到集装器里再装上飞机。由于货舱容积不大,再除去客机要带一些旅客的行李,每班飞机大概只能装载2000~3000kg的货物。

大飞机系列也就是宽体机,主要有A300、A330、A340、A380、B747、B767、B777、B787、MD-11。此类飞机的特点是货物装载使用了集装器,货舱容积大,可装载货物从十几吨到100余吨不等。

2)飞机的基本结构

飞机主要由机身、机翼、动力装置、尾翼和起落架以及操纵控制系统等部分组成,如图2-42

所示。

机身是飞机的主体,主要用来装载空乘人员、旅客和货物,并用于安装各种设备和其他部件,将飞机的各个组成部分连接成一个整体。

一般飞机的货舱布局分为前货舱和后货舱,货物分别通过前后货舱门装入或卸出货舱。飞机货舱内一般都设有装卸货物和集装箱的辅助设备,如起重装置、辊子滑动装置以及货物固定装置,如图2-43所示。

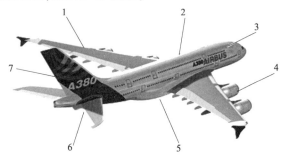

图2-42　飞机的基本结构

1-机翼;2-机身;3-操纵控制系统;4-动力装置;5-起落架;
6-水平尾翼;7-垂直尾翼

图2-43　飞机货舱

3) 常用运输飞机

常用运输飞机有波音系列(B-)、麦道系列(MD-)、空中客车系列(A-)、图系列(Tu-)、安系列(An-)、运系列(Y-)和新舟系列(MA-),其业载(最高载质量)在16~250t不等,如图2-44所示。运系列(Y-)是我国制造的运输机,有Y-5、Y-7、Y-8、Y-11、Y-12多种机型,Y-8适用于客货运输,还可以用于空投空降、地质勘探及航空摄影等,一次可以装载散货20t或集装货物16t;Y-20为最大机型,业载66t。新舟系列(MA-)是我国中航西安飞机工业集团股份有限公司在Y-7基础上研制的支线客机或多用途飞机,用于货运、海洋监测、航天监测、探测等。

a)波音757-200型客机改货机

b)MD-11F型全货机

c)A380立体货机

d)TU-204运输机

图　2-44

e)安124运载列车

f)安225运载航天飞机

g)运-20运输机

h)新舟600货机

图2-44 常用运输飞机

4)飞机常用参数

(1)机长。机长指飞机最前和最后两端点间的距离。

(2)机高。机高指飞机停放地面时,尾翼最高点的离地距离。

(3)翼展。翼展指飞机左右翼尖间的距离。

(4)最大起飞重量。最大起飞重量指试航证书上规定的起飞时允许的最大重量。

(5)最大着陆重量。最大着陆重量指飞机起落架和机体结构能承受的撞击量,由制造厂和中国民用航空局规定。

(6)飞机基本重量。飞机基本重量指飞机做好飞行准备时的重量,不包括商务载重和燃油的重量。

5)飞机的飞行性能指标

(1)最大平飞速度。最大平飞速度指发动机最大功率或最大推力时的平飞速度。其影响因素有发动机的推力、飞行阻力及飞行高度。一般不宜以最大平飞速度长时间飞行。

(2)巡航速度。巡航速度指每公里耗油量最少时的飞行速度。

(3)爬升率。爬升率指单位时间内飞机上升的高度(m/s)。一般爬升率随高度的增大而减小。因高度增大时,空气稀薄,推力减小。

(4)升限。升限指飞机上升所能达到的最大高度。

(5)航程及续航时间。航程及续航时间指飞机一次加油后所持续飞行的最大距离或时间。一般以巡航速度飞行可取得最大航程。

(6)起降性能。起降性能指飞机的起降性能,包括飞机起飞离地速度和起飞滑跑距离、飞机着陆速度和着陆滑跑距离。

(7)业载限额。业载限额即业务载重,又称最大业务载重,也称商载(指飞机可以用来赚取利润的商业载荷)。业载限额是根据该型飞机各种性能规定的最大可装载的业务极限,是由飞机制造商在飞机出厂时作出的业载规定。在运输过程中,飞机的最大可用业载不应超过该限额,如果超过该限额,则按该限额的数值执行。

2. 航空集装设备

航空运输中的集装设备主要是指为提高运输效率而采用的托盘和集装箱等成组装载设备。由于航空运输的特殊性,为使用这些设备,飞机的甲板和货舱都设置了与之配套的固定系统。这些集装设备无论从外形构造还是技术性能指标都具有自身的特点,要符合飞机甲板和货舱的堆装要求。

常用的航空集装设备为航空集装箱。航空集装箱是根据飞机货舱的形状设计的,以保证货舱有限空间的最大装载率,所以航空集装箱有部分是截角或圆角设计,如图2-45所示。在航空运输系统中,把航空集装箱列为集装器中的一个品种,利用飞机载运的集装箱,其规格和型号甚多。

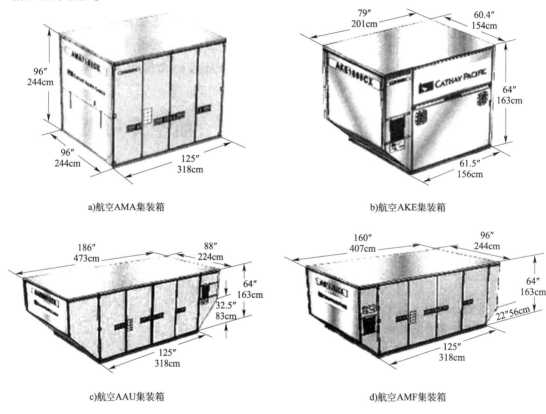

图2-45 航空集装箱

航空集装箱运输具有如下特点:

(1)减少货物装卸机时间,提高作业效率。传统的操作方法,是在仓库将货物装上拖车,然后拉到停机坪,一件件装上飞机,逐一核对标签。使用集装设备,是在仓库将货物装入集装设备,使用升降平台,将集装设备迅速装入飞机,装卸机时间大为缩短。

(2)减少货运事故、提高运输质量。使用集装设备后,成组装机、卸机,简化了货物交接手续,减少了货物装卸次数,货物的差错率、破损率明显降低,有效地提高了运输质量。

(3)有利于组织联合运输和"门到门"服务。使用集装设备后,便于开展接取送达的"门到门"服务,便于机械作业直接换装,有利于组织联运,提高运输效率和服务质量。

第六节　管道运输设备

管道运输就是利用管道设施,通过一定的压力差驱动管道内的货物沿着管道流向目的地的一种运输方式。管道运输主要用于输送液体、气体和浆料等流体货物(主要有原油、成品油、天然气、煤浆和其他矿浆等)。

一、管道运输的特点

(1) 运量大。一条输油管线可以源源不断地完成输送任务。根据管径的大小不同,其每年的运输量可达数百万吨到几千万吨,甚至超过亿吨。

(2) 占地少。运输管道通常埋于地下,其占用的土地很少;运输管道埋藏于地下的部分占管道总长度的95%以上,因而对于土地的永久性占用很少,分别仅为公路的3%、铁路的10%左右。在交通运输规划系统中,优先考虑管道运输方案,对于节约土地资源意义重大。

(3) 管道运输建设周期短、费用低。国内外交通运输系统建设的大量实践证明,管道运输系统的建设周期与相同运量的铁路建设周期相比,一般来说要短1/3以上,建设费用比铁路低60%左右。

(4) 管道运输安全可靠、连续性强。由于石油天然气易燃、易爆、易挥发、易泄露,采用管道运输方式,既安全,又可以大大减少挥发损耗,同时由于泄露导致的对空气、水和土壤污染也可大大减少,也就是说,管道运输能较好地满足运输工程的绿色化要求。此外,由于管道基本埋藏于地下,其运输过程受恶劣多变的气候条件影响小,可以确保运输系统长期稳定地运行。

(5) 管道运输耗能少、成本低、效益好。发达国家用管道运输石油,每吨千米的能耗不足铁路的1/7,在大量运输时的运输成本与水运接近,因此在无水条件下,采用管道运输是一种最为节能的运输方式。管道运输是一种连续工程,运输系统不存在空载行程,因而系统的运输效率高。理论分析和实践经验已证明,管道口径越大,运输距离越远,运输量越大,运输成本就越低,管道运输的成本一般只有铁路运输的1/5、公路运输的1/20、航空运输的1/66。

(6) 灵活性差。管道运输不如其他运输方式(如汽车运输)灵活,除承运的货物比较单一外,它也不容许随便扩展管线。运输量明显不足时,运输成本会显著地增大。

管道运输的上述特点,使得管道运输主要担负单向、定点、量大的流体状货物运输。另外,在管道中利用容器包装运送固态货物(如粮食、砂石、邮件等),也具有良好的发展前景。

二、管道运输装备

迄今为止,尽管研究和开发的管道运输系统有水力管道、风动管道、集装胶囊管道和管道旅客运输系统,但应用最广泛的仍主要是输油管道、输气管道和固体料浆管道。

1. 输油管道运输装备

1) 输油管道的分类

按输送距离和经营方式不同可分为两类:一类属于企业内,其长度一般较短,不是独立的经营系统;另一类是长距离输油管道,长距离输油管道一般管径大、运输距离长,有各种辅助配套工程。这种长输管道属于独立经营的企业,有自己完整的组织机构,进行独立的经营管理。

按所输油品的种类不同可分为原油管道与成品油管道两种。

2)长距离输油管道的组成

长距离输油管由输油站、线路(即管线)两大部分以及辅助系统设施组成。

图2-46 输油站

(1)输油站(包括首站、末站、中间输油站)。

输油管起点有起点输油站,也称首站,它的任务是收集原油或石油产品,经计量后加压向下一站输送,如图2-46所示。首站的主要组成部分是油罐区、输油泵房和油品计量装置。

油品沿着管道向前流动,压力不断下降,需要在沿途设置中间输油泵站继续加压,直至将油品送到终点。中间站的主要设备有输油泵、加热炉、阀门等设备。

输油管的终点又称末站,末站的任务是接受来油和向用油单位供油,所以有较多的油罐与准确的计量系统。

(2)输油管道的线路。

长距离输油管道的线路(即管线)部分包括:管道本身,沿线阀室,通过公路、江河、山谷的穿(跨)越构筑物,管道阴极防腐保护设施,通信设施与自控线路等。

长距离输油管道一般采用埋地敷设。管道沿线每隔一定距离设有截断阀室,其作用是一旦发生事故可以及时截断管内油品,防止事故扩大并便于抢修。通信设施用于全线生产调度及系统监控信息的传输,通信方式包括微波、光纤与卫星通信。

油品在运输过程中,管道结蜡致使管径缩小,造成输油阻力增加、能力下降,严重时可使原油丧失流动性,导致凝管事故。处理管道结蜡有效而经济的方法是机械清蜡,即从泵站收发装置处放入清蜡球或其他类型的刮蜡器械,利用泵输送的原油在管内顶挤清蜡工具,使蜡清除并随油输走。

3)输油管道的主要设备

输油管道由输油泵与输油泵站、输油加热炉、储油罐、管道系统、清管设备、计量及标定装置等组成。

储油罐是19世纪60年代发展起来的一种储存石油及其产品的设备。储油罐按建造方式可分为地下油罐(罐内油品最高液面比邻近自然地面低0.2m以上者)、半地下油罐(油罐高度的2/3左右在地下)和地上油罐(油罐底部在地面或高于地面者)三种;按建造材料分为金属油罐、非金属油罐两种;按罐的结构形式分为立式圆柱形油罐、卧式油罐、双曲率形油罐三种。

一般地,应用较广的是钢质金属油罐,如图2-47所示。其安全可靠、经久耐用、施工方便、投资省,可储

图2-47 钢质金属油罐

存各种油品。非金属油罐大多建造在地下或半地下,用于储存原油或重油,容积较小,易于搬迁,油品蒸发量比钢罐低,抗腐蚀能力亦比金属罐强;其缺点是易渗漏,不适合储存轻质油品,且当罐底发生不均匀沉陷时易产生裂纹,难以修复。

长输管线上必须对油品进行计量,计量系统包括流量传感器、过滤器、温度及压力测量仪表、标定系统及排污管等。

2. 输气管道运输设备

工业上常见的气体有天然气、油田伴生气、液化气、煤气、沼气和乙炔等能源气体,其中天然气是十分重要的有机化工原料。此外,还有压缩空气、氧气等动力和助燃气体。输气管道系统主要由矿场集气管网、干线输气管道(网)、城市配气管网以及与此相关的站、场等设备组成。

输气管道由矿场集气、输气站、干线输气、城市配气四部分组成。

长距离输气管道沿途每隔一定距离(一般为110~150km)设置一座中间压气站(或称压缩机站)。干线是指从矿场附近的输气首站开始到终点配气站为止。输气管道输送的介质是可压缩的,其输气量与流速、压力有关。一般而言,在各种影响因素中,管径对流量影响最大。总的来说,高压、大管径是长距离输气管道发展的方向。

城市配气指从配气站(即干线终点)开始,通过各级配气管网和气体调压所按用户要求直接向用户供气的过程。配气站是干线的终点,也是城市配气的起点与枢纽。气体在配气站内经分离、调压、计量和添味后输入城市配入管网。

3. 固体料浆管道运输设备

用管道输送各种固体物质的基本措施是将待输送固体物质破碎为粉粒状,再与适量的液体配置成可泵送的浆液,通过长输管道输送这些浆液到目的地后,再将固体与液体分离送给用户。目前浆液管道主要用于输送煤、铁矿石、磷矿石、铜矿石、铝矾土和石灰石等矿物,配制浆液的主要是水,还有少数采用煤料油或甲醇等液体作载体。

固体料浆管道的基本组成部分与输气、输油管道大致相同,但还有一些制浆、脱水干燥设备。固体料浆管道设备由浆液制备系统、中间泵站、后处理系统三部分组成。由于管道中流动的浆液是固液两相的混合物,在输送过程中除了要保证稳定流动外,还要考虑其沉淀的可能,尤其是在流速降低的情况下。不同流速、不同固体粒径及浓度条件下,浆液管道中可能出现均质流、非均质流、半均质流三种流态。非均质流浓度分布不均,可能会出现沉淀,其摩擦阻力高,输送费用大。

从整个系统来看,要保证系统的经济性需要考虑并确定合理的颗粒大小及浆液浓度。细颗粒含量多时虽然可以降低管输费用,但制浆、脱水费用将会增加。

4. 管道设备的维护

1)管道防腐技术

尽管管道系统具有便于管理、运行安全的特点,但由于其输送管道大多深埋于地下,给日常维护带来一定困难,尤其是管道和储罐的腐蚀,不仅会造成因穿孔而引起的油、气、水跑漏损失与污染,给维修带来材料和人力的浪费,而且还可能引起火灾与爆炸。

在管道运输中,管道和储罐的防腐主要有下列措施或方法:

(1)选用耐腐蚀材料制造的管道,如一般城市采用聚氯乙烯管,海洋油气管道中采用含钼和钛的合金钢管。

（2）在输送或储存介质中加入缓蚀剂以抑制管道的内壁腐蚀。

（3）在管道内外壁上采用防腐绝缘涂层，使钢管与腐蚀介质隔离。例如，在输气管道内壁喷涂环氧树脂，既可防止内腐蚀，也可减少输送时的摩擦阻力。

（4）采用阴极保护法。即对被保护的金属管道通以外接电流，使整个管道成为腐蚀电池的阴极而得到保护。此法也可用于保护储油罐罐底。

目前国内外普遍采用的经济可靠的方法是防腐绝缘层加阴极保护的综合措施。

2）管道清洗技术

管线清洗技术主要分为三大类：物理清洗法、化学清洗法、物理和化学结合清洗法。

（1）物理清洗法包括高压水射流清洗、机械法清洗、PIG清洗、喷砂清洗、电子跟踪式清洗和爆炸法清洗等。

（2）化学清洗法多用于一般金属管道、不锈钢管道和管道脱脂，化学法清洗管道是向管道内投入含有化学试剂的清洗液，与污垢进行化学反应，然后用水或蒸气吹洗干净。为防止化学清洗过程中损坏金属管道的基底材料，可在酸洗液里加入缓蚀剂；为提高管道清洗后的防锈能力，可加入钝化剂或磷化剂使管道内壁金属表面层生成致密晶体，提高防腐性能。

（3）物理和化学结合清洗法具备把物理清洗与化学清洗两类方法结合起来使用所具有的优势，从技术上说应取长补短，相辅相成；从经济上来说，也应合理选用、兼收并蓄。物理清洗与化学清洗多种方法结合使用已成为当今清洗技术发展的一种趋势，现已开发出多种实用的复合清洗技术，可获得最佳的效果。

对管线及设备进行更为有效的清洗，必须对管线现状，清洗要求及相关信息、资料进行综合分析评价，优化组合，这样才能有针对性地筛选出最好的制剂和方法，达到最佳清洗效果。

扩展阅读

美国阿拉斯加原油运输

美国阿拉斯加盛产石油，所生产的原油需要向美国其他州运送。阿拉斯加普拉德霍湾油田与美国其他州中间有加拿大相隔，原油运输可以经由普拉德霍湾通过油轮向美国其他州运送，也可以通过加拿大陆地借助管道运输。这两个方案对一般的原油运输问题而言均为可行方案，油轮运输与管道运输都是成熟的原油运输方法。在这个案例中，由于阿拉斯加地处北极圈内，问题变得复杂化。

本项目的任务和环境：要求每天运送原油200万桶。油田处于北极圈内，海湾长年处于冰封状态，陆地也是长年冰冻，最低温度达-50℃。为了解决气候原因带来的问题，最初提出了两个解决方案：方案一，由海路用运油船运输；方案二，用带加温设施的油管运送原油。

方案一的优点是每天仅需4～5艘超级油轮就可以满足运送量的需要，比铺设油管省钱。但存在以下问题：①要用破冰船引航，需要增加费用，同时还有安全问题。因为油轮触及冰山或被冰块撞击可能导致沉船，或原油泄漏造成环境污染。②起点和终点都要建造大型油库，这又额外增加了一笔巨大开支；而且为了保证供应，考虑到海运容易受海上风暴的

影响,油库的储量应在油田日产量的10倍以上。

方案二的优点是可以利用成熟的管道输油技术。然而,由于北极圈内常年低温,存在以下问题:①要在沿途设加热站,这样一来管理复杂,又要供给燃料;②加热后的输油管不能简单地铺在冻土里,因为冻土受热溶化会引起管道变形,甚至造成断裂。为了避免这种危险,有一半管道需要用底架支撑,这样架设管道的成本比地下油管的成本高出3倍。

两个方案各有千秋,又各有缺陷。经过初步的系统分析和评价,考虑到安全和稳定供油,决定先选择方案二。方案二的主要问题是油管加温带来的成本增加问题。如何解决原油在低温状态下的流动性是油管运送原油的关键问题。利用创新思维方法,提出了方案三,其原理是把海水浓缩到含盐量为10%~20%以后加入原油中,从而降低原油低温下的黏性,这样就可以用普通的输油设备完成运输工作。这一原理并非创新,在此之前,在寒冷的地区,汽车防冻液就是利用这一原理来实现汽油防冻的。将这一原理用到输油工程中,体现了创新的思想。

正当人们对方案三赞不绝口的时候,地质工程师马斯登和胡克又进一步提出了方案四。作为专业人员,他们对石油的生成和变化有丰富的知识。他们知道埋在地下的石油原来是油气合一的,这时它们的熔点很低,经过漫长年代后,油气才逐渐分开。他们提出将天然气转换为甲醇后再加到原油中去,以降低原油的熔点,增加其流动性,从而用普通管道就可以同时输送原油和天然气。与方案三相比,方案四不仅不需要运送无用的附加混合剂——浓缩海水,也不必另外铺设支架型天然气管道了。采用方案四,仅管道铺设就节省了64亿美元,比方案三节省了一半的费用。

思考题

1. 对比分析公路、铁路、水路、航空、管道运输的特点。
2. 公路货运车辆装载有哪些要求?
3. 铁路车辆有哪些?铁路货运车辆装载应当遵守哪些规定?
4. 船舶的主要性能有哪些?船舶有哪些主要类型?
5. 简述航空集装箱运输的特点。

第三章　装卸搬运装备

第一节　概　　述

一、装卸搬运的概念

依据《物流术语》(GB 18354—2021)，装卸是指"在运输工具间或运输工具与存储场地(仓库)间以人力或机械方式对物品进行载上载入或卸下卸出的作业过程"，搬运是指"在同一场所内，以人力或机械方式对物品进行空间移动的作业过程"。通常所指的装卸搬运则是在同一物流节点内(如仓库、车站或码头等)，以改变货物存放状态和空间位置为目的的作业活动。"装卸"主要是以垂直位移为主的货物运动形式，"搬运"则是以水平方向为主的位移。有时候或在特定场合，单称"装卸"或单称"搬运"也包含了"装卸搬运"的完整含义。

物流的各环节和同一环节的不同活动之间，都需要进行装卸搬运作业。美国产业界人士明确指出，当前美国全部生产过程中只有5%的时间用于加工制造，95%的时间则用于装卸搬运、储存等物流过程。据调查，我国机械加工生产1t产品，需要进行252吨次的物料搬运，其成本为加工成本的15.5%；在运输的全过程中，装卸搬运时间占全部运输时间的50%左右。在物流中心内，货物的流转也离不开装卸搬运，装卸搬运的费用占总费用的1/3。可见，改善物料装卸搬运作业，可以取得明显的经济效益。装卸搬运作业把物流活动的各个阶段连接起来，成为连续的流动过程。在生产企业物流中，装卸搬运成为各生产工序间连接的纽带，它是以原材料、设备等装卸搬运为始，以产品装卸搬运为终的连续作业过程。从宏观物流考察，物资离开生产企业到进入再生产消费和生活消费，装卸搬运像影子一样伴随流通活动的始终。

物料搬运与运输、储存不同。运输是解决物料空间距离问题，储存是解决时间距离问题，而物料搬运既不改变物流的空间价值，又不改变物料的时间价值，往往不引起重视。可是一旦忽略了该环节，轻则造成生产混乱，重则造成生产停顿。所以，物料搬运在生产领域里具有"闸门"和"咽喉"的作用。

二、装卸搬运作业的特点

装卸搬运作业具有以下特点：

(1)装卸搬运作业量大。物流过程中的每一个环节基本上都包含着货物的装卸搬运作业，特别是装卸搬运作业总是伴随着货物运输而发生，而且装卸作业量会随运输方式的改变、仓库的中转、货物的集疏以及物流的调整等有大幅变化。

(2)装卸搬运方式复杂。在物流过程中，货物是多种多样的，其性质、形态、质量、体积以及包装方式都有很大的区别。即使是同一种货物在装卸搬运前运用不同的处理方法,也可能会产生完全不同的装卸搬运作业。

（3）装卸搬运作业不均衡。在生产领域,由于生产活动要有连续性、比例性和均衡性,企业内部装卸搬运相对也比较均衡。然而,物资进入流通领域后,由于受到产需衔接和市场机制的制约,物流量有较大波动。此外,各种运输方式由于运量和运速的不同,使得港口、码头及车站等不同物流节点也会出现集中到货或停滞等待的不均衡装卸搬运。

（4）装卸搬运对安全性的要求较高。装卸搬运作业需要与设备、货物及其他劳动工具相结合,工作量大,情况变化多,作业环境复杂,这些都导致了装卸搬运作业中存在着不安全的因素和隐患。装卸搬运的安全性,涉及人员、物资和设备的安全。在装卸搬运中,安全事故屡见不鲜,造成的货物损失数量也是巨大的。因此,必须高度重视装卸搬运的安全作业问题,创造适宜装卸搬运作业的作业环境,改善和加强劳动保护,对任何可能导致不安全的现象都应设法根除,防患于未然。

三、物料装卸搬运活性理论

在一次物料装卸搬运作业中,要完成装货、移动、卸货作业,这三种作业在多数情况下以一个整体出现。由此看出,装和卸的次数之和与移动次数之和是2∶1的关系。通常,装货卸货的劳动强度大、花费时间也多,因此在改善搬运系统的过程中,更应注重次数多、劳动强度大、耗时多的装卸环节。"重视装卸"是现代搬运管理的基本论点,如使用叉车、机器人就是为减轻装卸的劳动强度。"良好的搬运"是指装卸次数少、花费时间少的搬运。

1. 装卸搬运活性

物料平时存放的状态各式各样,可以散放在地上,也可以装箱放在地上,或放在托盘上等。由于存放的状态不同,物料搬运的难易程度也不一样。把物料的存放状态所决定的搬运作业的方便（难易）程度称为装卸搬运活性。

装卸次数少、工时少的货物堆放方法装卸搬运活性高。从经济上看,装卸搬运活性高的方法就是好方法。

2. 装卸搬运活性指数

装卸搬运活性指数是表示货物装卸搬运难易程度的一项指标,用于表示各种状态下物品的搬运活性水平,一般用0~4表示。数值越大表示货物越容易进行搬运。最基本的活性是活性水平最低的散放状态的活性,其装卸搬运活性指数为0。对此状态每增加一次必要的操作,其货物的装卸搬运活性指数加1。活性水平最高的状态其装卸搬运活性指数为4。

散放在地上的货物要经过集中（装箱）、搬起（支垫）、升起（装车）、运走（移动）四次作业才能运走,其货物装卸搬运活性指数为0;集装在箱中的货物,因为不需要再集中,只经过三个作业环节就能运走,其装卸搬运活性指数为1;放在托盘上的货物不需要集中、搬起,只需要两个作业环节就能运走,其装卸搬运活性指数为2;放在车辆上的货物,不需要集中、搬运、搬起和升起,只经过一个作业环节就能运走,其装卸搬运活性指数为3;装载于正在运行的车辆上的货物,因为它已经在运送的过程中,不再需要任何其他作业环节,所以其装卸搬运活性指数为4。处于不同搬运状态的货物的活性指数见表3-1。

处于不同状态货物的装卸搬运活性指数　　　　表 3-1

搬运状态	作业环节	尚需要的作业数目	不需要的作业数目	装卸搬运活性指数（不需要的作业数目）
散放在地上	集中、搬起、升起、运走	4	0	0
在集装箱中	搬起、升起、运走	3	1	1
放在托盘上	升起、运走	2	2	2
放在车辆上	运走	1	3	3
运动的货物	无	0	4	4

3. 活化

一般装卸搬运作业所需要的作业数目要少于上一个搬运装卸环节，称之为活化。为降低装卸搬运的次数，减少装卸搬运环节，在装卸搬运作业中，可以将其步步活化。

了解货物的活性，利用活性理论改善装卸搬运作业，从搬运的对象、距离、空间、时间和手段等方面来考察改善，例如减少搬运货物的总质量与体积、减少搬运总距离、降低搬运使用空间、缩短搬运时间和利用经济效率的手段等。

四、装卸搬运装备的作用与分类

实现装卸搬运离不开装卸搬运装备。装卸搬运装备是指用来装卸、升降、搬移和短距离输送货物的机械装备。

1. 装卸搬运装备的作用

装卸搬运装备在物流活动中的作用主要体现如下：实现装卸搬运作业机械化、自动化甚至智能化，减轻工人的劳动强度，改善劳动条件，节约劳动力；提高装卸搬运作业速度，缩短装卸搬运作业时间，加速运输工具的周转，全面提高物流速度；提高装卸搬运作业的质量，保证货物安全，减少货物损失；提高装卸搬运作业的效率，降低装卸搬运作业成本。装卸搬运设备的应用可以有效地提高装卸搬运作业效率，使每吨货物分摊到的作业费用相应地减少，从而使作业成本降低；充分利用仓库和货场的货位，加速货位的周转，提高空间利用率，减少货物堆码的场地面积，采用机械设备作业，货物堆码高度高，而且装卸搬运速度快，可以及时腾出货位，减少场地占用面积。

2. 装卸搬运装备的分类

装卸搬运装备所处理的货物来源广泛，种类繁多，而且外形和特性各不相同，如箱装货物、袋装货物、桶装货物、散货、易燃易爆货物及有毒物品等。为适应各类货物的装卸搬运和满足装卸搬运过程中各个环节的具体要求，装卸搬运设备的种类也是多种多样，分类方法也很多。

按照主要用途和结构不同，装卸搬运装备可分为起重设备、连续输送设备、装卸搬运车辆和专用装卸搬运设备等。其中，专用装卸搬运设备是指带专用取物装置的装卸搬运设备，如船舶专用装卸搬运设备、集装箱专用装卸搬运设备和托盘专用装卸搬运设备等。

按照作业方向的不同，装卸搬运装备可分为：

(1) 水平方向作业的装卸搬运设备。这类装卸搬运设备的主要特点是沿地面平行方向实现货物的空间转移，货物或货物的各种集装单元依靠自力、拖曳、承推、浮移等方式，在货物重心高度变化不大的前提下，来完成其支承状态和空间位置改变。如各种机动、手动轮式或履带式搬运车辆（具体有拖挂车、底盘车、带轮集装箱、叉车、托盘等），以及各种皮带式、链板式输送机等。

(2) 垂直方向作业的装卸搬运设备。这类装卸搬运设备所完成的是货物沿着地面垂直方向的上、下运动，通过垂直方向的运动来完成其支承状态和空间位置改变，如各类升降机和堆垛机等。

(3) 混合方向作业的装卸搬运设备。这类装卸搬运设备综合了水平方向和垂直方向两类装卸搬运设备的特点，在完成一定范围垂直作业的同时，还要完成水平方向的移动，如门式起重机、桥式起重机、叉车和巷道堆垛起重机等。

按照作业特点，装卸搬运装备可分为：

(1) 间歇装卸搬运设备。货物装卸是断续、间歇、重复、循环进行的，主要使用起重机械、工业车辆和专用机械进行作业，单元化物品和笨重货物一般采用此法作业。

(2) 连续装卸搬运设备。主要是同种大批量散装或小件杂货通过连续输送机械，连续不断地进行作业，中间无停顿、无间隔或少间隔。在装卸量较大、装卸对象固定、货物对象不易形成大包装的情况下适合采取这一方式。

按照被装卸搬运的货物形态特点，装卸搬运装备可分为：

(1) 包装成单元化物品的装卸搬运设备。包装成单元化物品一般是指怕湿、怕晒、需要在仓库内存储并且多用棚车装运的货物，如日用百货、五金器材等。这类货物一般采用叉车并配以托盘进行装卸搬运作业，还可以使用场地牵引车和挂车、带式输送机等解决包装成单元化物品的搬运问题。

(2) 长大笨重货物的装卸搬运设备。长大笨重货物通常是指大型机电设备、大型钢材、原木和混凝土构件等，具有长、大、重且结构和形状复杂的特点。这类货物的装卸搬运作业通常采用轨道式起重机和自行式起重机进行搬运。在长大笨重货物运量较大并且货流稳定的货场和仓库中，一般配备轨道式起重机；在运量不大或作业地点经常变化时，一般配备自行式起重机。

(3) 散装货物的装卸搬运设备。散装货物通常是指成堆搬运、不能计件的货物，如煤、焦炭、沙子、白灰和矿石等。散装散卸方法主要有倾翻法、重力法、气力法和机械法。散装货物一般采用翻车机、抓斗起重机、装卸桥、链斗装车机和输送机等进行装卸搬运作业。

(4) 集装箱货物的装卸搬运设备。先将货物集零为整（集装化）再予以装卸搬运的方法称为集装作业法，包括集装箱作业法、托盘作业法、网袋作业法、货捆作业法、滑板作业法及挂车作业法等。其中，集装箱作业法主要有吊上吊下方式和滚上滚下方式。集装箱一般采用专用的装卸搬运设备，详见本书第八章第六节内容。

按操作对象作业场所，装卸搬运装备可分为仓库装卸、铁路装卸、港口装卸、汽车装卸和飞机装卸等。

随着物流现代化的不断发展，装卸搬运设备将会得到更为广泛的应用。

第二节 起重设备

一、概述

起重设备(也称为起重机)是一种以间歇作用方式对物品进行起升、下降和水平移动的搬运机械。起重设备以装卸为主要功能,搬运的功能较差,搬运距离很短,大部分起重机械机体移动困难,因而通用性不强,往往是港口、车站、仓库、物流中心等的固定设备。由于起重设备的作用方式是从货物上部起吊,因而作业需要的空间高度较大。

1. 起重机的组成

各种类型的起重机通常由工作机构、金属结构、动力装置与控制系统组成。

1) 工作机构

工作机构是为了实现起重机不同的运动要求而设置的。要把一个重物从某一位置搬运到空间任意位置,则此重物不外乎要做垂直运动和沿两个水平方向的运动。起重机要实现重物的这些运动,必须设置相应的工作机构。不同类型的起重机,其工作原理稍有差异。不同起重机的结构示意图如图 3-1 所示。桥式起重机和门式起重机,要使重物实现 3 个方向的运动,则设置有起升机构(实现重物垂直运动)、小车运行和大车运行机构(实现重物沿两个水平方向的运动)。汽车起重机、履带式起重机和塔式起重机等机型,一般设置有起升机构、变幅机构、回转机构和运行机构,依靠起升机构实现重物的垂直上下运动,依靠变幅机构和回转机构实现重物在(两个)水平方向的移动,依靠运行机构实现重物在起重机所能及的范围内任意空间运动和使起重机转移工作场所。因此,起升机构、变幅机构、回转机构和运行机构是起重机的四大基本机构。

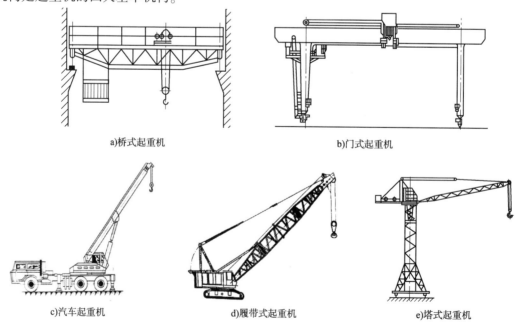

a) 桥式起重机　　　　　　　　b) 门式起重机

c) 汽车起重机　　　d) 履带式起重机　　　e) 塔式起重机

图 3-1　不同起重机的结构示意图

(1) 起升机构。起升机构是起重机最主要的机构,也是其最基本的机构,由原动机、卷筒、钢丝绳滑轮组和吊钩等组成。

大型起重机往往备有两套起升机构:吊大质量物品的称为主起升机构或主钩;吊小质量物品的称为副起升机构或副钩。副钩的起重量一般为主钩的 1/5～1/3 或更小。

为使重物停止在空中某一位置或控制重物的下降速度,在起升机构中必须设置制动器或停止器等控制装置。

(2) 变幅机构。起重机变幅是指改变取物装置中心铅垂线与起重机回转中心轴线之间的距离,此距离称为幅度。起重机通过变幅,能扩大其作业范围,即由垂直上下的直线作业范围扩大为一个面的作业范围。不同类型的起重机,变幅形式也不同。

(3) 回转机构。起重机的一部分相对于另一部分做旋转运动称为回转。为实现起重机的回转运动而设置的机构称为回转机构。起重机的回转运动,使其从线、面作业范围又扩大为一定空间的作业范围,回转范围分为全回转(回转 360°以上)和部分回转(可回转 270°左右)。

(4) 运行机构。轮式起重机的运行机构是通用或专用汽车底盘或专门设计的轮胎底盘。履带式起重机的运行机构就是履带底盘。桥式起重机、门式起重机、塔式起重机和门座起重机的运行机构,是专门设计的在轨道上运行的行走台车。

2) 金属结构

桥式类型起重机的桥架、支腿,臂架类型起重机的吊臂、回转平台、人字架、底架(车架大梁、门架、支腿横梁等)和塔身等金属结构是起重机的重要组成部分。起重机各工作机构的零部件都是安装或支承在金属结构上的。起重机的金属结构承受起重机的自重以及作业时的各种外载荷。

3) 动力装置

起重机的动力装置是其动力源,是起重机的重要组成部分,它在很大程度上决定了起重机的性能和构造特点。不同类型的起重机配备有不同的动力装置,轮式起重机和履带式起重机的动力装置多为内燃机,一般可由一台内燃机对各工作机构供应动力。对于大型汽车起重机,有的设两台内燃机,分别供应起重作业(起升、变幅、回转)的动力和运行机构的动力。塔式起重机、门座起重机、桥式起重机和门式起重机的动力装置是外接动力电源的电动机。

4) 控制系统

起重机的控制系统包括操纵装置和安全装置。动力装置是解决起重机做功所需要的能源,而控制系统则是解决各机构怎样运动的问题。例如,动力传递的方向、各机构运动速度的快慢,以及使机构制动和停止等。相应于这些运动要求,其中的控制系统设有离合器、制动器、停止器、液压传动中的各种操纵阀以及各种类型的调速装置和起重机上专用的安全装置等部件。这些控制装置能够改善起重机的运动特性,实现各机构的起动、调速、转向、制动和停止,从而实现起重机作业所要求的各种动作,保证起重机安全作业。

2. 起重机的主要性能指标

1) 起重量 G

起重量是指起升货物的质量,单位为 kg 或 t。起重量又分为额定起重量、总起重量和有效起重量。

(1) 额定起重量 G_n：指起重机吊起物料连同可分吊具或属具（如抓斗、电磁吸盘、平衡梁等）质量的总和。额定起重量通常标定在起重机的标牌上。

(2) 总起重量 G_z：指起重机能吊起的物料连同可分吊具和长期固定在起重机上的分吊具或属具（包括吊钩、滑轮组、起重钢丝绳以及在起重小车以下的其他起吊物）质量的总和。

(3) 有效起重量 G_p：指起重机能吊起的物料的净质量。

2) 跨度 L

跨度是指桥式类起重机大车运行轨道中心线之间的水平距离。

3) 幅度 R

幅度是指臂架类起重机旋转中心线到取物装置中心线之间的水平距离。

4) 起升高度 H

起升高度一般是指起重机工作场面或起重机运行轨道顶面到取物装置上极限位置（采用吊钩时取吊钩口中心计算，采用抓斗或其他吊具时取其最低点计算）之间的垂直距离。

5) 工作速度 V

起重机的工作速度主要是指起升速度、变幅速度、旋转/回转速度和运行速度。

6) 自重及质量

(1) 自重 G_s：起重机的自重是指起重机处于工作状态时，起重机本身的总重，单位为 t 或 kN。

(2) 质量：质量指标是指起重机在单位自重下有多大的起重能力，通常用质量利用系数 k 表示，$k = G_n RH/G_s$，即起重机质量利用系数是以起重力矩和与此相对应的起升高度来表示。质量利用系数 k 反映了起重机设计、制造和材料的技术水平，k 值越大起重机越先进。

3. 起重机的主要属具

起重机的属具包括索具和取物装置两大类，常用的索具有钢丝绳、麻绳、化学纤维绳等；常用的取物装置有吊钩、抓斗、电磁吸盘等。

1) 钢丝绳

钢丝绳是起重机中最常用的挠性件，在起重作业中被广泛用作起重绳、变幅绳和小车牵引绳，在装卸过程中还可用于货物的捆扎。钢丝绳具有承载能力大、过载能力强、挠性好、自重轻和传动平稳无噪声等优点，适用于高速运动。由于绳股中钢丝断裂是逐渐产生的，一般不会发生整根钢丝绳突然断裂的现象，所以工作比较可靠。

钢丝绳比链条在起重机上有更为广泛的应用，原因在于：①链条的强度和承载能力以及弹性均不如钢丝绳好；②一旦发生重物过重难以起吊时，链条通常是骤然断折；③链条的成本较高；④链条高速运转时噪声大；⑤链条的自重较重。

2) 麻绳

麻绳具有质地柔韧、轻便、易于捆绑、结扣和解脱方便等优点，但其强度较低，一般麻绳的强度只有相同直径钢丝绳的 10% 左右，而且易磨损、腐烂、霉变。因此，麻绳在起重作业中主要用于质量较小的重物的捆绑，吊运 500kg 以下的较轻物体。当吊起重物时，麻绳拉紧物体，以保持被吊物体的稳定和在规定的位置上就位。

3) 化学纤维绳

化学纤维绳俗称尼龙绳或合成纤维绳,目前多采用锦纶、尼龙、维尼纶、乙纶、丙纶等合成纤维搓制而成。它有质轻、柔软、耐腐蚀、强度及弹性比麻绳好等优点。其缺点是不耐热,使用中忌火忌高温。

在吊运表面光洁、不允许擦伤的物品和装备时,使用化学纤维绳比使用钢丝绳更有利于防止擦伤吊物表面,而且化学纤维绳能耐酸、耐碱、耐油和耐水,在特殊条件下使用可充分发挥它的优点。

4) 吊钩

吊钩是起重机中应用最广泛的取物装置,由吊钩、吊钩螺母、推力轴承、吊钩横梁、护板等组成。吊钩分单钩和双钩,如图3-2所示,通常起重80t以下的货物用单钩,起重80t以上的货物用双钩。成批生产的吊钩宜用模锻,大吨位、单件生产的吊钩采用自由锻或板钩(片式吊钩)。

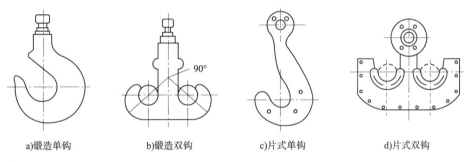

a) 锻造单钩　　b) 锻造双钩　　c) 片式单钩　　d) 片式双钩

图3-2 吊钩的种类

5) 抓斗

抓斗是一种由机械或电动控制的自动取物装置,主要用于装卸散装货物,有时还用于抓取长材。抓斗的种类很多,根据抓取的货物不同,可分为散粮抓斗、煤炭抓斗、矿石抓斗和木材抓斗等。根据操纵抓斗的原理不同,可分为单绳、双绳和电动抓斗3种,其中,双绳抓斗使用广泛。

6) 电磁吸盘

电磁吸盘是靠电磁力自行吸取导磁性物品的取物装置。

电磁吸盘通常靠线圈通电激磁吸料,断电去磁卸料(断电后物料自行脱落)。电磁吸盘以用直流电为宜,因为直流电工作可靠,磁力损失及涡涡损失小,电感影响也较小。

4. 起重机的分类

起重机的类型多种多样。按照功能和结构特点可分为轻小型起重设备、桥式起重机、臂架式起重机、升降起重设备等。其中,轻小型起重设备又可分为手拉葫芦、电动葫芦和卷扬机;桥式起重机又可分为通用桥式起重机、梁式起重机、门式起重机和装卸桥;臂架式起重机又可分为汽车起重机、轮式起重机、门座式起重机和塔式起重机;升降起重设备又可分为电梯和货物升降机。按取物装置和用途可分为吊钩起重机、抓钩起重机、电磁起重机、堆垛起重机、集装箱起重机和救援起重机等;按运移方式可分为固定式起重机、运行式起重机、爬行式起重机和随车起重机等;按驱动方式可分为支撑起重机和悬挂起重机等。

二、轻小型起重设备

轻小型起重设备一般只有一个升降结构,其特点是结构紧凑、自重轻、操作方便,主要有手动葫芦、电动葫芦和卷扬机等。

1. 手动葫芦

手动葫芦是一种以焊接环链为挠性承重件的轻小型起重工具。它可以单独使用,也可以与手动单轨小车配套组成起重小车,用于手动梁式起重机或架空单轨运输系统中。

2. 电动葫芦

如图 3-3 所示,电动葫芦是将吊具、钢丝绳、卷筒、电动机、减速器及制动器等部件集合为一体的轻小型起重设备。其结构紧凑、自重轻、操作方便,可以单独使用,也可作为架空单轨、电动梁式、转臂、门式及堆垛起重机的起重小车(起升机构),是起重机的核心装置。

电动葫芦是在工字钢下翼缘运行的起重机械。根据承重构件的不同,电动葫芦有钢丝绳式、环链式(焊接链式)及板链式三种类型。电动葫芦多数采用地面人工跟随操纵,通过按钮进行升降和运行的控制,也可采用司机室操纵或有线、无线遥控操纵方式。

3. 卷扬机

卷扬机也称绞车,是由动力驱动的卷筒,通过挠性件(钢丝绳、链条)起升、运移重物的起重设备。按卷筒数量可分为单筒卷扬机(图3-4)、双筒卷扬机和多筒卷扬机;按速度可分为快速卷扬机、慢速卷扬机和多速卷扬机。

图 3-3　电动葫芦

图 3-4　单筒卷扬机

三、桥式起重机

桥式起重机是横架于车间、仓库及露天货场的上方,用来吊运各种货物的机械设备,通常称为"桥吊""天车"或"行车"。它设置在固定的两排钢筋混凝土栈桥上,可沿栈桥上的轨道纵向移动,起重小车可在桥梁上的小车轨道上做横向移动。这样,起重机可以在一个长方体(起吊高度×跨度×走行线长度)的空间内作业。桥式起重机是一种应用广泛的轨道运行式起重机,特别适合于厂房车间及露天料场的物料搬运工作,其数量约占各种起重机总量的 60%~80%,额定起重量从几吨到几百吨不等。常见的桥式起重机有通用桥式起重机、梁式起重机、门式起重机和装卸桥等。

1. 通用桥式起重机

通用桥式起重机(图3-5)由四大部分组成:桥架、大车运行机构、小车(包括横向传动机构和吊钩的升降机构)和司机室(包括操纵机构和电气设备)。

a)单梁式　　　　　　　　　　　　　b)双梁式

图3-5　通用桥式起重机

《通用桥式起重机》(GB/T 14405—2011)把起重机按其取物装置分为吊钩桥式起重机、抓斗桥式起重机、电磁桥式起重机、二用桥式起重机和三用桥式起重机等;按操纵方式分为司机室操纵式起重机、地面有线操纵式起重机、无线遥控操纵式起重机和多点操纵式起重机。吊钩桥式起重机按小车数量分为单小车吊钩桥式起重机、双小车吊钩桥式起重机和多小车吊钩桥式起重机。

1)吊钩桥式起重机

通用吊钩桥式起重机由金属结构、大车运行机构、小车运行机构、起升机构、电气及控制系统及司机室组成。取物装置为吊钩。额定起重量为10t以下的多为1个起升机构;16t以上的则多为主、副两个起升机构。

2)抓斗桥式起重机

抓斗桥式起重机的取物装置为抓斗,以钢丝绳分别联系抓斗、起升机构和开闭机构,主要用于散货、废旧钢铁、木材等的装卸、吊运作业。这种起重机除了起升闭合机构以外,其结构部件等与通用吊钩桥式起重机相同。

3)电磁桥式起重机

电磁桥式起重机的基本构造与吊钩桥式起重机相同,不同之处是吊钩上挂有一个电磁吸盘(即直流起重电磁铁),用来吊运具有导磁性的黑色金属及其制品。

4)二用桥式起重机

二用桥式起重机有3种类型:抓斗吊钩桥式起重机、电磁吊钩桥式起重机和抓斗电磁桥式起重机。其特点是在一台小车上设有两套各自独立的起升机构:一套为抓斗用,一套为吊钩用;或一套为电磁吸盘用、一套为吊钩用;或一套为抓斗用、一套为电磁吸盘用。

5)三用桥式起重机

三用桥式起重机是一种一机多用的起重机,其基本构造与电磁桥式起重机相同。根据需要可以用吊钩吊运重物,也可以在吊钩上挂一个电动抓斗装卸物料,还可以把抓斗卸下来再挂上电磁吸盘吊运黑色金属,故称三用桥式(可换)起重机。

抓斗靠交流电源工作,电磁吸盘靠直流电源工作。因此,该机型必须同电磁桥式起重机一样,设置电动发电机组或可控硅直流电源箱。这种起重机适用于需经常变换取物装置的场合。

2. 梁式起重机

起重小车(主要是起重葫芦)和在单根工字梁或其他简单组成断面梁上运行的简易桥架

型起重机统称梁式起重机。根据结构不同,可分为单梁桥式起重机和双梁桥式起重机。

1)单梁桥式起重机

单梁桥式起重机桥架的主梁多采用工字钢或型钢与钢板的组合截面,起重小车常为手动葫芦、电动葫芦或用葫芦作为起升机构部件装配而成。按桥架支撑形式不同,分为支撑式和悬挂式;单梁桥式起重机还可分为手动和电动两种。

2)双梁桥式起重机

双梁桥式起重机由直轨、起重机主梁、电动环链葫芦、小车和电器控制系统组成,特别适用于大悬挂跨度和大起重量的平面范围物料输送。

3. 门式起重机

门式起重机俗称龙门起重机或龙门吊。门式起重机的基本构造和组成与通用桥式起重机相同,两者的主要区别在于:门式起重机的金属结构由主梁及其两端下方的支腿组成,构成门形框架结构;支腿的下方装有刚性滚轮,可以在铺设于地面上的轨道上纵向运行,构成大车运行机构。

门式起重机大车运行机构的行走方式大多数是轨道式的,也有部分门式起重机采用轮胎式行走方式,其支腿下方装有充气轮胎式车轮,可以在坚硬地面上行走,不需要铺设轨道。为了增加作业面积,部分门式起重机的主梁两端在支腿以外向外延伸,形成悬臂式外伸端。门式起重机具有场地利用率高、作业范围大、适用性广及通过性好等特点,在港口、车站、货场和码头得到了广泛的应用,其使用数量仅次于通用桥式起重机。

1)门式起重机的分类

门式起重机按照主梁结构形式的不同可分为单梁门式起重机和双梁门式起重机。单梁门式起重机结构简单、制造和安装方便、自重轻,但整体刚度较弱,承载能力较小;双梁门式起重机的承载能力强、跨度大、整体稳定性好,但结构较复杂,自重较大,造价较高,如图3-6所示。

一般情况下,起重量在50t以下,跨度在35m以内,无特殊使用要求时,宜选用单梁门式起重机;如果要求门腿宽度大,工作速度较快,或经常用于吊运重型货件、长大型货件,则宜选用双梁门式起重机。同时,企业在选用门式起重机时还应注意,由于跨度是影响门式起重机自身质量的重要因素,因此,在满足设备使用条件和符合跨度系列标准的前提下,应尽量减小门式起重机的跨度。

图3-6 双梁式门式起重机

2)门式起重机的特点

(1)与通用桥式起重机相比,门式起重机的走行轨道直接铺设在作业场地中,并且走行轨道面的高度可与作业场地在同一平面上,因此,门式起重机下的货位面积和通道等能得到充分利用。

(2)门式起重机没有固定的永久性建筑物(只有走行轨道的基础埋置于地表面以下),可适应货场改建、变迁。

(3)大多数门式起重机两端带有一定长度的悬臂,不仅作业面积增大,可充分利用货位,而且还可以对汽车与铁路车辆之间直接进行装卸和换装,提高了装卸效率,加速了车辆和货位的周转。

(4)轮胎式门式起重机不受轨道限制,具有一定的机动性。

4. 装卸桥

通常把跨度大于 35m、起重量大于 40t 的大型门式起重机称为装卸桥。

1)通用装卸桥

通用装卸桥主要用于港口码头、铁路车站、电站和林区货场等场合,其取物装置以双绳抓斗或其他抓具、专用吊具为主。

通用装卸桥具有高大的桥架、较大的跨度和较长的悬臂,通常用于车辆和船舶的装卸作业,所以要求其具有较高的工作速度和生产率。装卸桥的起升机构和小车运行机构是工作性机构,速度较快,起升速度大于 60m/min,小车运行速度在 120m/min 以上,最高达 360m/min;生产率达 500t/h 以上。为减小冲击力,常在小车上设置减振器。大车运行机构是非工作性机构,为调整装卸桥工作位置而运行,速度相对较慢,一般为 25m/min 左右。

通用装卸桥的桥架结构形式有桁架式和箱形门架式两种。采用桁架结构可减小整机自身质量;而采用箱形门架式结构便于制造,结构强度更高。

2)抓斗卸船机

如图 3-7 所示,抓斗卸船机是专门用于港口散货码头装卸船舶的岸边卸船桥。它是一种专用桥式起重机,特点是在高大的门架上装设有轨桥架,使载重小车沿桥架运行。其前伸缩臂较长,采用独立的移动式司机室。操作方式分手动、半自动和自动三种。作业时,抓斗自船舱抓取散货并提升出舱后,载重小车(抓斗小车)向岸侧运行,将散货卸入前门框内侧的漏斗内,经胶带输送系统送到货场。

图 3-7 抓斗卸船机

3)岸边集装箱桥式装卸桥

岸边集装箱桥式装卸桥即岸边集装箱桥式起重机,俗称桥吊或岸桥、岸边吊,这是一种专门用于港口集装箱码头装卸船舶的岸边装卸桥,是集装箱码头船舶装卸的专业设备,在集装箱码头上得到广泛的应用。其前伸缩臂较长,吊具可伸缩偏转、防摇等。

四、臂架式起重机

臂架式起重机的基本组成一般包括金属构架、起升机构、变幅机构、旋转机构、运行机构和电气控制设备等部分。其中,起升机构用于吊取货物并进行提升或降落;变幅机构可以改变起重机的作业半径,变幅方式主要是通过改变臂架的俯仰角度,或者通过起重小车在臂架上的移动来实现;旋转机构可以使臂架绕着垂直轴线进行旋转,通常是由臂架相对底座或门座进行转动,实现货物的水平运移;运行机构属于非工作性机构,对于移动式臂架起重机,主要是用来变换作业场地位置。运行机构的类型有轨道式、轮式和履带式。

臂架式起重机的结构特点是均具有一个金属结构的臂架;工作特点是利用臂架的幅度变化或整个起重机绕着垂直轴线旋转而实现货物的升降和水平运移,完成装卸搬运作业。

臂架式起重机的基本运动包括起升机构的垂直升降运动、变幅机构的俯仰或伸缩运动和旋转机构的水平旋转运动。所以,臂架式起重机的工作范围是一个圆柱形的立体空间。这些运动相互配合,可以使货物在圆柱形立体作业空间范围内灵活地任意移动。

臂架式起重机的主要类型分为固定式、移动式和浮式三种类型。其中固定式主要有转柱式和定柱式;移动式主要有门座式、汽车式、轮胎式和履带式。

1. 转柱式臂架起重机

如图3-8所示,转柱式臂架起重机都有一个立柱,作为臂架金属结构的组成杆件之一,随同臂架一起绕自己的轴心旋转。

2. 定柱式臂架起重机

定柱式臂架起重机与转柱式臂架起重机不同,无须依靠起重机以外的其他建筑物来固定。其立柱是与起重机臂架分开的,立柱固定在基础底板内,基础底板又被地脚螺栓固定在混凝土的基础上,因而立柱是固定不

图3-8 转柱式臂架起重机

动的,所以称之为定柱。由于起重机的臂架利用上、下支座直接支承在这根定柱上,所以它能旋转360°,从而在使用范围上比转柱式臂架起重机更为广泛。它可以安装在室内或室外任何地方,起重量一般不超过10t,载荷力矩达 $25 \times 10^4 \mathrm{N \cdot m}$。

3. 门座式起重机

如图3-9所示,门座式起重机是装在沿地面轨道行走的门形底座上的全回转臂架起重机。它可以沿着铺设在码头、车站和货场的地面轨道运行,其门座跨度可以跨越1~2条铁路线。门座式起重机是港口码头前沿的通用装卸设备之一,能够以较高的生产率完成船-岸、船-车、船-船之间多种装卸和转载作业。

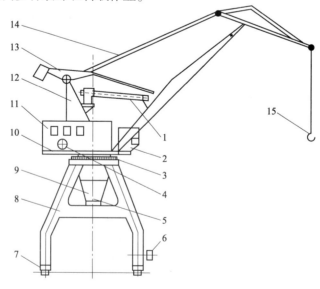

图3-9 门座式起重机结构示意图

1-变幅机构;2-司机室;3-旋转机构;4-起升机构;5-电气系统;6-卷筒;7-行走机构;8-门架;9-转柱;10-转盘;11-机房;12-人字架;13-平衡系统;14-起重臂系统;15-吊钩

门座式起重机包括起升机构、回转机构、变幅机构和运行机构四大机构。通过起升、变幅和旋转三种运动的组合以及运行机构调整整机的工作位置,故可以在较大的作业范围内满足货物装卸和运移的需要。

4. 汽车起重机

如图3-10所示,汽车起重机是安装在标准或专用货车底盘上的全旋转悬臂式起重机,其车轮采用弹性悬挂,行驶性能接近于汽车。一般车头设有司机室。此外,绝大多数还在转台或转盘上设有起重司机室。汽车起重机行驶速度高、越野性能好、作业灵活、能迅速改变作业场地,能经常做较长距离的转移,特别适用于流动性大、不固定的作业场所。汽车起重机一般作业时都放下支腿,支腿位于前桥后,不能带负荷行驶(即不允许吊着货物行驶),且不能配套双绳抓斗使用,因而其使用受到一定限制。

5. 轮胎起重机

如图3-11所示,轮胎起重机是将起重工作装置和装备装设在专门设计的自行轮胎底盘上的起重机。该机能吊重行走,四周方向均能作业。支腿一般位于前、后轮外侧。工作场地相对固定,在公路上移动较少。

图3-10 汽车起重机

图3-11 轮胎起重机

6. 履带式起重机

如图3-12所示,履带式起重机是将起重工作装置和设备安装在履带式底盘上,靠行走支撑轮在自身封闭的履带上滚动运行的起重机。与轮胎起重机相比,其履带对地面的平均压力小,可在松软、泥泞的恶劣地面上进行作业。此外,其爬坡能力强,牵引性能好。

7. 浮式起重机

如图3-13所示,浮式起重机是指在专用浮船上安装的臂架起重机,它以浮船作为支承和运行装置,浮在水上进行装卸作业。浮式起重机广泛应用于海河港口,可单独完成船岸之间或船船之间的装卸作业。

图3-12 履带式起重机

图3-13 浮式起重机

五、气动起重搬运设备

气动即气压传动。气动起重设备因其对各种环境的良好适应性及小功率、快节奏、操作灵活安全、易于实现自动化、长寿命、低成本等特性,已成为生产自动化系统的重要构成,且与微电子控制技术和工业自动化技术互动发展而成为目前实现各种生产控制自动化的主要手段之一。气动起重搬运设备按功能可分为气动搬运设备(图3-14)、气动堆垛设备和上下料设备。气动搬运设备的基本构成元件有滑台、转台、各种气动手指卡盘、带导杆或导向气缸及线性运动单元。

a)气动机械手　　　　　b)真空吸盘　　　　　c)气动油桶搬运车

图3-14　气动搬运设备

气动堆垛和上下料设备在 X、Y、Z 三个方向上均要求能实现无段或有段准确定位,保证物品能多件多层有序堆放。一般用带定位装置的特殊气缸或采用步进电机、伺服电机驱动的气缸来解决堆放问题,也配合机械手来堆码,以满足不断变化的堆码对象及堆码位置要求。

六、起重堆垛机械

起重堆垛机械是通过手动、半自动或全自动操作,在自动化仓库内把货物从一处搬运到另一处的机械。可见,起重堆垛机械是一种仓储起重搬运机械,分为桥式堆垛机和巷道式堆垛机。

1. 桥式堆垛机

如图3-15所示,桥式堆垛机的桥架在仓库上方的轨道上纵向运行,回转小车在桥梁上横向运行。与叉车一样的固定式或可伸缩式立柱上装有货叉或其他取物装置,可在垂直方向移动。桥式堆垛机既可用于高层货架仓库存取作业,也可适用于无货架堆垛,从而完成三维空间内的取物作业,同时服务于多条巷道。

图3-15　桥式堆垛机

2. 巷道式堆垛机

巷道式堆垛机的主要用途是在高层货架的巷道内来回穿梭运行,将位于巷道口的货物存于货格,或者将货格中的货物取出并运送出巷道。这种使用工艺对巷道式堆垛机的结构和性能提出了严格的技术要求。

特别指出,集装箱是一种重要的集装器具,其装卸搬运由专用的集装箱装卸搬运装备来实现。

第三节　连续输送装备

一、概述

连续输送设备是在一定的线路上连续不断地沿同一方向输送物料的物料搬运设备。输送设备的工作对象以单元化物品/成件物品及散料/散货居多,可进行水平、倾斜和垂直输送,也可组成空间输送线路,输送能力大且可实现长距离连续运输,可在输送过程中同时完成若干工艺操作,装卸过程也无须停车,因此生产率很高,应用十分广泛。

特别指出,连续输送装备还广泛应用在生产线上,以实现物料、在制品件、产成品在生产线上的输运,因此也称为之生产线物流装备。例如,汽车生产线上使用带式输送机输送轮胎、使用悬挂式输送机输送车门部件等;包装生产线上使用辊子式输送机输送待包装的和已包装的产成品等。依据《物流术语》(GB 18354—2021),输送机是指"按照规定路线,连续地或间歇地运送散状物品或成件物品的搬运机械"。

1. 连续输送装备的特点

连续输送装备的优点有:①能达到较高的运动速度,且速度稳定;②具有较高的生产率;③在同样的生产率下自重轻,外形尺寸小,成本低,驱动功率小;④传动机械的零部件负荷较低而冲击小;⑤结构紧凑,制造和维修容易;⑥输送货物线路固定,动作单一,便于实现自动控制;⑦工作过程中负载均匀,所消耗的功率几乎不变。

连续输送装备的缺点有:①通用性差,只能按照一定的路线输送,一种机型只能用于输送一定类型的货物,一般不适于运输质量很大的单件物品;②大多数连续输送机不能自行取货,因而需要采用一定的供料设备。

2. 所输送物品的特性

输送装备所输送的货物可分为单元化物品/成件物品和散料/散货两大类。

1) 单元化物品的特性

凡是在输送过程中作为一个单元来考虑的货物,如装散料或液体的瓶、罐、袋、盒、箱以及原本就是成件搬运的固体物料都称为单元化物品。又轻又小的单元化物品常集装成单元进行搬运,此时单元可视作一个新单元化物品,故也称为单元化物品。

2) 散料的特性

输送装备的主要技术参数、有关零部件的结构和材料的选择都要考虑所运散料的物理机械特性。除有害性、腐蚀性、自燃性、危险性等外,影响最大的主要是散料的物理性质,如粒度、堆积密度、堆积角、温度、湿度、流动性、内摩擦系数、外摩擦系数、磨琢性、可压实性、易碎性等。如散料的动(静)堆积角将影响物料的堆积高度和输送生产率,内摩擦系数和流动性将影响料仓的结构设计等。

3. 连续输送装备的分类

(1)按照结构特点不同,可分为具有挠性牵引构件的输送机和无挠性牵引构件的输送机。

①具有挠性牵引件的输送设备的结构特点是:被运送物料装在与牵引件连接在一起的承载构件内,或直接装在牵引件(如输送带)上,牵引件绕过各滚筒或链轮首尾相连,形成包括运送物料的有载分支和不运送物料的无载分支的闭合环路,利用牵引件的连续运动输送物料。这类输送设备种类繁多,主要有带式输送机、链式输送机、板式输送机、小车式输送机、自动扶梯、自动人行道、刮板输送机、埋刮板输送机、斗式输送机、斗式提升机、悬挂输送机和架空索道等。

②无挠性牵引件的输送机的结构组成各不相同,用来输送物料的工作构件也不相同,它们共同的结构特点是:利用工作构件的旋转运动或往复运动,或利用介质在管道中的流动使物料向前输送,例如气力输送机、螺旋输送机、振动输送机等。

(2)按照运输货物种类不同,可分为单元化物品输送机和散料输送机。常见的单元化物品输送机主要有辊子输送机、带式输送机、链式输送机、悬挂式输送机等;常见的散料输送机主要有刮板输送机、埋刮板式输送机、气力输送机、斗式提升机、螺旋输送机、带式输送机等。

(3)按照有无动力源,单元式连续输送机可分为重力式输送机和动力式输送机。重力式输送机因滚动体的不同可分为滚轮式输送机、滚筒式输送机及滚珠式输送机。动力式输送机一般由电动机驱动。根据其驱动介质的不同,可以分为辊子输送机、带式输送机、链条式输送机和悬挂式输送机等。

(4)按照输送货物的动力形式不同,可分为机械式输送机、惯性式输送机、气力式输送机、液力式输送机等。

(5)按照安装方式不同,可分为固定式输送设备和移动式输送设备。

特别指出,带式输送机是化工、煤炭、冶金、矿山、建材、电力、轻工、粮食及交通运输等部门广泛使用的输送设备,既适用于输送单元化物品,又可输送各种粒状、粉状等散料。

4. 连续输送装备的主要性能指标

(1)生产率。生产率指输送机在单位时间内输送货物的质量,用 Q 表示,以 t/h 为单位。生产率是反映输送机工作性能的主要指标。目前输送机的最大带速达到8.4m/s,最大带宽达到3.2m,最大输送能力达到37500t/h。

(2)输送速度。输送速度指被运物料/或货物沿输送方向的运行速度,以 m/s 为单位。输送速度也指输送带或牵引带在被输送货物前进方向的运行速度,常用带速为 1.25~4.0m/s。

带速是提高输送机生产率的主要因素,在同样的生产条件下,带速越大,单位长度的输送带上的负荷越小,即可以减小输送带层数,从而降低输送带的成本;同时带速增加,也可以为采用较窄的输送带创造条件,从而使整个输送机系统结构紧凑。但带速太大,会使带子产生较大横向摆动,加速输送带的磨损,同时还会增加脆性材料的破损程度;当输送干燥的粉末物料或粒度很小的物料时,还会引发粉尘飞扬。

(3) 带宽。带宽是输送机的一个重要尺寸参数,其大小取决于输送机的生产率和速度,常用带宽为 0.5～1.4m。

(4) 充填系数。充填系数指输送机承载件被物料或货物填满的程度的系数。

(5) 输送长度。输送长度指输送机装载点与卸载点之间的展开距离。

(6) 提升高度。提升高度指货物或物料在垂直方向上的输送距离。

此外,还有安全系数、制动时间、起动时间、电动机功率、轴功率、单位长度的牵引构件和物料的质量、传动点张力、最大动张力、最大静张力、预张力、张紧行程等技术性能参数。

二、单元化物品输送机

1. 单元化物品输送机的分类

根据有无动力源分类,单元化物品输送机可分为重力式输送机和动力式输送机两类。按应用方式分类,又可分为积放式输送机和分类输送机。

在仓库内采用单元化物品输送机,货物的装载与卸载均可在输送过程不停顿的情况下进行,同时由于不需经常起动与制动,故可采用较高的输送速度;由于这种输送机的结构比较简单,动作单一,故造价也较低;还可按货物的输送线路,选用多台输送机构成输送系统,实现物流自动化。输送系统的缺点在于占地面积较大,且不易变更货物的运输路线。

2. 重力式输送机

按滚动体的不同,重力式输送机分为滚轮式、滚筒式和滚珠式,如图 3-16 所示。其输送倾斜坡度为 2%～5%。

a) 滚轮式

b) 滚筒式

c) 滚珠式

图 3-16 重力式输送机

3. 动力式输送机

根据驱动介质的不同,动力输送机可分为辊子输送机、带式输送机、链条式输送机和悬挂式输送机。

1) 辊子输送机

按传动方式分类,辊子式输送机可分为带传动、链传动、齿轮传动、电动滚筒式辊子输送机以及积放式辊子输送机 5 种。带传动、链传动、齿轮传动的动力式辊子输送机如图 3-17 所示。

辊子输送机配备有分流与合流装置,其分流装置如图 3-18 所示,主要有 90°分流、30°分流、45°分流、旋转分配中心与轨道小车。旋转分配中心可实现多条输送线输送货物之间的交换,如图 3-19 所示。对于不需要经常性连接的平面布置的平行辊道之间货物交换可采用轨道小车,如图 3-20 所示。对于空间内上下布置的平行辊道,可采用液压顶升的辊道交换货物,如图 3-21 所示。合流装置如图 3-22 所示。

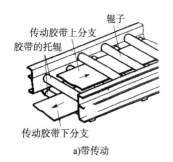 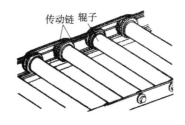 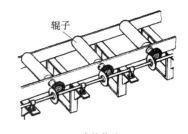

a) 带传动　　　　　　　　b) 链传动　　　　　　　　c) 齿轮传动

图 3-17　动力式辊子输送机的传动方式

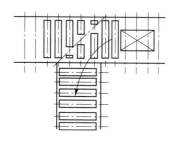 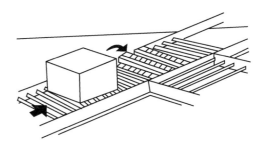

a) 简易90°分流装置　　　　　　　　b) 链条90°传动分流装置

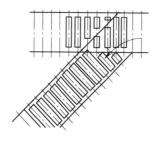 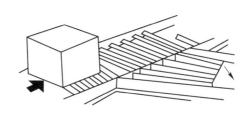

c) 30°长短辊子分流装置　　　　　　d) 45°齿形皮带分流装置

图 3-18　分流装置

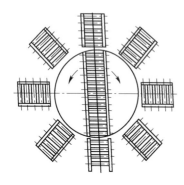 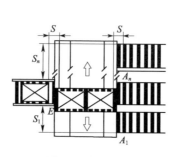 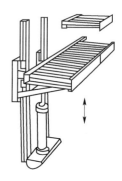

图 3-19　旋转分配中心　　　图 3-20　轨道小车　　　图 3-21　液压顶升辊道

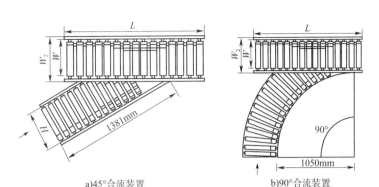

a) 45°合流装置　　　　　　　　　　b) 90°合流装置

图 3-22　合流装置

2）带式输送机

带式输送机可用来输送各种规则或不规则形状的货物，用在要求精确定位或需要伸缩的场合。带式输送机可水平输送，也可倾斜输送，倾斜的角度不大于15°。按支承方式不同，带式输送机可分为滑板式和滚筒式。

3）链条式输送机

链条式输送机是以链条传动和输送元件的输送机，如图 3-23 所示。链条式输送机的链条以导轨为依托，将货物以承托方式进行输送，可用于输送单元负载货物，如栈板、塑料箱，也可利用承载托板来输送其他形状货物。动力链条输送机依据输送链条所添装置附件的变化，可形成不同应用形式，如滑动式、推杆式、滚动式、推板式、推块式等，而在物流中心使用最多的是滑动式和滚动式。根据所用的链条形式可分为滑动链条式、滚动链条式和在此基础上安装各种附件形成的板条式输送机及平顶式输送机。

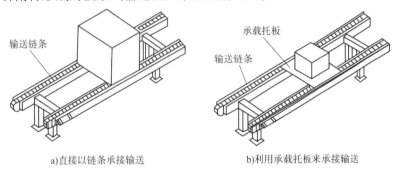

a) 直接以链条承接输送　　　　　　b) 利用承载托板来承接输送

图 3-23　链条式输送机结构

4）悬挂式输送机

悬挂式输送机是一种三维空间闭环连续输送系统，适用于车间/仓库内部单元化物品的空中自动化输送。悬挂式输送机系统由牵引链、滑架、承载小车、架空轨道、回转装置、驱动装置、拉紧装置、安全装置和电控装置等构成。如图 3-24 所示，悬挂式输送机按牵引小车的驱动方式可分为链条牵引式、螺杆驱动式、自行式和积放式4种。

4. 立体输送机

现代物流中心的建筑物大多采用多层式建筑方式，以增加使用面积。为了保证物品在不同楼层间的输送流动及达到高效率、自动化的要求，就要借助立体输送机来完成输送。因此，立体输送机越来越普及，应用也越来越广泛。立体输送机的分类如图 3-25 所示。

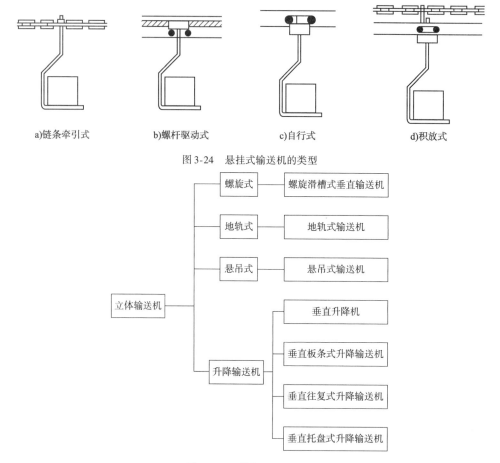

图 3-24 悬挂式输送机的类型

图 3-25 立体输送机的分类

（1）螺旋滑槽式垂直输送机（图 3-26）是利用重力及螺旋的倾斜下滑能力，使塑料箱内的物品很平稳地下滑至下一层。由于其没有驱动装置，故只能下滑输送，而无法向上输送，因此仅适用于塑料箱的输送。它可与其他水平式输送机配套组成自动化输送机系统。

（2）地轨式输送机常用于生产线上搬运台车(/笼车)的牵引输送。其优点是不妨碍其他搬运作业（因其安装于地板上），且操作安静。如图 3-27 所示，地轨式输送机主要由驱动源、传动链条、外围装置（支轨、转向装置）等组成。一般情况下，地轨输送机转弯半径须大于 15m，最高速度为 25m/min，爬坡能力可达 15°。

图 3-26 螺旋滑槽式垂直输送机

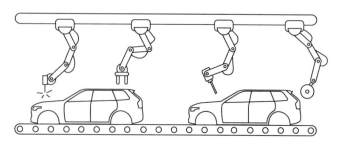

图 3-27 地轨式输送机示意图

(3)悬吊式输送机又称吊运车输送机,它以单轨条或间隔并列的复轨条安装可吊物品的吊运车,并以链轮驱动链条,使吊运车循环输送物品。

(4)垂直升降输送机。

①垂直往复式升降输送机。其构造原理和升降电梯颇为类似,它利用卷扬或液压举升方式使升降平台上下移动,以垂直输送物品。垂直往复式升降输送机是把不同楼层间的输送机系统连接成一个更大的、连续的输送机系统的重要设备。大多数往复式垂直升降输送机在高速运转时均可慢速起动和减速停止,使得升降输送中的物品震动降至最低。按进出口衔接方式不同及荷重的能力差异,可分成输送线用、台车(推车)用和堆高机用等三种类型,如图3-28所示。

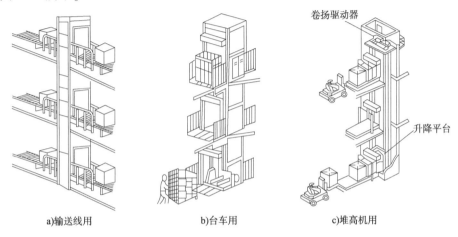

图3-28 三种常见的垂直往复式升降输送机

②垂直板条式升降输送机。它是在多层仓库内用作单元化物品和托盘货物垂直运输的起重设备,如图3-29所示。它是将若干根板条组成的载货台安装在4根无端链条上,由板条组成的载货台具有足够的柔性,在链条运行过程中,可绕过链轮转向;提升过程中,载货台保持水平;回程时载货台由水平位置变成垂直位置;回程结束时,又恢复到水平位置,从而减少升降输送机的占地面积。根据进货口和出货口安排的不同分为C形、Z形和O形(环形)。

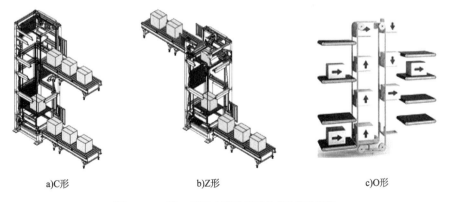

图3-29 C形、Z形和O形垂直板条式升降输送机

垂直板条式升降输送机工作时,每一个载货台载运一件货物。为了保证货物准确送到载货台上的规定位置而不发生跌落,一般在升降输送机入口处的前端装有光电管和限位开

关进行自动控制。

③垂直托盘式升降输送机。顾名思义,垂直托盘式升降输送机连续输送托盘货物,在设计上托盘式升降输送机的强度较板条式升降输送机大,稳定性更高,适用于较小物品的垂直高速搬运,其输送箱形物可达每小时500个。

三、散料输送机

1. 散料输送机

散料输送机按照用途不同有多种形式,包括刮板输送机、埋刮板输送机、气力输送机、斗式提升机和螺旋输送机。

(1)刮板输送机是利用相隔一定间距而固定在牵引链条上的刮板沿敞开的导槽刮运散货的机械,如图3-30所示。

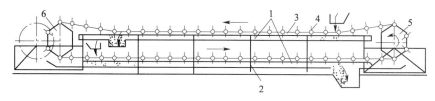

图3-30 刮板输送机
1-导槽;2-机架;3-链条;4-刮板;5-驱动链轮;6-张紧链轮

(2)埋刮板输送机是由刮板输送机发展而来的一种链式输送机。输送时,刮板链条全被埋在物料之中,故称为埋刮板输送机。埋刮板输送机主要由封闭断面的壳体(机槽)、刮板链条、驱动装置及张紧装置等部件组成。

(3)气力输送机是由具有一定速度和压力的空气动力带动粉粒状物料或相对密度较小的物品在管道内流动,实现物品在水平和垂直方向上的输送。

(4)斗式提升机是在垂直或接近垂直的方向上连续提升粉粒状物料的输送机械,一般由牵引构件(胶带或链条)、料斗、机头、机身、机座、驱动装置和张紧装置等组成,如图3-31所示。

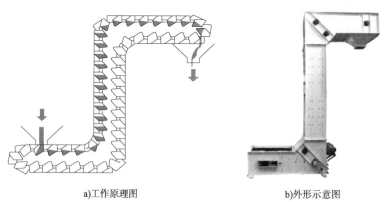

a)工作原理图　　b)外形示意图

图3-31 斗式提升机

(5)螺旋输送机由螺旋机本体、进出料口及驱动装置三大部分组成。螺旋机本体由头部轴承、尾部轴承、悬挂轴承螺旋、机壳、盖板及底座等组成。驱动装置由电动机、减速器、联轴器及底座组成。在输送过程中,同时完成搅拌、混合等工序,其螺旋节距约为螺旋叶片直径的1.2倍。螺旋输送机的螺旋叶片有左旋与右旋两种旋向。螺旋输送机的类型有水平固定式螺旋输送机、垂直式螺旋输送机及柔性螺旋输送机。

2. 散料装卸船设备

各种装船机和卸船机主要用于散货专业码头,是根据散货装卸船作业特点而设计的多动作、高效率的专用装卸机械。

1) 散货装船机

散货装船机是用于大宗散货装船作业的连续式机械,它与后方输送机系统相衔接。按货种可分为煤炭装船机、矿石装船机等;按整机特点可分为固定式、移动式和浮式;按机构的性能特点不同又可分为转盘式、弧线摆动式、直线摆动式等不同机型。其中转盘式散货装船机常固定装设在码头前沿墩座或内河的墩柱上,如果港口的水位变化大,也常将转盘式散货装船机或弧线摆动式散货装船机安装在趸船上成为浮式装船机。

各种形式的散货装船机尽管结构不同,但都以悬臂带式输送机为主体,由带式输送机及其他工作机构(如回转、伸缩、运行等机构)和机架组成。散货由岸边的带式输送机转入装船机的带式输送机,运送至悬臂前端,经溜筒装入船舱。悬臂输送机的长度根据船舶宽度而定,一般要求伸至舱口中心。悬臂输送机的带宽、带速决定了散货装船机的生产率。散货装船机主要结构形式有墩柱式(转盘式)、移动式、弧线摆动式和直线摆动式4种。

(1) 墩柱式(转盘式)散货装船机是最早发展的一种形式,大多采用墩柱式(转盘式)回转支承结构。如图3-32所示,散货装船机固设在墩座上,其悬臂胶带机与转盘相铰接,另一端通过变幅(俯仰)钢丝绳吊挂在固定立柱顶端。悬臂胶带机可通过其伸缩机构改变装船的工作幅度,还可通过变幅和溜筒伸缩来适应船型和水位的变化。非工作时的变幅和回转主要是使臂架升起以避让船舶,或使臂架左右回转90°以上,以便整机能转回到码头前沿线内。变幅采用钢丝绳变幅滑轮组机构。伸缩变幅和回转机构由电动机分别驱动。

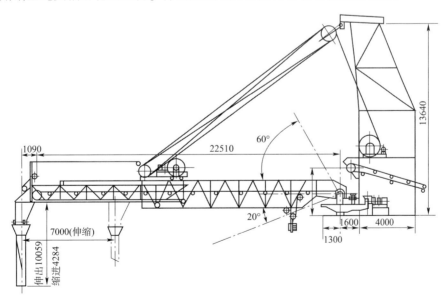

图3-32 墩柱式(转盘式)散货装船机(尺寸单位:mm)

(2) 移动式散货装船机基本上是把固定的转盘式散货装船机安装在运行门架上,因而可沿码头岸边运行。移动式装船机的构造较复杂,自重较大,对码头结构要求较高,后方输送系统也较复杂,但其使用机动灵活,便于对准各种舱口位置,有可能在每个泊位上配置较少的台数(一般为2台)。由于散货装船机可移到相邻泊位上集中工作,因而在海港直立式码头上得到广泛的应用。

在相同生产率(2000t/h)、相同货种(煤炭)及相同的作业条件(船型等)下,各种散货装船机对比如下:移动式散货装船机自重最大,墩柱式次之,弧线摆动式和直线摆动式最轻;移动式散货装船机的轮压最大,因此其机械设备和水工建筑费用最大。与移动式散货装船机相比,直线摆动式散货装船机自重约可减小30%以上,整机功率约可减小15%,轮压约可减小25%,且所需直线轨道码头长度仅为装载船舶长度的60%(移动式散货装船机码头长度约等于装载船舶长度)。因此,直线摆动式散货装船机码头水工建筑投资和装船机运营费用均可减少。综上可知,移动式散货装船机适用于海港大、中型散货出口码头;而直线摆动式散货装船机特别适于河港作业,是一种很有发展前景的散货装船机。

2) 机械式散货连续式卸船机

相比而言,散货卸船远比装船要困难得多。散货卸船机是根据船型和各种货种卸船作业特点而设计的多动作专用机械,有周期式和连续式两类。周期式的散货卸船机有各类抓斗起重机和抓斗卸船机。连续卸船机主要根据提升物料出船的连续输送机而命名,有双带式卸船机、波形挡边带式卸船机、螺旋卸船机、链斗卸船机、悬链式链斗卸船机、斗轮卸船机、埋刮板卸船机、绳斗卸船机等。

连续式散货卸船机是靠连续输送机从船舱中取料并将散货提升出舱和输送到岸上,与码头上的输送机系统相衔接。现有的机型很多,大多为移动式,也有的采用浮式。移动式的连续式散货卸船机一般将整机装在可沿轨道行走的门架上,装有输送机的臂架伸向船舶上方,臂架可回转、俯仰,臂架端部的提升物料和取料机构根据卸货的需要还常设有伸缩、回转、摆动等机构。

(1) 双带式卸船机是利用两条同步运行的胶带将供料装置喂入的物料夹在其间提升出舱的卸船机,如图3-33所示,故双带式又称为夹带式。

(2) 波形挡边带式卸船机是用旋转叶轮或滚筒或水平螺旋等挖取物料,以波形挡边输送带进行提升和输送物料的卸船机。采用波形挡边输送带,不仅增大了物料装载量,而且可在垂直方向上输送物料,从而能够进行卸船作业。

(3) 螺旋卸船机是以螺旋取料并利用垂直螺旋输送机提升的卸船机,其输送物料的部分大多采用水平螺旋输送机,也有的采用带式输送机。目前螺旋卸船机由于采用了一种特制的取料装置,使螺旋管内的物料充填系数高达70%~90%。螺旋卸船机借助臂架回转、变幅、垂直螺旋摆动等机构的协同动作,机头可伸至舱口各点取料。

(4) 链斗卸船机是以链斗来挖取并提升物料的卸船

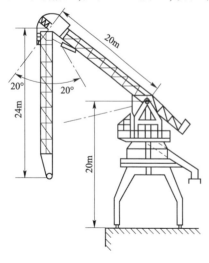

图3-33 双带式卸船机简图

机。其取料和提升物料的机构有多种不同的构造形式。其中采用机头取料与垂直提升为一刚性整体的L形取料提升装置使用较多。L形链斗卸船机如图3-34所示,作业时,靠L形底部水平段链斗爬行取料,直至剩余料层厚度为100mm左右时靠清舱机配合作业,清舱量小于5%~10%,卸煤的块度允许达300mm。物料被提升后经上部的螺旋导料槽转载到臂架胶带机,再经中心漏斗和门架胶带机送上岸。L形链斗卸船机运转平稳,生产率高,自重较轻,装机容量较小。

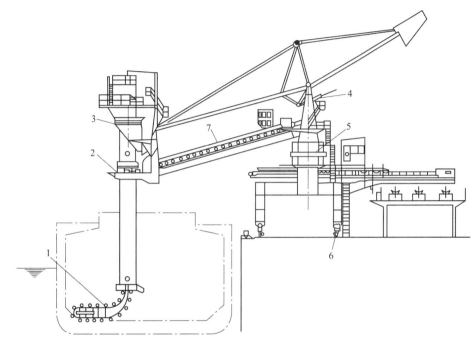

图3-34 L形链斗卸船机

1-斗式提升机机头旋转机构;2-受料机构;3-臂架回转机构;4-运行机构;5-臂架仰俯机构;6-带式输送机系统;7-金属结构

(5)悬链式链斗卸船机是一种非张紧型链斗卸船机,如图3-35所示。其链斗取料区段呈自由悬垂状态,悬链式链斗可将其挖取的物料提升至带式输送机运送上岸。

3)散料堆场设备

为配合带式输送机把散货堆至堆场存放或将堆场的散货供给出场的带式输送机,通常采用散货堆场设备。散料堆场设备按用途可分为堆料机、取料机和堆取料机。

(1)堆料机是与进入堆场的固定带式输送机配合使用,专供堆料的机械。堆料机按结构不同可分为单臂式堆料机和双臂式堆料机,按货种不同可分为堆煤机和堆矿机等。

堆料机最主要的性能参数是生产率、堆料高度和工作幅度。生产率应与送料进场的带式输送机相适应,由此确定悬臂的带宽和带速;堆料高度和工作幅度根据堆料要求而定,是确定悬臂长度的依据。有变幅、回转机构的堆料机可调整堆料高度和堆料的位置,但变幅和回转机构都是非工作性的,其速度较低但不

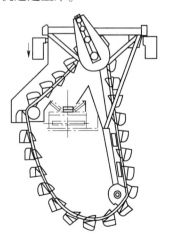

图3-35 悬链式链斗卸船机简图

影响生产率。堆料机的行走、变幅和回转机构可采用一般起重机的通用结构。

图 3-36 所示为用于上海港北票煤炭进口码头后方堆场上的高门架旋臂堆煤机。其生产率为 900t/h,胶带宽度 1m,带速 3.15m/s,幅度 25m,堆煤高度可达 11m,自重 82.5t。

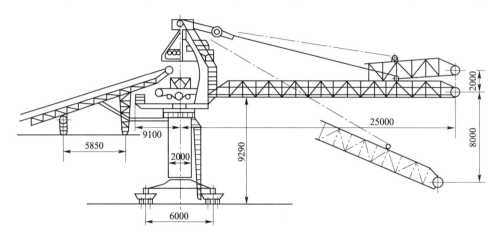

图 3-36 高门架旋臂堆煤机(尺寸单位:mm)

(2)取料机是使散货从堆场运出的机械。目前采用斗轮取料机从堆场向地面输送机供料或取料装车,采用螺旋喂料机或推土机等在堆场上向坑道输送机供料。图 3-37 所示为装在履带式运行底盘上的斗轮取料机,由取料和送料两部分组成。取料部分和斗轮堆取料机的取料相似,送料部分和堆料机相似。工作时斗轮转动,从料堆取料,并通过带式输送机送料。斗轮的工作位置可由斗轮臂的变幅、回转来调整,并由行走机构保证斗轮连续取料。

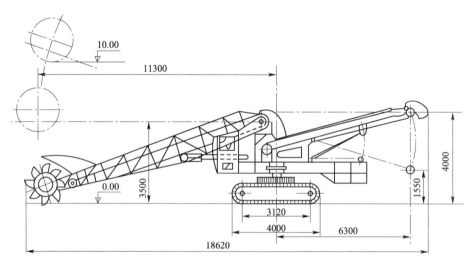

图 3-37 斗轮取料机(尺寸单位:mm)

(3)堆取料机是兼有堆料和取料两种性能的大型高效率连续式机械,但堆、取料作业不能同时进行。它主要由斗轮机构、俯仰机构、金属结构、转载装置、悬臂带式输送机、回转机构、尾车带式输送机等部分组成,如图 3-38 所示。

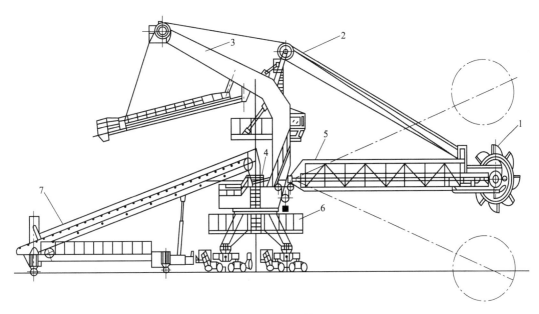

图 3-38 斗轮堆取料机

1-斗轮机构;2-俯仰机构;3-金属结构;4-转载装置;5-悬臂带式输送机;6-回转机构;7-尾车带式输送机

4)散料装卸车设备

(1)散货装车机。

散货装车机是一些具有轮胎或履带的运行底盘,用于将物料自堆场转载到汽车或火车车厢上的装卸机械,分为周期式和连续式两种。周期式装车机主要采用单斗车,其和叉车的区别在于以铲斗代替货叉。连续式散货装车机有链斗式、圆盘式、蟹耙式、斗轮式、纵向螺旋式等多种形式,它们大多以其取料装置的形式而命名。

(2)散货卸车机。

大多港口采用连续动作的链斗卸车机、螺旋卸车机或周期动作的翻车机等散货卸车机来卸散货。

①链斗卸车机主要由门架链斗提升机及其起升机构、堆料胶带机及其移动或变幅机构、整机行走机构等组成。有些机型的堆料胶带机可随链斗提升机升降,有些大跨度卸车机的链斗提升机可沿桥架横移。链斗提升机起升机构采用钢丝绳卷筒。

②螺旋卸车机由螺旋的旋转、摆动、起升机构和机架及其行走机构所组成。通常与铁路边的坑道胶带机配合工作,并要求铁路车辆必须是侧开门的敞车。

③翻车机指一种用来翻卸铁路敞车散料的大型机械设备,可将有轨车辆翻转或倾斜使之卸料。早期的设备每次只能翻卸 1 节车皮,最大的翻车机每次可以翻卸 4 节车皮。翻车机是高生产率的散货卸车机械,有侧倾式和转子式两种。

侧倾翻车机主要由一个偏心旋转的平台和压车机构所组成,如图 3-39 所示,当车辆被送到平台上以后,压车机构压住车辆,平台旋转,将散货卸到侧面的漏斗里。使用最多的转子翻车机如图 3-40 所示,由一个设置在若干组支承滚上的转子构成。当车辆被送入转子内的平台上后,通过压车机构压紧车辆,并和转子一同旋转,将散货卸出。

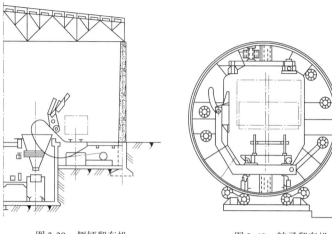

图 3-39 侧倾翻车机　　　　图 3-40 转子翻车机

第四节　工业车辆

一、概述

工业车辆是指用于企业内部对单元化物品(成件货物)进行搬运、推顶、牵引、起升、堆垛或码放,以及短距离运输作业的各种车辆,其中还包括非铁路干线使用的各种轨道车辆和汽车等。

工业车辆往往兼有装卸与运输作业功能,并有各种可拆换工作属具,故能机动灵活地适应多种搬运作业场合,经济高效地满足各种短距离作业的要求。工业车辆已经广泛地用于港口、仓库、货场、工厂车间等处,并可进入车船和集装箱内进行成件货物的装卸搬运作业。

1. 工业车辆的分类

世界工业车辆统计协会(WITS)规定,工业车辆细分为机动工业车辆和非机动工业车辆。根据中国工程机械行业协会工业车辆分会的分类标准,工业车辆分为机动工业车辆、牵引车、越野叉车、轻小型搬运车辆和固定平台搬运车等。

按照工作环境特点,工业车辆可分为内燃工业车辆、电动工业车辆和仓储工业车辆。

内燃工业车辆使用传统的燃油发动机驱动,功率大、承载能力强,常常用于户外、长距离和重型货物的移动和搬运。由于使用燃油,其环境污染大、噪声大。

电动工业车辆使用蓄电池-电动机驱动,无污染、噪声小,因此广泛应用于室内操作和其他对环境要求较高的工况,如医药、食品等行业。随着人们对环境保护的重视,电动工业车辆正在逐步取代内燃机工业车辆成为工业车辆的主力军。

仓储工业车辆用于仓库货物搬运,与前两种工业车辆有较大不同。仓储工业车辆为站姿操作,没有独立的驾驶室;车轮小,车辆重心低,适合短距离的仓库内重物搬运。自动化仓储中的工业车辆以堆垛机器人和 AGV 为标志。

按作业方式,工业搬运车辆可分为起升车辆、固定平台搬运车、牵引车和推顶车。

此外,工业车辆还可按传动、运行(导向或非导向)、操纵和支承方式、起升高度或使用环境等进行分类。

2. 工业车辆的结构

工业车辆的特点是轮式无轨底盘上装有起重、输送、牵引或承载装置,可进行游动作业。工业车辆由行车部件、叉货部件和驾驶室构成。行车部件实现车辆的行驶功能,例如载货前进、后退、转弯等;叉货部件负责将货物转移到货叉上和从货叉上卸下,是工业车辆特有的构成部分;驾驶室主要用来控制行车部件和叉货部件,指挥工业车辆的工作。

二、搬运车

常见的搬运车有托盘搬运车、手推车、平台搬运车和牵引车等,如图3-41所示。

三、叉车

叉车又称铲车或叉式取货机,它以货叉作为主要取货装置,依靠液压起升机构升降货物,由轮胎式行驶系统实现货物的装卸、搬运、堆码作业。除了使用货叉以外,还可以更换各类的取物装置以适应多种货物的装卸、搬运和堆垛作业。叉车是集装卸、搬运双重功能的机械设备,具有适用性强、机动灵活、效率高等优点。

a) 托盘搬运车　　　b) 手推车　　　c) 电动平台搬运车　　　d) 手动平台搬运车

图3-41　搬运车

1. 叉车的主要技术指标

叉车的主要技术参数是指反映叉车技术性能的指标,是选择叉车的主要依据。叉车的主要指标如下:

(1) 载荷中心距:指叉车设计规定的标准载荷中心到货叉垂直段前臂之间的距离。

(2) 额定起重量:指当货物的重心处于载荷中心以内时,允许叉车举起的最大质量。

(3) 最大起升高度:指当叉车的门架垂直、额定起重量的货物起升到最高位置时,货叉水平段的上表面距离地面的垂直距离。

(4) 最大起升速度:指门架垂直、额定起重量货物起升的最大速度。

(5) 门架倾角:指叉车在平坦、坚实的路面上,门架相对于垂直位置向前或向后的最大倾角。

(6) 满载最高行驶速度:指叉车在平直、干硬的路面上满载行驶时所能达到的最高车速。

(7) 满载最大爬坡度:指叉车在良好的干硬路面上能够爬上的最大坡度。

(8) 最小转弯半径:指叉车在空载低速行驶、打满转向盘,即转向轮处于最大偏转角时,瞬间转向中心距叉车纵向中心线的距离。

(9) 堆垛通道最小宽度:指叉车正常作业时,通道的最小理论宽度。叉车正常作业是指叉车在通道内直线运行,并且要做90°转向进行取货。

(10)叉车的最大高度和宽度:指叉车顶部与底部之间的最大高度和横向最大宽度。

2. 叉车的类型

按照性能和功用分类,叉车可分为平衡重式叉车、前移式叉车、侧面式叉车、高货位拣选式叉车、伸缩臂式叉车和插腿式叉车等。

1)平衡重式叉车

平衡重式叉车主要由发动机、底盘、门架、叉架、液压系统、电气系统及平衡重等组成,如图 3-42 所示。平衡重式叉车的工作装置(货叉)位于叉车的前端(前轮中心线以外),货物载于前端的货叉上,为了平衡前端货物的质量,需要在平衡重式叉车的后部装有平衡重块。前轮为驱动轮,后轮为转向轮。平衡重式叉车是搬运车辆中应用最广泛的一种。它可以由驾驶员单独操作完成货物的装卸、搬运和堆垛作业,并且通过变换属具扩大叉车的使用范围和作业效率,实现"无托盘"搬运。平衡重式叉车有较好的爬坡能力。取货时和卸货时,叉车门架前倾,前倾角度一般为3°,便于货叉插入和抽出,取货后门架后倾,后倾角度一般在 8° ~ 10°之间,以便在行驶中保持货物的稳定。

平衡重式叉车可以是内燃式,也可以是电动式。内燃式叉车因噪声大和工作时产生有害气体,适用于露天货场作业;电动式叉车适用于室内或环境条件要求较高的场所。

2)前移式叉车

如图 3-43 所示,前移式叉车具有两条前伸的支腿,支腿较高,支腿前端有两个轮子。叉车的门架可以带着起升机构沿支腿内侧轨道前移,便于叉取货物。叉取完货物后,起升一小段高度,然后门架又沿着支腿内侧轨道回到原来的位置。前移式叉车起重量较小,采用电动机进行驱动。前伸后收叉车具有平衡重式叉车和电动堆垛机的共同特征,以及操作灵活和高荷载的优点,同时体积和自重不会增加很多,可以节省空间,适合于通道较窄的室内仓库作业。

图 3-42 平衡重式叉车

图 3-43 前移式叉车

3)侧面式叉车

如图 3-44 所示,侧面式叉车的门架、起升机构和货叉位于叉车的中部,可以沿着横向导轨移动。货叉位于叉车的侧面,侧面还有一个货物平台。当货叉沿着门架上升到大于货物平台高度时,门架沿着导轨缩回,降下货叉,货物便放在叉车的货物平台上。侧面式叉车的门架和货叉在车体一侧。车体进入通道,货叉面向货架或货垛,装卸时不必先转弯再作业,因此这种叉车适合于窄通道作业,且有利于条形长尺寸物品的装卸和搬运。

4)高货位拣选式叉车

高货位拣选式叉车的主要作用是高位拣货,适用于多品种、数量少的货物入库、出库的拣选式高层货架仓库。高货位拣选式叉车如图 3-45 所示。

图3-44 侧面式叉车　　　　图3-45 高货位拣选式叉车

5）伸缩臂式叉车

伸缩臂式叉车的货叉安装在一个可以伸缩的长臂前端。它可以跨越障碍进行货物的堆垛作业，并通过变换叉车属具进行多种作业。这种叉车还具有稳定性较强、作业人员可以有较好视野的优点。伸缩臂式叉车如图3-46所示。

6）插腿式叉车

如图3-47所示，插腿式叉车一般由电动机驱动，蓄电池供电。其作业特点是起重量小、车速低、结构简单、外形小巧，适用于通道狭窄的仓库内作业。

图3-46 伸缩臂式叉车　　　　图3-47 插腿式叉车

扩展阅读

山东港口青岛港集装箱码头硬件设施

山东港口青岛港始建于1892年，是世界第六大港、我国第二大外贸口岸，位于环渤海地区港口群、长江三角洲港口群和日韩港口群的中心地带，港阔水深、不冻不淤，是天然深水良港，四季通航，公路网络密集，铁路横贯东西，腹地经济发达。山东港口青岛港主要从事集装箱、原油、铁矿石、煤炭、粮食等各类进出口货物的装卸、储存、代理、保税、分拨、加工、运输等综合物流服务和国际客运服务，与世界上180多个国家和地区的700多个港口有贸易往来。2014年6月6日，山东港口青岛港在香港联交所上市，2019年1月21日在上海证券交易所上市。2020年，货物吞吐量突破6.3亿t、位居全球第五，集装箱吞吐量完成2300万TEU（标准箱）、位居全球第六。

山东港口青岛港由青岛大港港区、黄岛油港区、前湾港区、董家口港区和威海港五大港区组成,拥有120个生产性泊位。港区集装箱、铁矿石、纸浆等货种作业效率保持世界第一,拥有集装箱航线超过200条,航线密度稳居我国北方港口第一位;海铁联运线路覆盖全国、直达中亚和欧洲地区,2020年海铁联运完成165万TEU,位居全国沿海港口首位。

山东港口青岛港的集装箱装卸作业主要集中在前湾集装箱码头,在董家口港区也具备专业化集装箱装卸业务能力,主要提供集装箱货物的进出口作业和国内外集装箱中转、堆存、保管、拆装箱、运输、仓储及相关业务,是我国黄河流域最方便、最经济的出海口和国际集装箱中转枢纽。

前湾集装箱码头拥有24个深水集装箱船专用泊位,码头岸线长达8651m,泊位水深-20m,配备75台超巴拿马型桥式起重机、16台自动化双小车岸桥、111台轮船起重机、85台双通道电动轨道起重机、76台自动化高速轨道起重机,采用世界先进的码头生产管理系统,可以全天候装卸24000TEU以上的超大型集装箱船。

航线网络港通四海。前湾集装箱码头集装箱外贸航线达173条,内贸干支航线达38条,航线密度位居我国北方港口第一位。全球前20大船公司的集装箱航线全部挂靠港区,外贸航线畅通全球,内贸航线通达南北,支线网络布局完善。

效率服务口碑天下。港区以提升客户体验为目标,致力于打造"效率最快、服务最好、成本最省"世界一流集装箱码头。拥有高效便捷的通关环境、最专业的金牌服务团队,为客户提供定制化操作服务和全程无忧的物流解决方案。"振超效率"服务品牌享誉全球,"保姆式"服务让客户更有"温度"。作业效率保持世界领先,马士基航运的全球码头作业效率连续6年位居首位,海洋联盟欧洲线泊位效率全航线排名第一,外贸近洋航线保班率全海区排名第一,内贸精品航线作业效率全海区排名第一。

董家口分公司是董家口港区唯一具备专业化集装箱装卸业务的装卸公司,拥有5万t级集装箱专用泊位2个,专用集装箱岸桥4台,年通过能力100万TEU。目前有20条内贸航线,覆盖东北、福建、广东、广西等地主要港口;有2条外贸东南亚航线,辐射马来西亚、菲律宾等区域,周班稳定运营;即将开通的董家口—黄岛外贸内支线,与日韩、泰越、欧地、美东、美西等国际主航线形成无缝对接。未来还将继续扩大码头后方堆场、增设一流的集装箱作业设备,打造董家口港区集装箱专业化操作模式。

思考题

1. 对比通用桥式起重机、门式起重机、臂架式起重机的结构特点和作业特点。
2. 对比桥式堆垛机与巷道式堆垛机的优缺点。
3. 简述连续输送装备的优缺点及其主要性能指标。
4. 辊子输送机、带式输送机、链条式输送机和悬挂式输送机的结构各有什么特点?
5. 试述刮板式输送机、埋刮板式输送机、气力输送机、斗式提升机、螺旋式输送机的组成及工作特点。
6. 散货装船机主要有哪些类型?它们各自的构成及其应用特点是什么?
7. 机械式散货连续式卸船机主要有哪些类型?它们各自的构成及其应用特点是什么?
8. 试述散料堆场装备堆料机、取料机和堆取料机各自的构成及工作特点。
9. 常用的工业车辆有哪些?试述叉车的基本构成及作业原理。

第四章　仓储技术与装备

第一节　概　　述

仓储活动在物流领域中起着"物流支柱"的作用，是商品流通的重要环节，也是物流系统的构成要素。仓储处于生产和消费之间，在物流中起着"蓄水池"的作用。

依据《物流术语》(GB/T 18354—2021)，仓储是指"利用仓库及相关设施设备进行物品的入库、存储、出库的活动"。仓储可分为"仓"和"储"。"仓"是指仓库，是保管、储存物品的建筑物和场所的总称。"储"即为储存，指保护、管理、储藏物品，表示收存物品以方便使用和管理，具有保管、收存、交付使用的意思。"仓储"是指通过仓库对物资进行储存、保管以及相关的物流作业。

仓库是保管、储存物品的建筑物或场所的总称，如库房、货棚、货场等都属于仓库。库房指在仓库中用于储存、保管物品的封闭式建筑物。通常人们把"仓""库"统一成一个概念，即把储存和保管物资的建筑物或场所统称为仓库。仓储是物流活动的基础要素，仓库是物流运行过程中的重要物流节点，是物流系统中的重要设施。

仓库活动的基本功能包括：储存和保管功能、调节和整合功能、流通加工服务功能、信息传递功能和配送服务功能。这些基本的活动离不开仓储设备的支持。仓储设备选择是否合理，直接影响着仓库的作业效率。

仓储设备是指仓库进行生产和辅助生产作业以及保证仓库及作业安全所必需的各种机械设备的总称。仓储设备按照功能不同可分为储放设备（货架、托盘等）、搬运与输送设备（堆垛机、叉车、AGV等）、计量设备、保养和检验设备、消防设备以及安全设备等。

第二节　仓　　库

一、仓库的作用

仓库除了储存物品外，还需要考虑经营上的收益。其功能已经从单纯的物资储存保管，发展到具有担负物资的接收、分类、计量、包装、分拣、配送、存盘等多种功能。

仓库在物流活动中发挥着不可替代的作用，是创造产品"时间价值"的过程。一般来说，仓库的一个最基本的职能是储存货物，并对货物实施保管与控制。但随着现代物流的发展，仓库的职能也在不断扩大，包括储存和保管功能、调节和整合功能、流通加工服务功能、信息传递功能和配送服务功能等，其含义远远超出了单一的储存功能。

通常仓库具有以下功能：

(1)储存和保管功能。储存和保管是仓库的基本功能。仓库具有一定的空间,用于储存物品,并根据物品的特性,配有相应的设备,以保持储存物品的完好性。

(2)调节和整合功能。仓库在物流中起着"蓄水池"的作用,是供应和需求这两个不完全匹配过程的一个缓冲。一方面仓库可以调节生产和消费的平衡,使它们在时间和空间上得到协调,保证社会再生产的顺利进行;另一方面,仓库可以整合不同的运输方式,满足物品在物流过程中对运输方式、运输路线、运输规模和运输工具的各种复杂需求。

(3)流通加工服务功能。流通加工是指物品从生产地到使用地的过程中,根据需要施加包装、分割、计量、分拣、组装、价格贴付、标签贴付、商品检验等简单作业的活动。仓库流通加工实际上是一种辅助性的生产作业。尽管流通加工的深度和范围有限,但是它在流通以及再生产运动中所起的作用同样是很大的:①流通加工弥补了生产的不足;②流通加工方便了客户,满足了客户的不同需求;③流通加工也会为仓库企业增加收益。

(4)信息传递功能。信息是进行物流调度指挥的手段。只有有效地运用信息,才能使物流活动顺利进行。企业管理者力图控制仓库活动,通常需要及时、准确的信息,如在安排商品储存时,必须掌握进仓商品的数量、品种及商品的质量、体积等信息,同时还要了解仓库的空余仓位情况,只有这样才能充分发挥仓库的使用效能。因此,运用 EDI、因特网、条码、射频识别技术(Radio Frequency Identification,简称 RFID)、信息系统、传感器等来提高信息传递的速度和准确性,对于仓库运营至关重要。

(5)配送服务功能。配送是在经济合理的区域范围内,根据用户的需求,对物品进行拣选、加工、包装、分割、组配等作业,并按时送达指定地点的物流活动。仓库配送功能是仓库保管体制功能的外延,提高了仓库的社会服务效能。

二、仓库的分类

按照不同的划分标准,仓库可以分为不同的类型。

(1)按经营主体可划分为企业自营仓库、商业营业仓库、战略储备仓库和公共仓库。

(2)按仓库物品的处理方式可划分为保管式仓库、加工式仓库和消费式仓库。

消费式仓库是指保管人在接受保管物时,同时拥有对保管物的所有权,保管人在仓库期间有权对仓库物行使所有权;在仓库期满,保管人将相同品种、种类和数量的替代物交还给存货人的仓库方式。

(3)按仓库在生产过程中的位置可划分为生产领域仓库、流通领域仓库和储备型仓库。

①生产领域仓库是为保证企业生产正常进行而在生产领域内建立的仓库,包括原材料仓库、半成品仓库、在制品仓库和产成品仓库。这类仓库主要用于储备生产用的各种原料、材料、设备、工具,存放在生产过程中处于各生产阶段之间的半成品和在制品,以及存放生产企业已经制成并检验合格的产成品。

②流通领域仓库是指除具有保管功能之外的,面对厂商,集中客户需求实行流通加工(装配、简单加工、包装、开价、理货等)、配送等功能的仓库。流通领域仓库是伴随物流现代化出现的仓库,其特征是商品的保管期较短、商品的出入库量较大。此外,还可进行备货、定价以及再包装等流通加工作业。

③储备型仓库是主要提供储备服务的仓库,存储的物资可能是原材料,也可能是中间品

或成品。这类仓库的主要功能就是在一段时间内存放各类物资,如用于战略储备的军用物资仓库、粮仓或其他农产品储备库等。

(4)按储存对象的性质可划分为普通物品仓库和特殊物品仓库。

①普通物品仓库是为那些无须特定保管条件的物品提供的仓库。一般的生产物质、生活用品、普通工具等杂货类物品,不需要针对货物本身设置特殊的保管条件,可采取无特殊装备的普通物品仓库进行储存。

②特殊物品仓库是为保管有特殊要求和特殊条件的物品提供的仓库,如危险物品仓库、冷链仓库等。特殊物品仓库一般都是专用仓库,按照物品的物理、化学、生物特性,以及法规规定进行仓库建设和实施管理。

(5)按仓库在物流系统中的功能可划分为储存仓库、配送仓库、物流中心仓库和转换运输仓库。

①储存仓库是为存放时间很长的物品提供的仓库。储存仓库的物品品种少、较为单一,但存量较大。由于物品存期长,储存仓库特别注重对物品的质量保管。

②配送仓库又称配送中心仓库,商品在交付用户之前在配送仓库进行短期存储,是商品在销售或者进行生产使用前最后储存的场所,并在该场所进行销售或使用的前期处理。

③物流中心仓库是以物流管理为目的的仓库,是为了实现有效的物流管理,对物流的数量、过程、方向进行严格的控制,是实现物流时间价值的场所。物流中心仓库品种较少、进库批量较大、按照一定批次分批出库,整体上周转能力较强。

④转换运输仓库是指衔接不同交通方式运输转换的仓库。在不同运输方式转换地进行衔接设置的仓库(如港口、车站),是为了保证不同运输方式的高效衔接,减少运输途中装卸和停留时间。转换运输仓库具有大进大出、货物存期短、注重货物的周转作业效率和周转率等特点。

(6)按仓库保管条件可划分为普通仓库、恒温保湿仓库、冷藏仓库、特种仓库和水面仓库。其中,水面仓库是指利用货物的特性以及宽阔的水面来保存货物的仓库。例如,利用水面保管圆木、竹排等。

(7)按仓库建筑的结构可划分为简仓、单层仓库、多层仓库、立体仓库、露天堆场和罐式仓库。

(8)按仓库所处位置不同可划分为港口仓库、车站仓库、汽车终端仓库、工厂仓库和保税仓库。其中,保税仓库是存放保税货物的仓库。为满足国际贸易的需要,保税仓库设置在一国国土之上,但在海关关境之外。

三、仓库的主要参数

仓库的主要参数有库容量、出入库频率、库容量利用系数、库存周转次数、单位面积的库存量、全员劳动生产率和机械设备的利用系数。其中最重要的参数是库容量和出入库频率。

1. 库容量

库容量是指仓库能容纳物品的数量。仓库是供应和消费之间的缓冲场所,库容量的大小,首先取决于缓冲平衡的需要。同时,库容量又直接关系着仓库的建设投资和建成后的经济效益。因此在满足缓冲供需平衡的前提下,库容量自然是越小越经济。库容量可用"t" "m²"或"货物单元"表示。

2. 出入库频率

出入库频率决定仓库搬运设备的规格和数量。出入库频率与库容量有密切的关系。从理论上说，如果管理得当，使供应和消费节奏一致，即入库和出库的频率和数量一致，库容量可为极小值。但是组织频繁的入库和出库，需要提高搬运设备的能力，同时需要增加投资。因此在规划设计仓库时，应在库容量与出入库频率两者之间作出恰当的选择，以求得最为经济合理的方案。出入库频率可用"t/h""托盘/h"表示。

四、仓库设备

现代仓库常用设备通常包括储存设备、物料搬运设备、订单拣取设备、流通加工设备和物流周边配合设备。

(1) 储存设备包括自动仓库设备（如单元负载式货架、水平和垂直旋转式货架等）、重型货架（如普通重型货架、直入式钢架、重型流动棚架等）和多品种少量储存设备（如轻型货架、轻型流动货架和移动式货柜等）。

(2) 物料搬运设备分为动力型搬运设备和非动力型搬运设备。动力型搬运设备包括自动化搬运设备（如无人搬运车和驱动式搬运车）、机械搬运设备（如堆垛机、液压托板机、叉车、吊车、跨车和牵引车等）、输送带设备、分类输送设备、堆卸托盘设备和垂直搬运设备等；非动力型搬运设备包括手推车、平板拖车、滚轮车和重力型传送带等。

(3) 订单拣取设备包括一般性订单拣取设备（如计算机辅助拣货台车）和自动分类分拣设备等。

(4) 流通加工设备是完成流通加工任务的专用机械设备，通过对流通中商品进行改变或完善商品的原有形体，实现生产与消费的"桥梁和纽带"作用，从而提高原材料的利用率，方便用户使用，减少无效运输等。流通加工设备的类型很多，与配送有关的主要包括裹包集包设备、外包装配合设备、印花条码标签设备、拆箱设备和称重设备等；与原材料加工有关的有剪板机和切割机等。

(5) 物流周边配合设备包括楼层流通设备、装卸货平台、装卸载设施、容器暂存设施和废料处理设施等。

五、冷链仓库系统

冷链是指易腐食品或特殊商品在产地收购、捕捞或生产之后，为了保持物品的特性，其生产加工、储藏、运输、分销，直到转入消费者手中，整个过程使物品始终处在所需的低温环境中，从而保证物品的质量安全、减少损耗、防止污染的供应链系统。

冷链仓库（又称冷库）是指采用一定的设备进行制冷，并能人为控制和保持稳定低温的储存设施，主要用于生鲜、易腐食品及其他需要低温保存物品的冷藏及冷冻加工。

1. 冷库的分类与组成

1) 冷库的分类

(1) 按冷库建筑结构形式可分为土建式冷库、装配式冷库、夹套式冷库、覆土冷库和气调冷库等（图4-1）。

a) 土建式冷库　　　　　b) 小型装配式冷库　　　　c) 钢结构装配式冷库

图 4-1　不同建筑结构的冷库

(2)按冷库温度可分为高温冷库、中温冷库、低温冷库和冻结冷库等。

(3)按使用性质可分为生产性冷库、分配性冷库和零售性冷藏库等。

(4)按照冷库的功能可分为预冷冷藏库、冻结冷藏库、速冻库、储冰库和气调库等。

(5)按照冷库容量的大小可分为大型冷库、大中型冷库、中型冷库和小型冷库。

(6)按储藏的商品可分为畜肉类冷库、水产品冷库、禽蛋冷库、果蔬冷库、冷饮品冷库、茶叶冷库和花卉冷库等。

(7)按照制冷方式的不同可分为氨制冷式冷库和氟制冷式冷库。另外,在较高温层,如12℃作业区,可规划使用二次冷媒,如冰水或乙二醇。

2)冷库的组成

冷库的主要组成包括库体、制冷系统、冷却系统、控制系统和辅助系统。

(1)库体主要保证储藏物与外界隔热、隔潮,并分隔各个工作区域。大型冷库通常有冷加工间、预冷间、冻结间、冷藏间、制冰间和穿堂等。为了减少吸收太阳的辐射能,冷库外墙表面一般涂成白色或浅颜色;冷库建筑要具有良好的密封性和防潮隔气性能;冷库的建筑材料和冷库的各部分构造要具有足够的抗冻性能。总之,冷库是以其严格的隔热性、密封性、坚固性和抗冻性来保证建筑物的质量。

所有冷库门都必须具有足够的保温性能和气密性能。常见的冷库门有电动平移门和电动滑升门等类型。为了提高冷库门的密封性能,减少冷气散失,冷库门都设有密封门罩或门封,而且大多数冷库一般都采用封闭式出入库月台结构。

(2)制冷系统主要用于提供冷库冷量,保证库内温度和湿度。

(3)冷却系统主要用于冷却制冷系统的散热。

(4)控制系统主要对冷库温度、湿度的控制和制冷系统、冷却系统等进行控制,保证冷库安全、正常地运行。

(5)辅助系统主要包括冷库操作间、机房等。

2.冷库的基本要求

(1)冷库建设施工及生产运营应符合《冷库安全规程》(GB 28009—2011)的规定。

(2)冷库应由具备冷库工程设计、压力管道设计资质的单位进行设计。

(3)冷库应使用具有相关生产资质企业制造的制冷设备。

(4)冷库施工单位应具备相应的施工资质。

(5)冷库应按设计文件进行施工;冷库生产经营单位应建立安全生产保障体系,具体参见《中华人民共和国安全生产法》。

3. 冷链仓库设备

冷链仓库设备一般主要包括冷库制冷机组、备用发电机组、冷库存储设备、冷库温度调控设备和冷库温度监测设备。

通常要求食品类商品不得直接堆叠在地面上,必须使用塑料托盘,使用货架储存。与常温货架不同的是,低温仓库内使用的货架对钢材的材质、荷重以及货架的跨度设计均有特殊要求。为了配合货物储存,满足生鲜食品的特殊要求,冷库内通常还需要配置臭氧发生器和加湿器等配套设备。

第三节 货 架

货架指由立柱、隔板或横梁等结构件组成的储物设施。货架是主要的仓库设备,通过货架的使用,既可以提高仓库空间利用率,又可以提高仓库管理水平。随着现代工业的迅猛发展,物流量大幅增加,为实现仓储的现代化管理,改善仓库功能,不仅要求货架的数量多,还要求其具有多种功能,并能实现机械化、自动化的要求。

一、货架的功能与分类

1. 货架的功能

货架在现代物流活动中,起着相当重要的作用,仓库管理实现现代化,与货架的种类、功能有直接的关系。货架的作用及功能如下:①货架是一种架式结构物,可充分利用仓库空间,提高库容利用率,扩大仓库储存能力;②存入货架中的货物,互不挤压,物资损耗小,可完整保证物资本身的功能,减少货物的损失;③货架中的货物存取方便,便于清点及计量,可做到"先进先出";④保证存储货物的质量,可以采取防潮、防尘、防盗、防破坏等措施,以提高物资存储质量;⑤很多新型货架的结构及功能有利于实现仓库的机械化及自动化管理。

货架在仓库设备的总投资中所占比例较大,要在保证货架强度、刚度和整体稳定性的条件下,尽量减轻货架的质量,降低钢材消耗,降低货架对仓库地面承压能力的要求,满足仓储需要。

2. 货架的分类

货架按建筑形式可分为整体式货架和分离式货架。其中,整体式货架又称库架合一式货架,高层货架与建筑物结合为一个整体。分离式货架是建筑物与高层货架分离,在建筑物及地基基础完成之后,再安装货架。

按货架的可动性可分为固定式货架与活动式货架。其中,固定式货架又分为单元货架式、贯通性货架、重力式货架、阁楼式货架、滑板式货架和悬臂式货架等。

按货架制作工艺可分为焊接式货架和组合式货架。

按货格储存货物单元的形式可分为托盘货架和容器货架。

按结构特点可分为层架、层格架、抽屉架和悬臂架等。

按货架高度可分为低层货架(高度在5m以下)、中层货架(高度在5~15m)和高层货架(高度在15m以上)。

按货架载质量可分为重型货架(每层货架载质量在500kg以上)、中型货架(每层货架或搁板载质量150～500kg)和轻型货架(每层货架载质量在150kg以下)。

二、常用货架

1. 固定货架

1)组合式货格货架

组合式货架的基本构件是带孔型的钢立柱、横梁、隔板和其他各种附件,这些构件可组成通用性很强的各种货架。组合式货架横梁可根据货物的高度任意调整,可实现一格一货位或一格双货位和一格多货位,以及同一库区、不同货物的存放。根据结构组成的不同,组合式货格货架又可分为隔板式、横梁式和牛腿式三种结构。与隔板式货架(图4-2)不同,横梁式货架(图4-3)上没有隔板,一般用来储存托盘单元货物。牛腿式货架也用于托盘单元货物的储存,但每个货格只能存放一个货物单元。

图4-2 隔板式货架

图4-3 横梁式货架

2)重力式货架

重力式货架又称流动式货架,有托盘重力式货架(图4-4)与箱式重力式货架(图4-5)之分。重力式货架是现代物流系统中一种应用广泛的装备,其原理是利用货体的自重,使货体在有一定高度差的通道上,从高向低处运动,从而完成进货、储存、出库的作业。有一定坡度的隔板可制成滑道形式,货体顺滑道从高端向低端滑动,也可制成滑轨、辊子或滚轮,以提高货体的运动性能。重力货架的滑道坡度大小是一个非常重要的参数,坡度的大小主要取决于货物单元底部的材质;对于木托盘,可取为3.0%～3.5%;对于塑料托盘,可取为2.0%～2.5%;对于钢质托盘,可取为1.5%～2.0%。

图4-4 托盘重力式货架

图4-5 箱式重力式货架

重力式货架的每个滑道只能存放一种货物,货物进入后始终处于流动状态,存取迅速,"先入先出",故重力式货架适用于少品种、大批量货物的存储。重力式货架有以下主要特点:①单位库房面积存储量大;②固定了出入库位置,缩短了出入库工具的运行距离;③由于入库作业和出库作业完全分离,两种作业可各自向专业化、高效率方向发展。出入库时,工具不互相交叉,不互相干扰,事故率低,安全性增加;④绝对保证先进先出,因而符合仓库管理现代化的要求;⑤大大缩小了作业面,有利于进行拣选活动,是拣选重力式货架中很重要的一种,也是储存型拣选货架中重要的一种。

3)贯通式货架

如图 4-6 所示,贯通式货架取消了两排货架之间的巷道,将所有货架合并在一起,使同一层、同一列的货物互相贯通,托盘或货箱搁置于货架的牛腿上,叉车可直接进入货架每列存货通道内作业。这种货架比较适合于同类大批货物的储存。

如图 4-7 所示,动力式贯通式货架采用链式输送机取代了传统贯通式货架的牛腿,货物放在链式输送机上,由输送机将货物从入库端送到货架的出库端,再由叉车在货架的出货端将货物取走。单向驶入的贯通式货架,在货物存取过程中遵循"后入先出"的原则。

图 4-6 贯通式货架

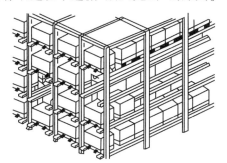
图 4-7 动力式贯通式货架

4)悬臂式货架

如图 4-8 所示,悬臂式货架又称树枝形货架,由中间立柱向单侧或双侧伸出悬臂而成。悬臂可以是固定的,也可以是可调节的。悬臂式货架适用于存放长物料、环型物料、板材、管材和不规则货物。悬臂式货架前伸的悬臂具有结构轻、载重能力强的特点,增加了隔板后,特别适合空间小、高度低的库房。与普通隔板式货架相比,其空间利用率更高,存取货物方便、快速,对货物的存放一目了然。此种货架可采用起重机起吊作业,也可采用侧面叉车或长料堆垛机作业。

5)卫星小车式货架

如图 4-9 所示,卫星小车式货架也是一种贯通式货架,所不同的是在货架中还有一些能在各自通道内自动行走的小车。货架上的托盘放置在通道中两根水平轨道上,由穿梭小车在通道内搬运货物,再由升降机在通道口接过小车送出的货物,最终完成出入库作业,从而沟通了贯通式货架内处于不同层的存货通道与出入库作业的联系。

通道内的穿梭小车可作为堆垛机或叉车及其他装卸搬运装置的卫星设备,故称其为卫星小车。它加长了堆垛机或叉车货叉的作业深度和作业范围,能在一条巷道的存取作业完成后,由堆垛机或叉车转移到其他通道作业。采用卫星小车式货架,存储的货物可以是大批量、少品种,也可以是中等批量、多品种的货物,货物的存取可按"先入先出",也可按"后入先出"的原则进行,其最大处理能力每小时可达240托盘。

图4-8 悬臂式货架

图4-9 卫星小车式货架

6) 阁楼式货架

如图4-10所示,阁楼式货架的特点是可充分利用仓储空间,适用于库房较高、货物较轻、人工存取且储货量大的情况,特别适用于现有旧仓库的技术改造,提高仓库的空间利用率。阁楼式货架的底层不仅是保管物料的场所,而且是上层建筑承重梁的支撑(柱)。阁楼式货架可设计成多层楼层(通常2~3层),配有楼梯、扶手和货物提升电梯等,适用于五金、汽配、电子元件等的分类存储。

7) 抽屉式货架

如图4-11所示,抽屉式货架用于存放中小型模具,顶部选配手拉葫芦移动车,便于模具的起吊和存取;抽屉板下设置有滚轮轨道,使重载后依然能用很小的力轻松拉动。货物分层保管,抽屉由薄钢板或木板制成。在仓库内货架按列布置,抽屉可从货架中向巷道方向抽出,通常每层承载量小于500kg,重型抽屉式货架可用于存放特重型(3t)模具和货物。经过特制的抽屉式货架具有防尘、防潮、避光等作用,用于贵重物品如刀具、量具、精密仪器和药品的存放。

图4-10 阁楼式货架

图4-11 抽屉式货架

2. 移动货架

1) 水平移动式货架

水平移动式货架将货架本体放置在轨道上,在底部设有行走轮或驱动装置,靠动力或人力驱动使货架沿轨道横向移动,如图4-12所示。因一组货架只需一条通道,大大减少了货架间的巷道数,所以在相同的空间内,移动式货架的储货能力要比货格式货架高得多。

在不进行出入库作业时,各货架之间没有通道相隔,紧密排列,全部封闭,并可全部锁住,确保货物安全,同时又可防尘、防光;当进行存取货物时,使货架移动,使相应的货架开启成为人员或存取设备的通道。

水平移动式货架在存取作业时,需不断移动货架,所以存取货时间要比一般货架长,故一般用于出入库作业频率很低的轻小货物的储存。

为进一步提高仓库的空间利用率,这种货架还可设置一个固定的拣货平台,并附加一个垂直方向的运动,采用如图 4-13 所示的形式。

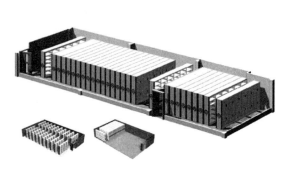

图 4-12　水平移动式货架

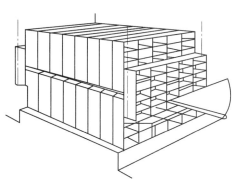

图 4-13　有固定拣货平台的移动式货架

2)自行式货架

(1)轨道式自行货架。

轨道式自行货架不同于一般用于存放档案的人力驱动的水平移动货架,它由轨道、底座和货架组成。轨道安装于地面,每个货架的底座上有多个轮子,由电动机驱动沿轨道运行,如图 4-14 所示。

自行式货架为通用货架,安装于底座上。整套装置可以手拉、遥控或集中控制,并且具有完善的安全保护装置。由于货架的质量全部由几个轮子承受,因而对轮子的要求较高。

该货架具有灵活储存不同货物的优点,不仅适于包装货物,也适于托盘和长杆货物储存,还可实现"货到人"方式的分拣。目前其单元货物质量可达 1200kg,底座的最大承载能力可达 200t。

(2)AGV 式自行货架。

AGV 式自行货架(图 4-15)适用于"货到人"拣选系统,当前在电商的分拣系统中应用较多。AGV 式自行货架主要由 AGV、AGV 管理系统、标准拣选工位和 AGV 充电站等组成。此外,还有与系统相匹配的 AGV 货架。

AGV 管理系统接收到订单要求后,控制 AGV 到达订单所在的货架,然后顶起货架,将货架移动到拣选工位,由人工进行拣选。这种类型货架每小时可以完成 800~1000 个订单行,其工作效率是传统拆零拣选(包括纸单拣选和 RF 拣选)的 8~15 倍。空间利用率可达 45% 以上。

在此基础上,还出现了将 AGV、机械手和人工智能结合到一起的智能拣选系统,可实现高度的拣选自动化。

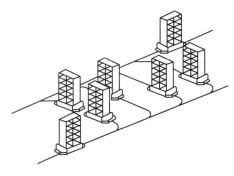

图 4-14　轨道式自行货架示意图　　　　图 4-15　AGV 式自行货架

3. 旋转货架

传统仓库是由人或机械到货架前取货,而旋转货架是将货架上货物送到拣货点,再由人或机械将所需货物取出,所以拣货路线短,操作效率高。

旋转货架的货格样式很多,一般有货架式、盘式、槽式、提篮式和抽屉式等,可根据所存货物的种类、形状、大小、规格等不同进行选择。其货格可由硬纸板、塑料板、钢板制成。

旋转货架适用于以分拣为目的的小件物品的存取,尤其对于多品种的货物分拣更为方便。它占地面积小,储存密度大,易于管理。如采用计算机控制,可使操作人员摆脱人工寻货的负担,避免看错、看丢的现象,提高分拣质量并缩短拣货时间。另外由于拣货人员工作位置固定,故可按照人机工程的原理,设计操作人员的工作条件。这种货架的规模可大可小,企业可根据实际情况,控制投资规模。

旋转货架分为整体旋转式货架(整个货架是一个旋转整体)和分层旋转式货架(各层分设驱动装置,形成各自独立的旋转体系),其中整体旋转式又分为垂直旋转式货架和水平旋转式货架两种。

1) 垂直旋转式货架

这种货架类似垂直提升机,在提升机的两个分支上悬挂有成排的货格,提升机可正转,也可以反转。其结构如图 4-16 所示。

垂直旋转式货架属于拣选型货架,其占地空间小,存放的品种多,最多可达 1200 种左右。另外,货架货格的小隔板可以拆除,这样可以灵活地存储各种长度尺寸的货物。在货架的正面及背面均设置有拣选台面,可以方便地安排出入库作业。在旋转控制上用带编号的开关按键即可轻松地操作,也可以利用计算机操作控制,形成联动系统,将指令要求的货层经最短的路程送至挑选的位置。

垂直旋转式货架主要适用于多品种、拣选频率高的货物的存取。取消货格,改成支架可用于成卷的货物,如地毯、纸卷、塑料布等的存取。

2) 水平旋转式货架

水平旋转式货架的原理与垂直旋转式货架相似,只是货格在水平方向回转。各层货格同时回转的水平旋转式货架称为整体水平旋转式货架;各层可以独立地正反向旋转的货架称为分层水平旋转式货架。

如图 4-17 所示,整体水平旋转式货架由多个独立的货柜构成,用一台链式输送机将这些货柜串联起来,每个货柜下方都有支承滚轮,上部都有导向滚轮。链式输送机运转时,带动货柜运动。需要拣取某种货物时,操作人员只需在控制台上给出指令,货柜便自动转到拣货点并停止,拣货人员就可从中拣选货物。

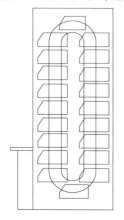
图 4-16　垂直旋转式货架示意图

图 4-17　整体水平旋转货架示意图

这种货架旋转时动力消耗大,不大适于拣选频率过高的作业,所放置货物主要是各种包装单位的货物,种类的容量由于受货架长度制约而有限。整体水平旋转式货架也可制成长度很长的货架,从而增大存储容量,但由于动力消耗大、拣选等待时间长、不适于随机拣选,在需要成组拣选或可按顺序拣选时可以采用。这类货架规模越大、长度越长,其拣选功能便越向分货功能转化,成为适用于小型分货领域的分货式货架。

分层水平旋转式货架是由环状排列的货盘多层重叠而成。每层的货盘都用链条串联在一起,各层都有相应的轨道,由分设的驱动装置驱动,形成各自独立的旋转体系。

多层水平旋转货架各层可以独立旋转,每层都有各自的轨道,用计算机操作时,可以同时执行几个命令,使各层货物从近到远、有序地到达拣选点,拣选效率很高。

此外,这种货架储存货物品种多,多达 2000 种以上,主要用于出入库频率高、多品种拣选的配送中心等地。

4. 特殊货架

1) 自动货柜

自动货柜(图 4-18)是集机电、信息和管理为一体的小型自动化仓库。它充分利用了仓库的高度空间,最大限度地优化了存储管理,与其他外部自动化输送设备相连,就可形成一个高效、便捷的小型自动化仓库系统(AS/RS)。

自动货柜主要由货架、升降装置、信息控制系统和存取装置组成。工作时,货柜内的升降装置缓慢下降复位并寻找基点,完毕后,操作终端显示待命信息。在用户输入命令信息(如存货、取货、查阅库存信息等)后,控制升降装置将货物送到经运算后所确定的货位,同时对货物的货位和货盘进行记忆,以备查询和取货。

2) 高速巷道小车货架

20 世纪 60 年代就出现了可以自装自卸的高层货架,如动力式贯通货架和穿梭小车式贯通货架(图 4-19)等,较好地解决了货架和货架作业机械的一体化问题。高速巷道小车自动货架是德国乌尔姆大学于 2001 年 12 月研制出来的一种用于仓库的高速装卸系统,这种货架的出现将自带动力货架的工作效率提高到了一个较高的水平。

图4-18 自动货柜

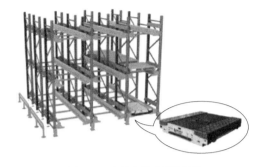

图4-19 穿梭小车式贯通货架

3）工位货架

除了在仓储中占有非常重要的地位,货架还广泛应用于生产线工位上,称之为工位货架,它属于物流工位器具。

物流工位器具是在生产线工位上用到的各种辅助物流器具的总称。常见的物流工位器具主要有工位货架、工位升降台、旋转台以及工位装夹具。工位货架是流水线中必不可少的设备,在生产物流中承担某个工位的半成品保管、配件物料或工具刀具的存放,有时也能起到将半成品转送到下一个工位的作用。因工位货架主要用来临时存放物件且受生产现场的限制,故一般容积较小。工位升降台、旋转台主要用来生产时将物件调整到适当的位置,以便操作人员进行相应的操作,降低操作的劳动强度。工位装夹具是实现物件在生产线上流动时按照不同的条件装夹物件的设备。工位装夹尺寸、形状及驱动方式等因物件的尺寸、形状、材质等的不同而不同。

第四节 自动化仓库

一、自动化仓库的特点与分类

1. 自动化仓库的特点

自动化仓库(AS/RS)是指在不直接进行人工处理的情况下,能自动地存储取出物料的系统。自动化仓库技术集规划、管理、机械、电气于一体,是一门学科交叉的综合性技术。

自动化立体仓库特点有:①采用高层货架存储,提高空间利用率及货物管理质量;②自动存取,提高劳动生产率,降低劳动强度;③科学储备,提高物料调节水平,加快储备资金周转;④有效地衔接生产与库存,加快物资周转,降低成本;⑤适当加工,衔接产需,合理利用资源,提高效益;⑥为企业的生产指挥和决策提供有效的依据。

2. 自动化仓库的分类

1）按建筑形式划分

按建筑形式划分,自动化仓库可分为整体式和分离式。

(1)整体式自动化仓库是指货架除了储存货物以外,还可以作为建筑物的支撑结构,就像是建筑物的一个部分,即库房与货架形成一体化结构。

(2)分离式自动化仓库是指储存货物的货架独立存在,建在建筑物内部,它可以将现有的建筑物改造为自动化仓库,也可以将货架拆除,使建筑物用于其他目的。

2) 按货物存取形式划分

按货物存取形式划分,自动化仓库可分为单元货架式、移动货架式和拣选货架式。

(1) 单元货架式是一种最常见的结构,货物先放在托盘或集装箱内,再装入单元货架式的货格中。

(2) 移动货架式是由电动货架组成,货架可以在轨道上行走,由控制装置控制货架不作业时合拢和作业时分离。货架合拢时只留一条作业巷道,从而节省仓库面积,提高空间的利用率。

(3) 拣选货架式的分拣机构是其核心组成部分,可分为巷道内分拣和巷道外分拣两种方式,也可分为人工分拣和自动分拣两种方式。

3) 按货架构造形式划分

按货架构造形式划分,自动化仓库可分为单元货格式、贯通式、水平循环式和垂直循环式仓库。

(1) 单元货格式仓库是使用最广、适用性较强的一种仓库形式。其特点是货架沿仓库的宽度方向分成若干排,每两排货架为一组,其间有一条巷道供堆垛起重机或其他起重机作业。每排货架沿仓库纵长方向分为数列,沿垂直方向又分若干层,从而形成大量货格,用以储存货物。在大多数情况下,每个货格存放一个货物单元(一个托盘或一个货箱)。在某些情况下,例如,货物单元比较小或者采用钢筋混凝土的货架,则一个货格内往往存放2~3个货物单元,以便充分利用货格空间,减少货架投资。在单元货格式仓库中,巷道占据了1/3左右的面积。

(2) 贯通式仓库是为了提高仓库面积利用率,取消位于各排货架之间的巷道,将货架合并在一起,使同一层、同一列的货物互相贯通,形成能依次存放多货物单元的通道。在通道一端,由一台入库起重机将货物单元装入通道,而在另一端由出库起重机取货。

4) 按自动化仓库与生产连接的紧密程度划分

按自动化仓库与生产连接的紧密程度划分,自动化仓库可分为独立型、半紧密型和紧密型仓库。

(1) 独立型仓库,也称为"离线"仓库,是指从操作流程及经济性等方面来说都相对独立的自动化仓库。这种仓库一般规模都比较大,存储量较大,仓库系统具有自己的计算机管理、监控、调度和控制系统,也可作为存储型和中转型仓库,配送中心也属于这一类仓库。

(2) 半紧密型仓库,是指其操作流程、仓库的管理、货物的出入和经济性与其他厂(或部门或上级单位)有一定关系,而又未与其他生产系统直接相联的仓库。

(3) 紧密型仓库,也称为"在线"仓库,是指与工厂内其他部门或生产系统直接相连的立体仓库,两者间的关系比较紧密。

二、自动化仓库构成

自动化仓库主要由土建及公用工程设施、机械设备和电气与电子设备组成。自动化仓库一般有货架、搬运机械、输送机、托盘或货箱、控制系统、物料识别系统、计算机数据管理系统等设备。

1. 机械设备

自动化仓库的机械设备一般包括货架、托盘或货箱、存储机械、搬运机械、输送机械等设备。

1）货架

常用的自动化仓库货架具有如下特点：①悬臂货架多用于存储长料，如金属棒、管等。②流动货架使货物可以从货架的一端进入，在重力的作用下可从另一端取出。它适合存储数量多、品种少、移动快的物品，如存储某些电子器件等。③货格式货架最常见，在我国也比较多，多用于容量较大的仓库，如以集装箱为单位存储的立体仓库。④水平或垂直旋转式货架是一种旋转或循环的存储装置，适合存储体积小、质量轻的物品。⑤悬挂输送存储多安放于车间的工作区或设备上方，由人工根据需要随时取下或放上货物，整个存储系统是在不断地匀速运动的。

对于质量和体积比较大的物品存储，有时采用被动辊式货架。在这种货架的单元货格中有许多无动力的辊子，利用存储设备（通常是大型巷道式堆垛机）的动力驱动这些辊子，从而将大型货物存入或取出。机场货运物品的处理多采用这种形式的货架。

2）托盘与货箱

货物的载体可以是托盘、托板、滑板、专用集装箱、专用堆放架、硬纸板箱等。货箱或托盘的基本功能是装物料，同时还应便于叉车和堆垛机的叉取和存放。

2. 巷道式堆垛机

1）巷道式堆垛机的类型

（1）按支承方式分类，可分为悬挂式堆垛机和地面支承式堆垛机。

①悬挂式堆垛机。它悬挂在巷道上方的轨道下翼缘上运行。其运行机构安装在堆垛机门架的上部。在地面上也铺设有导轨，使门架下部的导轮以一定的间隙夹持在导轨的两侧，从而防止堆垛机运行时产生摆动和倾斜。堆垛机的载货台（包括伸缩货叉、驾驶室）沿门架上下升降的动作是由安装在门架上部的升降装置来实现的。另外，堆垛机的集电装置也安装在门架的上部，通过电缆将电力输入驾驶室电气控制系统。

悬挂式堆垛机的优点在于：在设计门架（即金属结构）时，可不考虑横向的弯曲强度，钢结构自重可以减轻，加减速时的惯性和摆动减小，稳定静止所需的时间随之缩短。其缺点是运行、升降等驱动机构安装在堆垛机的上部，保养、检查与修理必须在高空作业，既不方便也不安全，而且仓库的屋顶或货架要承担堆垛机的全部移动载荷，从而增加了屋顶结构和货架的质量。

②地面支承式堆垛机。它的运行轨道铺设于地面上，堆垛机用下部的车轮支承和驱动；上部导轮用来防止堆垛机倾倒或摆动，在遥控时可兼作信号电缆吊架的导轨。与悬挂式堆垛机相比，这种堆垛机金属结构的立柱主要考虑轨道平面内的弯曲强度，因此，需要加大立柱在行走方向截面的惯性力矩。由于驱动装置均装在下横梁上，容易保养和维修，用于自动控制的传感器等也可安装在地面上，因此使用起来方便。

（2）按结构形式分类，可分为单立柱堆垛机和双立柱堆垛机，分别如图4-20和图4-21所示。

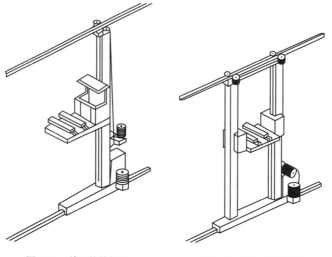

图 4-20　单立柱堆垛机　　　　图 4-21　双立柱堆垛机

①单立柱堆垛机的金属结构由一根立柱和下横梁组成。不同形式的单立柱堆垛机如图 4-22 所示。这种堆垛机的自重轻,但刚性较差,一般用在起重量 2t 以下、起升高度不大于 45m 的仓库。

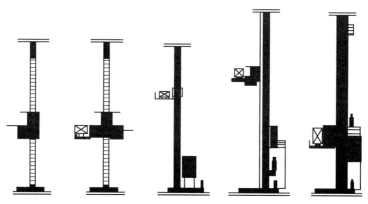

图 4-22　不同形式的单立柱堆垛机

②双立柱堆垛机的金属结构由两根立柱和上下横梁组成。这种堆垛机刚性好,运行速度高,能快速起动、制动,但自重较大。其起重量可达 5t,适用于各种起升高度的仓库,且能用于长大件货物的作业。

(3)按作业方式分类,可分为单元式堆垛机、拣选式堆垛机和拣选-单元混合式堆垛机。

①单元式堆垛机是对托盘(或货箱)单元进行出入库作业的堆垛机。

②拣选式堆垛机是由操作人员向(或从)货格内的托盘(或货箱)中存入(或取出)少量货物,进行出入库作业的堆垛机。它的特点是没有货叉。

③拣选-单元混合式堆垛机是具有单元式与拣选式综合功能的堆垛机。其载货台上既有货叉装置,又有驾驶室,可满足两种作业方式的要求。

2)巷道式堆垛机的性能参数

巷道式堆垛机的性能参数包括质量和载荷参数、尺寸参数、速度参数、工作性能参数和工作级别等。

(1) 起重量和载荷参数。

①额定起重量 G_n。G_n 是巷道式堆垛机的主要性能参数,它是巷道式堆垛机允许起升的货物和托盘(或货箱)的质量总和。

②总起重量 G_t。G_t 指被起升的货物、托盘(或货箱)、货叉、驾驶室、载货台、固定在载货台上的属具(包括动滑轮组、起重钢丝绳及其他零部件)及人的质量总和。

③堆垛机总质量 G_o。G_o 指巷道式堆垛机各部分质量的总和(包括机上电源装置、信号传输装置、控制柜、平衡重和润滑剂等)。

④轮压 P_o。P_o 指一个车轮传递到轨道或地面上的最大垂直载荷。按工况不同,分为工作轮压和非工作轮压。

(2) 速度参数。

巷道式堆垛机的速度参数主要包括水平运行速度、升降速度和货叉伸缩速度。

3) 巷道式堆垛机的基本组成

巷道式堆垛机由升降机构、运行机构、载货台及取物装置、机架等构成,以单立柱有轨巷道式堆垛机为例,其结构如图 4-23 所示。按运行机构所在位置的不同可以分为地面运行式、上部运行式、中间运行式等。其中地面运行式使用最广泛,这种形式的巷道式堆垛机一般用两个或四个车轮,沿铺设在地面上的单轨运行。在堆垛机的顶部有两组水平轮沿着固定在屋架下弦上的轨道导向。如果堆垛机车轮与金属结构通过垂直小轴铰接,堆垛机就可以走弯道,从一个巷道转移到另一个巷道工作,上部运行的堆垛机悬挂在位于巷道上方的工字钢下翼缘上运行,下部同样有水平轨导向。行走轮有带轮缘和无轮缘结构,当堆垛机货叉作业时,带轮缘的车轮会对车轮产生啃轨力。所以为防止啃轨现象,多采用无轮缘车轮,并在下横梁底部安装侧面导向轮。

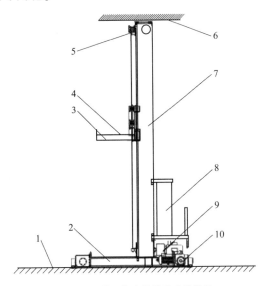

图 4-23 单立柱有轨巷道式堆垛机

1-下轨道;2-下横梁;3-载货台;4-货叉机构;5-提升滑轮;6-上轨道;7-立柱;8-电器控制柜;9-升降电机;10-行走驱动机构

载货台由支承取物装置的水平结构和安装升降导轮的垂直吊架两部分组成,通过钢丝绳或链条与起升机构连接,沿立柱导轨上下运动。载货台上装有取物装置、断绳安全装置、升降动滑轮、升降定滑轮、认址装置及探测器等。有驾驶室的堆垛机,驾驶室一般也装在载货台上,随载货台而升降。

载货台的形式较多,对只需要拣选货物的拣选式堆垛机,载货台上不设取物装置,仅在平台上放置盛货容器并配备方便容器移动的滚珠式、辊子式平台等。

有轨巷道式堆垛机的取物装置主要有两类:伸缩货叉和取货机械手。伸缩货叉一般应用于以标准托盘存取的集装化单元货物和货物体积、质量较大的场合。当存取小而轻且形状特殊的货物时,则使用取货机械手更为方便。取货机械手一般安装在载货台上,通过视频传感器和条码阅读器对货物进行识别和定位。

伸缩货叉式取物装置应用范围较广。货叉装置是堆垛机存取货物的执行机构,装设在堆垛机载货台上。货叉可以横向伸缩,以便向两侧货格送入(或取出)货物。根据其叉子的数量不同,可分为单叉货叉、双叉货叉和多叉货叉三种。最常见的是前两种。多叉货叉多用于特长货物的堆垛。货叉一般采用三级直线差动式伸缩货叉,由上叉、中叉、下叉(固定叉)及起导向作用的滚针轴承等组成,以减少巷道的宽度,且使之具有足够的伸缩行程。

货叉的伸缩机构主要有齿轮齿条式和链轮链条式两种,分别如图4-24和图4-25所示。两者的传动原理基本相同,都是由电动机通过限力矩联轴器、减速机、链轮和链条带动货叉传动齿轮(或链轮)使前叉或中间叉做伸缩运动。限力矩联轴器可防止货叉伸出时发生卡住或遇障碍物而损坏电动机。固定叉安装在载货台上;中间叉可在齿轮齿条或链轮链条的驱动下,从固定叉的中点向左或向右移动大约自身长度的一半;前叉可从中间叉的中点向左或向右伸出比自身长度一半稍长的长度。前叉由两根滚子链或钢丝绳驱动,链条或钢丝绳的一端固定在固定叉或载货台上,另一端固定在前叉上。

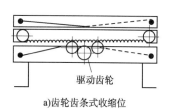 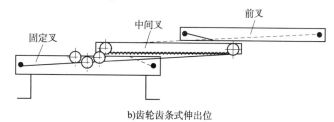

图 4-24 齿轮齿条式货叉伸缩机构

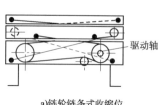 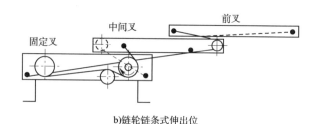

图 4-25 链轮链条式货叉伸缩机构

4)机架

机架由立柱和上、下横梁连接而成,是堆垛机的承载构件,有单立柱和双立柱之分。

5)安全保护装置

由于巷道式堆垛机是在又高又窄的巷道内快速运行的设备,因此对它的安全必须特别重视。除一般起重机常备的安全装置(如各机构的终端限位保护和电动机过热和过电流保护、控制电路的零位保护等)外,还应结合实际需要增加以下各项保护措施:

(1)运行保护。在运行和升降方向,距终端开关一定距离处设强制减速开关,以确保能及时减速。货叉伸缩机构只有在堆垛机运行机构和起升机构不工作时,才能起动;反之,如果货叉已离开中央位置,堆垛机运行机构便不能起动,而起升机构只能以慢速工作。

(2)钢丝绳过载和松弛保护。起升机构钢丝绳过载装置是控制堆垛机载货台受载情况的保护装置,其作用是当载货台上承受载荷超过最大或最小允许值时,通过钢丝绳的拉力大小,调节装置中的弹簧产生不同行程,从而切断起升装置电机回路电源,使装置及时停止运转。

(3)钢丝绳断绳保护。对于驾驶室随载货台升降的堆垛机,必须装设断绳捕捉器。断绳保护装置是由螺杆、压缩弹簧、左右安全钳及连杆机构等组成。其主要原理是在载货台滑轮组的U形板连接座下安装螺杆和压缩弹簧,当起升钢丝绳受载货台和货物质量的作用力时,使压缩弹簧处于压缩状态,一旦当钢丝绳断裂,即滑轮组失去载货台和货物的重力作用,同时压缩弹簧释放,带动连杆机构动作,使安全钳中的楔块向上运动,由于楔块的斜面作用使断绳保护装置夹紧在起升导轨上,从而保证载货台在断绳时不致坠落。

(4)下降超速保护。不论什么原因,一旦载货台下降发生超速现象,下降超速保护装置立刻将载货台夹住。

(5)其他保护装置和措施。

对于自动控制的堆垛机,除上述各种保护以外,还需增设下列安全装置:

(1)货格虚实探测装置。在入库作业中,货叉将货物单元送入货格之前,先用一个机械或光电探测装置检查一下该货格内有无货物。如果无货物,则伸出货叉将货物存入货格;如果已有货,则报警并停止后续的运作。

(2)空出库检测。在出库作业中货叉伸进货格完成取货动作之时,如果在货位上检测不到有货物存在,则报警。

(3)伸叉受堵保护。货叉伸出受堵时,伸缩机构传动系统中装设的安全离合器打滑进行保护。如果延续一定时间后,货叉仍未伸到头,则立即报警。

(4)货物位置和外形检测。如果货物单元在载货台上位置偏差超过一定限度,或者倒塌变形,检测装置便报警,堆垛机不能继续工作。

(5)货叉微升降行程限制。货叉在货格内做微升降时,用检测开关限制微升降行程或限制其动作时间,以防止货叉微升降过度,损坏货物、机构或货架。

(6)自检。对系统中的关键检测器件,如货位探测开关、货叉原位开关等采用软件自检措施,以及时发现并更换失灵器件。

(7)堆垛机开动前发出声光警告。

6)电气装置

巷道式堆垛机一般由交流电动机驱动,调速要求较高时宜用直流电动机。供电方式采用安全滑触线或电缆。

巷道式堆垛机的控制方式有手动、半自动、全自动和远距离集中控制四种。

(1)手动控制方式。手动控制是堆垛机最基本的控制方式。这种方式是由操作人员在驾驶室内,用手柄或按钮来进行行走、升降、货叉伸缩等动作。寻址、变速、对准等全部靠驾驶员来完成。该方式控制设备简单、经济,驾驶员劳动强度较大,作业效率较低,适用于出入库频率不高、规模不大的仓库。

(2)半自动控制方式。半自动控制方式是手动控制方式的改进,不同型号的半自动控制巷道堆垛机,其自动化程度也各不相同。有的堆垛机配置有自动停准功能,主要原理是在堆垛机上配置检测装置,可以自动发出堆垛机该停车的信号,该功能可显著提高堆垛机的作业效率,减轻驾驶员的劳动强度。除自动停准功能外,有的堆垛机还有自动换速、自动认址、自动完成货叉伸缩存取货物的功能。这种控制方式的控制设备除手动操纵器外,一般还设有简单的继电器逻辑控制装置。它具有经济实用、便于维修等优点,适用于出入库比较频繁、规模不大的仓库。

(3)全自动控制方式。全自动控制方式的主要特点是堆垛机无须驾驶员操作。在机上装有完成各项操作动作的设定器,操作人员站在巷道口的地面,通过机上设定器,设定出入库作业方式和地址等数据。机上装有自动认址装置和运动逻辑控制装置,在操作人员设定完成并按下启动按钮后,堆垛机开始自动运行、升降、寻址、停准及取货,实现堆垛机的自动操作。全自动控制方式具有操作简单、作业效率高等优点,适用于出入库频率高、堆垛机台数不多且未配置输送机的中小规模(货位一般不超过 2000 个)仓库。

(4)远距离集中控制方式。出入库作业的控制装置和地址设定器安装在地面集中控制室内。操作者通过设定器设定出入库地址和作业方式,并输入到地面或机上的控制装置(多为计算机)中,经过计算和判断,发出堆垛机运行的控制命令,实现堆垛机的远距离集中控制。由于地面控制装置远离巷道和堆垛机,因此需要配备堆垛机和地面控制室内的信息传送系统,传输方法常用有电缆传输和感应传输两种。这种方式适用于出入库频繁规模比较大(有多台堆垛机和输送机,库内货格数在 2000 个以上)的仓库,特别适用于低温、黑暗、有毒等特殊环境的仓库。这种方式可以节省人力,改善劳动条件,提高仓库作业效率,但初始投资和维护费用较高。

7)控制与管理系统

自动化仓库中的电气与电子设备主要指检测装置、信息识别装置、控制装置、监控调度设备、计算机管理设备、数据通信设备、显示设备及图像监视等设备。

(1)检测装置。为了实现对自动化仓库中各种作业设备的控制,并保证系统安全可靠地运行,系统必须具有多种检测手段,能够检测自动化仓库运行过程中的各种物理参数和相应的化学参数。对货物的外观检测及称重、机械设备及货物运行位置和方向的检测、对运行设备状态的检测、对系统参数的检测和对设备故障情况的检测都是极为重要的。通过对这些检测数据的判断和处理为系统决策提供最佳依据,使系统处于理想的工作状态。

(2)信息识别装置。信息识别装置是自动化仓库中必不可少的设备,它完成对货物品名、类别、货号、数量、等级、目的地、生产厂,甚至货位地址的识别。在自动化仓库中,为了完成物流信息的采集,通常采用条形码、磁条、光学字符和射频等识别技术。条形码识别技术在自动化仓库中应用最为普遍。

(3)控制装置。为了实现自动运转,自动化仓库内所用的各种存取设备和输送设备本身必须配备各种控制装置。这些控制装置种类较多,从普通开关和继电器,到微处理器、单片机和PLC，根据各自的设定功能，它们都能完成一定的控制任务。如巷道式堆垛机的控制要求就包括了位置控制、速度控制、货叉控制以及方向控制等，所有这些控制都必须通过各种控制装置去实现。

（4）监控调度设备。监控系统是自动化仓库的信息枢纽，它在整个系统中起着举足轻重的作用，负责协调系统各个部分的运行。有的自动化仓库系统使用了很多运行设备，各设备的运行任务、运行路径、运行方向都需要由监控系统来统一调度，按照指挥系统的命令进行货物搬运活动。通过监控系统的监视画面可以直观地看到各设备的运行情况。

（5）计算机管理设备。计算机管理系统（主机系统）是自动化仓库的指挥中心，它相当于人的大脑，指挥着仓库中各设备的运行。它主要完成整个仓库的账目管理和作业管理，并担负着与上级系统的通信和企业信息管理系统的部分任务。一般的自动化仓库管理系统多采用以微型计算机为主的系统，对比较大的仓库管理系统也可采用小型计算机。随着计算机的高速发展，微型计算机的功能越来越强，运算速度越来越高，微型计算机在这一领域中将日益发挥重要的作用。

（6）数据通信。自动化立体仓库是一个复杂的自动化系统，它由众多子系统组成。在自动化仓库中，为了完成规定的任务，各系统之间、各设备之间要进行大量的信息交换。例如，自动化仓库中的主机与监控系统的通信、监控系统与控制系统之间的通信，以及仓库管理机通过计算机网络与其他信息系统的通信等。信息传递的媒介有电缆、滑触线、远红外光、光纤和电磁波等。

（7）显示设备。自动化仓库中的各种显示设备是为了使人们操作方便、易于观察设备情况而设置的。在操作现场，操作人员可以通过显示设备的指示进行各种搬运、拣选作业。在中控室或机房，人们可以通过屏幕或模拟屏的显示，观察现场的操作及设备情况。

（8）图像监视设备。工业电视监视系统是通过高分辨率、低照度变焦摄像装置对自动化仓库中人身及设备安全进行观察，对主要操作点进行集中监视的现代化装置，是提高企业管理水平、创造无人化作业环境的重要手段。

此外，还有一些特殊要求的自动化仓库。例如，储存冷冻食品的立体仓库，需要对仓库中的环境温度进行检测和控制；存储感光材料的立体仓库，需要使整个仓库内部完全黑暗，以免感光材料失效而造成产品报废；存储某些药品的立体库，对仓库的湿度、气压等均有一定要求，因此需要特殊处理。

8）货物寻址技术

立体仓库的自动寻址就是自动寻找存放/提取货物的位置。计算机控制的自动化仓库都具有自动寻址的功能，一般由认址装置实现自动寻址。

认址装置由认址片和认址器组成。认址器即某种传感器，目前常用的是红外传感器。发送与接收红外光在同侧时，用反射式认址片，否则用透射式认址片。传感器通过认址片时会接收到0或1的信息，0表示未接收到红外光，1表示接收到红外光。由0、1组成的代码可以用于判断地址。

认址检测方式通常分为绝对认址和相对认址两种。绝对认址是为每一个货位制定一个绝对代码。为此，需要为每个货位制作一个专门的认址片。显然，绝对认址方法可靠性高，但是认址片制作复杂，控制程序的设计也十分复杂。

相对认址时,货位的认址片结构相同。每经过一个货位,只要进行累加就可以得到货位的相对地址。与绝对地址相比,相对地址可靠性较低,但认址片制作简单,编程也较简单。为了提高相对认址的可靠性,可以增加奇偶校验。

3. 其他机械设备

(1)输送设备。输送设备是立体仓库中的主要辅助设备,具有把各物流站衔接起来的作用,主要形式是输送机和运输车。输送机有辊式、链式、轮式、皮带式、滑板式和悬挂式等多种形式,运输车有自动导引车、有轨小车、梭式小车及地面运输车等。

(2)工业车。常用的工业车有机械铲车、人工叉车、工业链式车、室内吊车、平板运输车和专业工业车等。

(3)穿梭车。它是一种智能机器人,可以编程实现取货、运送、放置等任务,并可与上位机或 WMS(Warehouse Management System,仓库管理系统)进行通信,结合 RFID、条码等识别技术,实现自动识别、存取等功能。

穿梭车式仓储系统,将传统货架加上高精度导轨,可以让穿梭车在上面平稳运行,导轨同时承担货物输送和货物存储功能,从而极大提高仓储空间的利用率。堆垛机自动识别穿梭车并分配作业巷道,由穿梭车在巷道内存取货物,再由堆垛机完成出入库作业,从而实现仓库的全自动出入库管理。

子母穿梭车是一种密集式自动存取的仓储物流装置,子母穿梭车式货架如图4-26所示。母车在货架的横向轨道上运行,并自动识别作业巷道,释放子车进行存取作业,在一定程度上提高系统的自动化程度。换层提升机垂直输送货物,使子母车实现换层功能。

图4-26 子母穿梭车式货架

第五节 仓库附属设备

一、仓库月台装卸系统和设备

1. 出入库月台

出入库月台与装卸系统是仓库衔接各种运输车辆的固定设施,是实现仓库高效运转的一个至关重要的环节。月台高度一般在 1.2~1.4m 之间,其宽度要保证两人带货时能相向通行,且保证库门打开时,不碰到车辆,一般要求为 4m。一般都把出入库月台沿其长度方向修成一定坡度,利用仓库月台高度沿其长度方向的变化来适应不同的车辆。此外,还可装备手动的简易登车桥(也称"过桥"),用以协调仓库月台与载货汽车装载平面的高度差,使装卸工通过它将货物直接送到车上。

2. 仓库月台及其设备

仓库月台的基本作用是实现装卸货物、进出库货物暂存和车辆停靠,同时实现物流网络中线与节点的衔接转换。

仓库月台的装卸速度直接关系到仓库的出入库频率。仓库月台的形式一般有四种:侧面靠停仓库月台、锯齿形仓库月台、正面停靠仓库月台和港池型仓库月台,如图 4-27 所示。

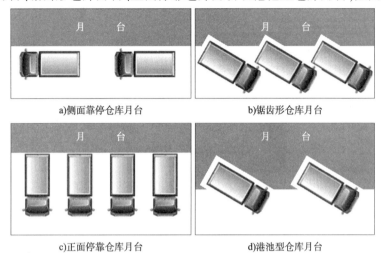

a) 侧面靠停仓库月台 b) 锯齿形仓库月台

c) 正面停靠仓库月台 d) 港池型仓库月台

图 4-27　仓库月台的四种形式

侧面停靠仓库月台和正面停靠仓库月台只能组织一条装卸线对车辆进行装卸。锯齿形仓库月台和港池型仓库月台可以实现两个或三个方向同时进行装卸的可能,但需要较大的月台面积。

对于保温仓库,为避免库门打开所造成的能源损失,一般不设置仓库月台而采用载货汽车控制卷闸门,并对卷闸门打开后的空间进行密封。

3. 出入库月台装卸系统

出入库月台装卸系统一般为半自动模式,即装卸过程中要辅以必要的人工操作,但人工操作量控制在一个合理的范围之内。

伸缩皮带装卸系统,如图 4-28 所示,一般用来装卸非托盘的包装货物。

悬挂输送机装卸系统,如图 4-29 所示,一般用于服装的装载,也可用于其他非托盘货如环状货物等的装载。

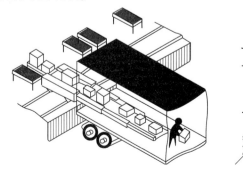

图 4-28　伸缩皮带装卸系统图

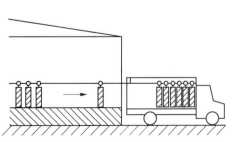

图 4-29　悬挂输送机装卸系统

移动的输送机装卸系统如图4-30所示。仓库内分拣完成后的货物可以通过多条并排安置的并能横向移动的辊子输送机将货物直接由仓库送到载货汽车上。辊子输送机通过输送机的横移机构可与库内任何一条输送线相连。一旦某输送机积货完成,移动的辊子输送机就可将该输送机与载货汽车相连,进行装载工作。卸载的过程与此相反。系统可用辊子输送机,也可使用链条式输送机。该系统可通过液压系统调节输送机高度,与载货汽车的装载平面对齐。

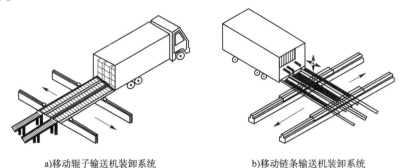

a)移动辊子输送机装卸系统　　b)移动链条输送机装卸系统

图4-30　移动的输送机装卸系统

二、计量设备

计量设备是利用机械原理或电测原理确定物质物理量大小的设备,主要包括用于仓库物资的验收、技术检查(验)计量、理化试验以及温湿度测量等的各种工具和仪器、仪表等。

根据计量方法的不同,计量设备可分为:质量计量设备,包括各种磅秤、地重衡、轨道衡和电子秤等;流体容积计量设备,包括液面液位计和流量计等;长度计量设备,包括检尺器和长度计量仪等;个数计量设备,包括自动计数器和自动计数显示装置等。仓库中使用最广泛的是质量计量设备。

仓库中应用的各种计量设备,都必须具有稳定性、灵敏性、正确性和不变性。

电子秤是进行质量计量的电子称重设备,主要由传力系统、称重传感器和显示仪表组成。

地重衡是一种地下磅秤,它将磅秤的台面安装在车辆行驶的路面上,使通过的车辆能够迅速称重,如图4-31所示。轨道衡是有轨式的地下磅秤,在有轨车辆通过时,称出车辆的总质量。

电子吊秤是在吊装货物的过程中就可以直接进行称重的计量装置。目前应用较为广泛且精度较高的电子吊秤有小车式电子吊秤和吊钩式电子吊秤。

自动检重秤是一种对不连续成件载荷进行自动称量的仪器。它能按照预先设定的质量大小对被称物品的质量进行检验,当被称物品不在设定的质量范围内时,自动检重秤能够自动检测出来,并从生产流程中将该物品剔除,同时发出报警信号。

电子皮带秤主要由秤体、称重传感器、测速传感器和显示控制器(仪表)组成,如图4-32所示。它根据重力作用对皮带输送机所输送的松散物料进行自动连续计量,广泛应用于电力、矿山、冶金、建材、轻工、港口及交通运输部门的动态计量和控制配料。

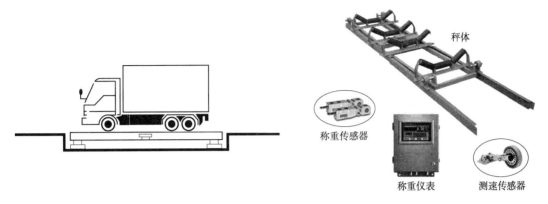

图 4-31 地重衡　　　　　　　　图 4-32 电子皮带秤

三、仓库养护设备

影响库存物资储存因素多种多样,而仓库温度、湿度条件是影响库存物资质量的两个最重要因素。为了使库内温、湿度条件符合物资养护条件标准,有时需要排除库内多余的热量,对库内温度、湿度进行控制,改善库内的储存环境,因此,需要设置各种不同的通风、减湿等设备来构成仓库养护系统。仓库养护设备主要有通风系统及通风机、减湿设备和空气幕等。

1. 通风系统及通风机

根据通风系统的动力大小,可以分为自然通风和机械通风两种方式。自然通风是依靠室内和室外的温度差所造成的热压,或建筑物在风力作用下造成的风压,以及气体的扩散作用来使室内和室外的空气进行交换。机械通风是指依靠通风机所造成的压力差,借助通风机管网来实现输送空气的方法。其中,机械通风又可分为进气式通风系统、排气式通风系统、联合式通风系统和空气调节系统。常用的通风机有离心式和轴流式通风机。

2. 减湿设备

空气的减湿方法有很多,在仓库中常用的方法有三种:吸湿剂减湿、通风减湿和冷却减湿。

3. 空气幕

空气幕是利用特制的空气分布器喷出一定速度、一定温度和一定厚度的幕状气流,借以封住门洞,减少或隔绝外界气流的侵入。空气幕常称为风幕。根据空气分布器的安装位置不同,空气幕可以分为侧送式、下送式和上送式。

四、仓库安全设备

1. 火灾自动报警设备

火灾自动报警技术,是早期发现火情,以便及时补救,不使其蔓延成灾,或尽可能减少损失的有效手段。一般火灾自动报警装置由火灾探测器和火灾报警器组成。

火灾探测器是利用一些敏感元件和电子线路,将火灾初期的烟雾、高温和火光等物理现象转变为电信号,然后送给报警器的一类特殊传感器。

火灾报警器是一种能向火灾探测器供电、接收、显示和传递火灾报警等信号,并能对自动消防装置发出控制信号的报警装置,它是火灾自动报警系统的重要组成部分。

2. 自动喷水灭火系统

自动喷水灭火系统是指由洒水喷头、报警阀组、水流报警装置(水流指示器或压力开关)等组件,以及管道、供水设施组成的自动灭火系统。按规定技术要求组合后的系统,应能在初期火灾阶段自动启动喷水灭火或控制火势的发展蔓延。按照系统的组成与技术特点,自动喷水灭火系统可划分为湿式、干式、预作用式和雨淋式四种类型。自动喷水灭火系统一般由洒水喷头、水流指示器、压力开关和末端试水装置等组成。

3. 防盗报警设备

防盗报警系统主要由防盗报警传感器和防盗报警控制器构成。前者设在保护现场,用来探测被监视目标。后者放在值班室,除了接受防盗报警传感器发送来的盗情信息并进行声、光报警外,还可实现报警部位指示、报警时间记录以及报警设备本身故障监控等功能。

4. 灭火器

灭火器是人们用来扑灭各种初期火灾的有效灭火器材,其中小型的是手提式灭火器,比较大一点的为推车式灭火器。不同的物质燃烧有不同的特点,必须根据其特点,有针对性地选择不同种类的灭火器进行灭火。

京东上海"亚洲一号"仓

"亚洲一号"是京东物流自建的亚洲范围内建筑规模最大、自动化程度最高的现代化智能物流项目之一。通过商品的立体化存储、拣选、包装、输送、分拣等环节,大规模应用自动化设备、机器人、智能管理系统,降低成本和提升效率。截至 2020 年 10 月,京东在全国范围内运营的仓库就有 28 座。

上海亚洲一号仓位于上海嘉定,是京东的"亚洲一号"上海物流中心。作为亚洲范围内 B2C(Business to Customer,商对客)行业内建筑规模最大、自动化程度最高的现代化物流中心之一,完美调度了 AS/RS、输送线、分拣机、提升机等自动化设备,极大支撑和推动了京东大平台的物流运营。"亚洲一号"项目分为两期,规划的建筑面积 20 万 m^2,其中投入运行的一期定位为中件商品仓库,总建筑面积约为 10 万 m^2。

运营支撑能力为普通客户订单处理能力达每日平均 10 万单;库容量最大可支持 10 万中件 SKU、约 430 万件商品的存储需求。项目分为 4 个区域:立体仓库区、多层阁楼拣货区、人工作业区和出货分拣区。

上海"亚洲一号"仓厂区内部整体布局如图 4-33 所示,共分为 3 栋建筑。

(1) A1 区为托盘立体仓库,立体仓库区域通高 24m,货物以托盘形式存放。立体仓库区域又分为存储区和拣货区。存储区为 14 个巷道,12 层,36288 个货位,托盘尺寸为 1200mm×1000mm×1350mm(长×宽×高,含托盘)。拣货区有 8 个巷道,其中存储一侧为 12 层,拣选一侧为 8 层,共 17280 个货位。

(2) A2 区为人工作业及阁楼货架区,一层为人工作业车间,二层为阁楼货架存储区。阁楼货架为 4 层,分托盘货架存储区和隔板货架存储区,由提升机为立体仓库补货。

(3) A3 区为发货分拣车间,共 3 层。第 1 层为分拣发货车间,第 2 层为复核打包区,第 3 层为促销品临时存放区,以输送分拣设备相连接。

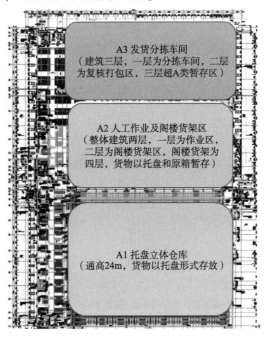

图 4-33　上海"亚洲一号"仓区域布局

该仓通过"收货—存储—补货—拣货—包装—分拣—发货"流程进行仓储管理。

(1) 收货流程。收货流程主要有供应商预约、分配月台、验收和上架。具体流程为:运输管理系统根据供货商提前预约进行收货月台动态分配,收货后人工码盘,由全自动缠膜流水线对托盘货物进行裹膜;入库验收完成后通过提升机补货至阁楼货架,还可以通过入库输送线等设备输送至立库区存储,完成上架操作。

(2) 存储流程。上海"亚洲一号"仓具备阁楼货架及立体仓库两种存储方式,促销品还有指定的超 A 品存放区。阁楼货架入库可以采用提升机及高位叉车进行补货,立体仓库通过环形输送线及堆垛机进行入库存储。

(3) 拣选流程。上海"亚洲一号"仓有两种拣选方式,一种为传统的阁楼货架拣选,另一种为托盘立体仓库拣选。阁楼货架拣选主要通过叉车、提升机等实现拣选。托盘立体仓库拣选并不是严格意义上的"货到人"拣选。立体仓库巷道一侧为 12 层标准货架,另一侧为 8 层拣选货架,每层货架搭一层钢平台,人员收到拣货信息后,通过信息提示到指定货位进行拣选。拣选完毕通过输送线输送至复合包装区域。当拣选一侧的托盘为空时,堆垛机自动从存储一侧取货补货。这种拣选方式比较新颖,将存储拣选功能和自动化结合在一起,并且不过多占用自动设备的效率。

(4) 包装流程。拣选完毕的货物通过自动化输送设备输送至包装区,人员进行出库货物信息复核及打包贴标。包装区分 6 个区域,每个区域单独一条输送线进行供货,在供货之前先进行一次分拣,使每个区域的货物流量平均。复核包装完毕通过下坡皮带机输送至分拣区进行分拣发货。全长6.5km、最高速度达2m/s的输送线遍布全场。通过分区分合流、动态平均分配确保流量均衡,其输送能力可达每小时15000包。

(5)分拣发货流程。复核包装完毕后,货物输送至一楼分拣区进行分拣。通过交叉带分拣机进行分拣作业。共6个供包台,对应楼上6个包装区、135个分拣口,对应上海地区及周边区域的发货口。

上海"亚洲一号"仓采用精准、高效、节能环保的交叉皮带分拣系统,分拣速度高达2.2m/s。中件包裹的处理能力约每小时20000件,分拣准确率可达99.99%。135个滑道直接完成站点细分,通过动力滚筒滑槽降低破损,提升客户体验。发货车辆有两种,一种为小型车配送上海市内区域,另一种为板车配送周边区域,故发货月台也设置两种形式进行兼容。

京东"亚洲一号"是集大型办公、存储及配送于一体的仓储项目,其最大的特点是高集成自动化。其集成了立体库堆垛机系统、输送系统、交叉带分拣系统、高速合流存储系统和AGV翻板小车自动分拣系统等多种先进设备系统,形成了行业领先的智能物流中心,并形成了以"亚洲一号"仓为中心的产业经济生态圈,促进了区域连通,助力了经济发展,是现代仓储的典型代表。

思考题

1. 仓库的主要性能参数是哪些?各有什么意义?
2. 常见的货架有哪些?各有什么特点?
3. 自动化立体仓库的构成有哪些?
4. 堆垛机由哪几部分组成?各部分的作用是什么?其主要性能参数有哪些?
5. 仓库附属设备都有哪些?各有什么作用?

第五章 分拣技术与装备

第一节 概述

依据《物流术语》(GB 18354—2021),分拣是指"将物品按一定目的进行分类、拣选的相关作业"。例如,将物品按品种、出入库先后顺序进行分门别类堆放的作业。分拣是完善送货、支持送货的准备性工作,是不同配送企业在送货时竞争和提高自身经济效益的必然延伸。

当物品的流通规模达到一定程度时,分拣就成为影响终端用户配送效率的重要环节。要迅速、准确地完成分拣,需要借助各种类型的分拣技术及装备。

分拣包括分和拣两个不同的作业过程。分是指分类,即按照物品的种类、流向、客户类别等对物品进行分组,并集中码放到指定场所或容器的作业。拣是指拣选,即按订单或出库单的要求,从储存场所拣出物品,并码放在指定场所的作业。分拣是各种物流配送中心最重要的物流作业活动之一。

一、分拣技术分类

按照物品分拣手段的不同,分拣可分为人工分拣、机械分拣和自动分拣三大类。

(1) 人工分拣。人工分拣基本上是靠人力搬运或利用最简单的器具和手推车等将所需要的货物分门别类地送到指定的地点。这种分拣方式劳动强度大,分拣效率低下。

(2) 机械分拣。机械分拣是以机械为主要输送工具,同时还要依靠人工进行辅助拣选。这种分拣方式多用于输送机(如板条式输送机、传送带、辊道输送机等),因此也被称为输送机分拣。使用这种方式分拣物品时,首先利用设置在地面上的输送机传送货物,然后由在各分拣位置配备的作业人员根据传送机上货物标签、色标及编号等分拣的标识进行拣选并将拣选出来的货物放到手边的简易传送带或场地上。这种分拣方式投资不大,可以减轻劳动强度,提高分拣效率。

(3) 自动分拣。自动分拣是应用专门的自动分拣系统对物品进行分拣,货物进入分拣系统直到送达指定的分配位置为止,都是按照分拣指令依靠自动装置来完成的分拣。这种装置由接收分拣指示信息的控制装置、计算机网络、搬运装置(负责把到达分拣位置的货物搬运到别处的装置)、分类装置(负责在分拣位置把货物进行分类的装置)、缓冲站(在分拣位置临时存放货物的储存装置)等构成。在此过程中,除了用终端的键盘、鼠标或其他方式向控制装置输入分拣指示信息的作业外,完全不需要人员参与。由于全部采用自动控制作业,自动分拣处理能力较强,分拣的货物数量较大,能够完全取代传统的人工作业,是现代物流配送中心最主要的分拣方式。

二、分拣信息与信息载体

1. 分拣依托的信息内容

无论是哪种分拣方式，在分拣过程中，都需要预先将分拣信息附着在物流单元上，分拣作业是在分拣信息的引导下，通过查找货位、拣取和搬运货物，并按一定的方式将货物分类、集中。分拣信息是对顾客的订单要求进行加工后产生的，包括基本部分、主要部分和附加部分。

基本部分包括每种货物的品名、规格、数量，订单要求的货物总量，货物发送单元的要求。

主要部分包括货物储位、拣货集中地、储备货物的补货量、储备货物的储存和补货登记。

附加部分包括货物的价格、代码和标签、货物的包装、货物发送单元的可靠性要求，以及货物发送单元的代码和标签。

2. 分拣信息的载体

分拣信息的传递通常借助以下载体进行：

（1）订单或交货单。可直接将订单或公司的交货单作为拣货指示。

（2）拣货单。可把原始的用户订单输入计算机，进行拣货信息处理后打印出来。这种方式的优点是避免订单或交货单在拣货过程中受污损，并能把产品储位编号显示在拣货单上。

（3）电子标签。最初是在货架上安装灯号来显示拣货位置，之后发展到在货架上安装电子标签，显示应拣取货物的位置和数量。

（4）条形码。经过扫描及计算机解码后，把条形码的"线条符号"转换为"数字号码"。通过条形码阅读器自动读取方式，能正确快速地掌握货物的分拣信息。

（5）射频识别器。射频识别器分为主动式和被动式两种。其中，主动式射频识别器具有内部电源供应器，用于供应内部集成电路所需电源以产生对外的信号，一般来说，主动式射频识别器拥有较长的读取距离和较大的内存容量，可以用来储存一些附加信息。被动式射频识别器将天线安装在移动设备上，把能接收和反射电波的标签安装在货物的存储位置上。当天线的作用范围接近货物时，立即读取标签上的信息并传给计算机。

（6）移动终端或计算机随行指示。这是在拣货台车上安装的辅助拣货的计算机或移动终端。在拣货之前，将拣货任务单输入终端设备，工作时，分拣人员用扫描器扫描拣货条形码，通过射频识别方式，从终端设备获知应拣货物及所拣货物的货位，根据终端设备的引导迅速而正确地拣取货物。

三、分拣作业

分拣作业的过程包括四个环节：行走、拣取、搬运和分类。拣货时，无论采用何种方法，拣货作业人员或分拣设备都必须识别并拣取货物，因此，形成了拣货过程中的人员/设备行走或货物运动。缩短人员或设备行走及货物运动的距离成为提高分拣作业效率的关键。无论由人员还是设备拣取货物，都必须首先确认待拣货物的品名、规格、数量等内容是否与分拣信息传递的指示一致。在拣货信息得到确认后，拣取过程由人工或自动化设备完成。在出货频率不是很高且货物的体积小、批量少，搬运物的质量在人力范围所及的情况下，可采用人工拣取方式；对于体积大、质量大的货物可以用叉车等搬运机械辅助作业，对于出库频率很高的货物应采用自动分拣系统。为了提高分拣效率，在收到多个客户的订单后，按批作业方式安排拣取,然后根据不同的客户或送货路线分类集中。有些需要进行流通加工的货物还可根据加工方法进行分类,加工完毕后再按一定方式分类。分类完成后,货物经过查对、包装就可以出货、装运和送货。

从分拣作业的四个基本过程可以看出,分拣作业所消耗的时间主要包括:①形成拣货指令的订单信息的处理时间;②分拣人员/设备行走或货物运动的时间;③准确找到并确认所拣货物及其数量所需的时间;④拣取完毕后将货物分类集中的时间。

因此,要提高分拣效率,应缩短上述四个作业时间。此外,防止分拣错误的发生,提高物、账的相符率以及顾客的满意度,降低作业成本,也是分拣作业管理的重要目标。

四、分拣方式与技术

在分拣作业过程通常有"人到货"或"货到人"两种拣选类别。"人到货"拣选是指货架不动,拣选人员/设备移动到货架前完成拣货。"货到人"拣选方式是指拣选人员/设备在固定位置,货物随托盘或分拣货架移动到拣选人员/设备面前完成拣货。

下面介绍常见的10种拣货技术。

1. 纸单拣货

纸单拣货属于人到货类型,是大多数分拣中心常用的解决方案。

纸单拣货的优点是作业简单,价格低廉;缺点是效率低,差错率高。

纸单拣货的适用场景为:分拣作业量较小;临时的仓库设施;低价值产品小批量发货;仓库作业人员低工资水平;仓库作业成本难以评估。

2. RF拣货(射频拣货)

RF拣货属于人到货类型,通过RF指示引导,拣货人员到达指定拣货位,扫描位置或产品条码验证。

RF拣货的优点是相对于纸单拣货精确度得到提升,准确率为99.0%~99.9%;投资成本相对较低。其缺点是扫描物品和处理RF会降低拣选效率;对于大量操作来说通常太慢。

RF拣货的适用场景为:可用于从收货到发货的货物分拣,确保所有库存移动的实时准确性;适合于慢/中速环境,其中条形码在产品或库存容器级别可用。此外,RF拣选也适用于项目特定数据采集至关重要的环境,如序列号。

3. 拣货小车拣货

拣货小车拣货属于人到货类型,语音或RF定向波次拣货到带拣货灯的移动推车。通常用于波次拣选环境(例如,每趟拣选12个订单)、每次分配给拣货容器的多个订单、操作员通过输送线拣货以及RF或语音或灯光确认拣货等情形。

拣货小车拣货的优点是通过在一次行程中拣选多个订单缩短行走时间,灵活性随着时间的推移方便添加更多的项目品种;准确率达99.0%~99.75%。其缺点是按库存单位计数的长拣选路径;手推车笨重,不便于操作,需要更宽的通道;流程需要高度的纪律性,才能将子订单/数量分类到正确的容器中。

拣货小车拣货的适用场景为:最适用于低速或中速拣货环境,在这种环境中,在货位上有大量慢速移动的SKU(库存保有单位)分布在一条长长的拣货路径上;适合装在不太重的容器内的SKU。

4. 电子标签拣货

电子标签拣货属于人到货类型,货物拣到输送线上;操作员被分配到输送机旁边的特定拣货区;每个拣货位置都配有一个指示灯和一个读数显示器;操作员扫描塑料箱/纸箱 ID 以确认订单的拣货任务;操作员按下发光按钮以验证拣货精度。

电子标签拣货的优点是为大容量吞吐量操作启用高速拣选订单;传送带减少行走时间;拥有最高水平的拣货精度,准确率达 99.95%~99.99%;可以支持动态工作负载平衡和挑选与传递。其缺点是系统成本是 SKU 计数的函数;每个拣货地点需要一个指示灯;每个区域一个 RF;数据捕获具有挑战性;需要准确补货。

电子标签拣货最适合在高速分拣环境中使用。

5. Voice 拣货

Voice 拣货属于人到货类型,语音拣选。通过无线语音设备传输给操作员分拣指令;通过耳机进行操作员对话,以验证拣货位置、项目代码、UPC(商品通用条码)或其他别名代码,以验证拣货精度;可选择与射频扫描结合,实现所需的数据采集功能。

Voice 拣货的优点是免提操作,非常适合处理整箱、重型或笨重物品;比纸张或 RF 拣选效率高 20%~30%,准确率达 99.95%~99.99%;操作员可以在所有区域工作;易于快速学习。其缺点是数据传输需要使用 RF 设备,从而减慢拣货过程;对于大量的分箱拣选环境来说可能太慢。

Voice 拣货最适用于高速全套拣箱环境;非常适合冷藏环境;适用于 SKU 种类多、分拣成本太高的分箱环境。

6. 水平旋转库

水平旋转库属于货到人类型,水平旋转库拣选。产品储存在水平旋转库的货仓位置,通常设置为每个操作员/拣货站 2~3 个货舱;旋转传送带将所需产品带给操作员;操作员一次选择一个或多个订单,并通过 RF 或语音终端进行确认;剩余的旋转传送带旋转以准备下一次拣选。

水平旋转库的优点是没有行进时间,因此选择率更高;无操作通道,高密度存储;可在较小的仓库占地面积内存储高库存品种;准确率达 99.85%~99.95%。其缺点是旋转库的补货需要等待时间,不能进行拣选。

水平旋转库的适用场景为:如果整个系统的设计是智能化的,可以同时补货和批量拣选多个订单,那么旋转库可以用来支持高速、高吞吐量的拣选环境;然而,更典型的应用是在吞吐量相对较低的情况下用于缓慢移动的部件存储;适合拣选高价值的小型货物。

7. Miniload AS/RS 料箱式堆垛机

Miniload AS/RS 料箱式堆垛机属于货到人类型。在接收时,产品被放置在标准化实体(容器或托盘)中,这些实体被传送到小型 AS/RS 系统的导入点;AS/RS 自动将容器存储并检索到存储缓冲区中;自动分拣系统将容器提取和存放到动态分拣位置;或传送到传送带,以传送到分拣工作站;操作员挑选所需的库存单位/数量,并将剩余库存的容器运回 AS/RS 存储位。

Miniload AS/RS 料箱式堆垛机的优点是没有行进时间,因此选择率更高;消除库存和补充劳动力;产品可存放在原纸箱中;非常狭窄的过道(例如 1m)用于 AS/RS 机器,因此可高密度存储;可在较小的仓库占地面积内容纳高库存品种;可部署到 18m 高;准确率达 99.95%~99.99%。其缺点是受限于机器的垂直和水平速度,吞吐能力属中低速水平。

Miniload AS/RS 料箱式堆垛机的适用场景为：需要高密度存储以最大限度减少仓库空间需求的各种慢速移动部件；需要快速订单周转时间或具有竞争优势的环境；需要安全存储环境或配套操作的产品。

8. 拣选自动存储拣选（AutoStore）

拣选自动存储拣选（AutoStore）属于货到人类型，在接收时产品被放置在标准化的容器中，然后被传送到 AutoStore 系统的导入点；机器人移动车辆在 X 轴、Y 轴上移动 5m 高的存储缓冲器，该缓冲器由垂直堆垛的托架组成。

AutoStore 的优点是没有行程时间，因此选择率更高；操作员可以同时选择一个或多个订单；消除库存和补充劳动力；无操作通道或空间损失；可在较小的仓库占地面积内容纳非常高的库存品种；拥有高度安全的存储环境；系统的灵活性高；准确率达 99.95%~99.99%。其缺点是限制在 5m 的产品高度使用；机器人使用电池，工作时间受限。

AutoStore 的适用场景为：需要高密度存储以最大限度减少仓库空间和质量的环境；需要安全存储环境的产品。此外，AutoStore 也适用于大批量零售的环境。

9. KivaSystems

KivaSystems 属于货到人类型。在接收时，产品被补充到货架上，由 KIVA 机器人回收和运输；在拣选时，KIVA 机器人将货架运到拣选站，操作员在拣选站进行连续拣选；操作员通常在激光指示器的帮助下同时采集多个订单，并将其点亮以确保准确性；机器人将货架送回存储区。

KivaSystems 的优点是没有行程时间，因此选择率更高；操作员通常可同时选择 1~6 个订单；可消除库存和补充劳动力；便于优化所有机器人活动以减少投资需求和提高劳动效率；向新建筑扩展或搬迁的系统灵活性高；准确率达 99.95%~99.99%。其缺点是系统无法充分利用高度；拣货站人机工程学不理想。

KivaSystems 的适用场景为：高度动态和不可预知的订单增长率环境；需要高度灵活性、适应性和可扩展性的环境；最低限度的基础设施与地板的联系；低天花板建筑。

10. Multi-Shuttle 多层穿梭车

Multi-Shuttle 多层穿梭车属于货到人类型。在接收时，分箱产品被放入标准实体（容器或托盘）中。完整的箱子可以原样存放；将货物运送到缓冲区的导入点。垂直升降机将容器运输至存储层。穿梭机器人可存储和取回货物；操作员通常在工作站挑选 1、6 或 24 个以上的订单；容器中的剩余库存由机器人穿梭机移回存储缓冲区。

Multi-Shuttle 多层穿梭车的优点是进货容器在被取走后的 1s 内呈现出来，这将产生最高水平的拣选生产力；人机工程学工作站可设计为操作员同时选择 1、6 或 24 个以上的订单；可消除库存和补充劳动力；拥有极高的吞吐量和高达 12m 的存储容量；穿梭机器人可以在垂直面上漫游，也可以在存储缓冲区的其他通道上漫游；准确率达 99.95%~99.99%。其缺点是高投资要求高产量，在拣选和码垛过程中需对容器进行排序（例如，确保最重的容器放在货架底部）。

Multi-Shuttle 多层穿梭车的适用场景为：极高的分拣吞吐量环境；快速的订单周转时间；高安全性/高可用性环境。

除了以上 10 种常用的拣选系统，还有一些其他类型的拣选系统。选择合适的拣选系统需要了解分拣中心的运营概况、产品的形状和尺寸、灵活性要求、整体吞吐量等。一般来说,当订单量超过 10000 条/日时,自动化分拣技术解决方案的优势更大。

第二节　分拣装备工作原理

分拣装备是仓库、配送中心完成物品拣选、分类、分放作业的现代化装备,是开展物流配送业务有力的技术保证。目前国内外大容量的仓库和配送中心中,几乎都配备有自动分拣机。近年来随着分拣技术的迅速发展,分拣系统的规模越来越大,分拣能力越来越高,应用范围越来越广,分拣装备已成为仓储装备中的重要设备。

一、分拣装备的分类与特点

1. 分拣装备的分类

根据分拣装备的作业性质,常把分拣装备分为拣选机械装备和分货机械设备两大类。

1) 拣选机械装备

拣选机械装备主要包括拣选式叉车、拣选式升降机、拣选式巷道堆垛机等。分拣作业用的拣选机利用电子计算机,可在其显示盘上显示要求拣选货物的品种、数量、层数,分拣人员根据显示盘的指令,便可把拣选机升或降到指定位置,直接进行拣选作业。对于回转货架,在拣选过程中,计算机根据指令让货架回转,回转货架把下一个要拣选的货格回转到拣选位置,拣选完一种货物之后,只要按一下电钮,拣选机就上升或下降到下一个需要拣选的货架,实现连续拣选。使用回转货架,拣选货物单元质量一般在 100kg 以下,拣选的生产率范围为 15～60 秒/件,拣选的物品一般为 400～800 种,最多可达 2000 多种。

2) 分货机械设备

分货机械设备又称分拣机。现代仓库和配送中心的分货工作大多由自动分拣机来完成。自动分拣机是将混在一起而去向不同的物品,按设定要求自动进行分发配送的设备。

2. 分拣装备的特点

分拣装备的特点如下:

(1) 能连续、大批量地分拣货物。由于采用大生产中使用的流水线自动作业方式,自动分拣不受气候、时间、人的体力的限制,可以连续运行 100h 以上,同时由于自动分拣装备单位时间分拣货物件数多,分拣能力是人工分拣系统的数倍。

(2) 分拣误差率很低。分拣误差率的大小主要取决于所输入分拣信息的准确性,准确程度又取决于分拣信息的输入机制。如果采用人工键盘或语音识别方式输入,则误差率在 3% 以上;如采用条码扫描输入,除非条码的印刷本身有差错,否则不会出错。目前,分拣装备系统主要采用条码技术来自动识别货物。

(3) 工作过程基本实现了无人化。自动分拣装备系统能最大限度地减少人员的操作,减轻员工的劳动强度。

二、分拣装备系统构成与工作原理

1. 系统构成

一个分拣装备系统主要由信息自动识别装置、控制装置、自动分拣装置、输送装置和分拣道口构成,并通过计算机网络连接在一起,配合人工控制及相应的人工处理环节,构成一个完整的自动分拣系统。

信息自动识别装置可完成货物外包装上包含货物品种、规格、数量、货位、货主等信息标签的自动识别。在货物入库时,根据标签上标明入库的货位代码,在输送货物的分叉处,可以正确引导货物的流向,堆垛起重机把货物存入指定的货位。当货物出库时,标签可以引导货物流向指定的输送机的分支上,再集中发运。在分拣系统中,常用的自动识别技术有条码技术和射频自动识别技术。

控制装置用来接收和处理分拣信号,根据分拣信号要求指示自动分拣装置进行货物分拣。分拣信号通过磁头识别、光电识别和激光识别等多种方式输入分拣控制系统,分拣控制系统判断这些分拣信号,从而决定某一种商品应该进入哪一个分拣道口。

自动分拣装置根据控制装置传来的指令对货物进行拣选。按照类型、货主、尺寸、质量等信息把货物输送到相应的输送机分支或倾斜滑道上去,完成货物的分拣输送。

输送装置的主要组成部分是传送带或输送机,用于完成货物从储存区到分拣道口的货物输送任务。一般要根据分拣任务的需要,在输送装置的一侧或两侧设置若干分拣道口,使已分类的货物滑下主输送机,以便进行后续作业。

分拣道口是已分拣货物脱离主输送装置进入集货区域的通道,一般由钢带、皮带、滚筒等组成滑道,使商品从主输送装置滑向集货站台。在分拣道口的末端,分拣作业人员将该道口的所有货物集中或是入库储存,或是组配装车并进行配送作业。

2. 工作原理

自动分拣装备的种类很多,结构上差异较大,但分拣的工作原理基本相同。

货物到达分拣点以前,先要经过输送、信号设定、合流、主传送带等工作过程。到达分拣点时,发出指令把货物传送到分拣机,由分拣机的瞬时动作将货物分拣到指定的滑道。为了把货物按要求分拣出来并送到指定地点,一般需要对分拣过程进行控制。通常是把分拣的指示信息记忆在货物或分拣机上。当货物到达时,将其识别并挑出,再开动分支装置,让其分流。控制方式分为外部记忆和内部记忆两种方式。外部记忆是把分拣指示标签贴在分拣货物上,工作时由识别装置将其区分,然后做相应的操作。内部记忆是在自动分拣机的货物入口处设置控制盘,利用控制盘,操作者在货物上输入分拣指示信息,该货物到达分拣位置时,分拣机接收信息,开启分支装置。在选择分拣系统时,控制方式的选择是一个需要考虑的重要因素,它对分拣系统的能力和成本有很大的影响,目前比较常用的分拣控制技术是扫描识别技术。

第三节 自动分拣系统

一、自动分拣系统的工作过程

自动分拣系统(Automated Sorting System,简称 ASS)的工作过程一般由货物合流输送、分拣信号设定、分拣和分流以及分运四个阶段完成。

(1)合流输送。对于待分拣的货物,首先要将其送入输送线。通常可采用人工搬运方式或机械化、自动化搬运方式送入,对大批量分拣的货物,也可以通过多条输送线送入分拣系统。由各条输送线输入的货物,都会合在主输送线上,形成合流输送,使货物在主输送线上连续地朝分拣道口方向运动。

(2)分拣信号设定。进入分拣系统的货物,要采用条码扫描或键盘输入等方式设定其分拣信号,即确定其在分拣线上的分流去向。采用条码扫描方式就是在货物运动过程中,通过固定的激光扫描器自动对其条码标签进行扫描,并将扫描采集的货物信息传送给计算机,以便计算机下达分拣指令;采用键盘输入方式就是在自动分拣机的入口处设置控制键盘,操作人员利用控制键盘向货物输入分拣指示信息,设定每件货物的分流去向。

(3)分拣和分流。货物在主输送线上运动时,根据分拣信号所确定的移动时间,使货物走到指定的分拣道口。该处的分拣操纵机构根据计算机指令自行起动,将货物拨离出主输送机,进入分流道口实现分流。大型分拣输送机可以高速地把货物分送到数十条输送分支上去。

(4)分运。分拣出的货物离开主输送线,经过滑槽或分流输送机到达分拣系统的终端,再由操作人员将货物集中搬入容器或搬上车辆,完成货物分运。

二、自动分拣系统的特点

(1)自动分拣系统完全摒弃了传统的人工货物分拣方法,采用高效、准确的自动化分拣技术,而且自动分拣系统不受气候、时间和人力等因素的限制,可以长时间持续运行,能够连续完成大批量货物的分拣,可以极大地提高分拣作业速度和效率,加速货物周转速度。

(2)采用电子化数据采集和传输技术,结合必要的仓库管理软件系统,可以真正实现配送中心的现代化管理,显著提高配送中心的物流速度与分拣准确率,为企业创造保持市场竞争优势的条件。

(3)自动化程度高,基本实现了无人化操作。现代自动分拣系统是现代机械技术、信息技术和智能控制技术的完美结合,分拣工人只需简单的操作就可以实现货物的自动进货、出库及装卸等作业,减轻了工人的劳动强度,节省了劳动力,提高了生产率。

(4)自动分拣系统不仅可以快速完成简单货物的储存与提取,而且可以方便地根据货物的性质、尺寸规格、配货要求及装卸要求等实现各种复杂货物的储存与提取。

(5)系统建设投资大,回收期较长。自动分拣系统的建设是一项较大的工程,一方面需要足够的场地条件和建筑设施,以保证分拣系统的空间布局;另一方面需要配置成套的设备,包括配套的机电一体化设备、计算机网络及通信系统等。大型自动分拣系统一般都与功能齐全的仓储系统配套应用,因而一般需要同时建设完善的仓库系统,并配备各种装卸搬运设备。因此,自动分拣系统的建设需要巨大的投资,建设自动分拣系统必须充分考虑其经济效益。

三、计算机辅助拣货系统

计算机辅助拣货系统(Computer Auxiliary Picking System,简称CAPS)以其先进、无纸化的特征,使仓库或配送中心的订单处理过程更加简单化。

计算机辅助拣货系统是由主控计算机来控制一组安装在货架储位上的电子装置,由灯号与显示板上数字的显示,引导分拣人员正确、快速地拣取、分类货物的一种辅助拣货系统。分拣的动作仍由人力完成。

这种拣货技术既可以用于批量拣选,也可以用于按单拣选,但是由于成本过高,在货品品项太多时不太适用,因此常被应用在 ABC 分类法的 A、B 类货品上。货品可以即时处理,也可以批量处理。电子标签拣货的效率约为 500 件/h,拣货的差错率仅为 0.01% 左右,拣货的前置时间为 1h 左右。

四、电子标签辅助拣货系统

电子标签辅助拣货系统的基本结构组成包括计算机主机、交换机、接线箱和控制器、电子标签、条形码扫描枪、条形码打印机和显示屏等。根据拣货作业方法的不同,电子标签辅助拣货系统可分为摘取式与播种式两种。

1. 摘取式电子标签

摘取式分拣方式示意图如图 5-1 所示。货架上安装的标签对应着商品,拣货人员依据标签的指示,自货架上将商品取下。其应用类型有以下两种:

(1)一人一单摘取。即一名拣货人员一次负责拣取一张订单,大部分拣货区采用质量型储存货架,如果安装了电子标签,就可以采用这种拣货方式。

(2)接力式摘取。一名拣货人员只负责某一部分拣货区的标签,当订单进入其负责的区域时,拣货人员只针对该区域亮灯的标签处拣货,拣货完成后将该订单的拣货箱传至负责下一个相邻区域的人员继续该订单的拣货,自己则进行下一订单的拣货作业。因此,一个订单在其拣货过程中是由不同的拣货人员接力完成的。大部分拣货区采用流利式的储存货架,如果安装了电子标签,就可以采用这种拣货方式。

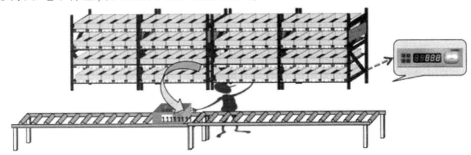

图 5-1　摘取式分拣方式示意图

2. 播种式电子标签

播种式分拣方式示意图如图 5-2 所示。货架上安装的标签对应着客户,拣货人员依据标签的指示将商品按批次汇总,然后分配至订购客户。其应用类型有以下两种:

(1)接力播种。其整体的作业方法与接力式摘取相同,作业人员只针对其负责区域中亮灯的标签对应的客户进行商品的分类作业,每一种商品的拣取是由不同的作业人员接力完成的。

(2)通道播种。此种作业是将整个播种区域划分为数个通道,各个通道独立作业,彼此互不影响,而一个通道所涵盖的客户即成为一个批次。从理论上讲,一个通道完成所有品项的播种分类后,可继续另一批次的播种分类。

图 5-2　播种式分拣方式示意图

播种式分拣系统由多组相同或类似的分拣线组成，当系统规模较小时可以只采用一组分拣线，当系统不断扩展后可以增加相应的分拣线。每组分拣线又可以采用纯人工推动、半自动或全自动输送，作业时各组系统可以单独作业或者按需组合作业，因此播种式分拣系统具有良好的扩展升级特性和系统柔性。摘取式分拣系统通常需要给大多数配送品种安装电子标签，其单套系统就已经占据了较大的作业场地，庞大的设备和作业量使其很难改变和调整。

第四节　自动分拣装备分类

自动分拣机的常见类型如下。

1. 带式分拣机

带式分拣机是利用输送带载运货物完成分拣工作的机械设备，按输送带的设置形式常分为平带式分拣机、斜带式分拣机和交叉带式分拣机三种类型。

1）平带式分拣机

平带式分拣机（图 5-3）的格口上设有挡板（或推板），货物到达格口时，挡板伸出将货物挡住，货物沿挡板卸入格口。平带式分拣机的分拣过程如下：分拣人员阅读编码带上的货物地址，在编码键盘上按相应的地址键，携带有地址代码信息的货物即被输送至缓冲储存带上排队等待。当控制柜中的计算机发出上货信号时，货物即进入平钢带分拣机。其前沿挡住货物探测器时，探测器发出货到信号，计算机控制紧靠探测器的消磁、充磁装置，首先对钢带上的遗留信息进行消磁，再将该货物的地址代码信息以磁编码的形式记录在紧挨货物前沿的钢带上，成为自携地址信息，从而保持和货物同步运动的关系。在分拣机每一个小格滑槽的前面都设置了一个磁编码信息读出装置，用来阅读和货物同步运行的磁编码信息。当所读信息就是该格口滑槽代码时，计算机就控制导向挡板，快速地运动到钢带上方，导向挡板和钢带运动方向呈 35°左右的夹角，可以顺利地将货物导入滑槽，完成分拣任务。平带式分拣机的适用范围较大，除了易碎、超薄货物及木箱外，其余货物都能分拣。其最大分拣质量可达 70kg，最小分拣质量为 1kg；最大分拣尺寸为 1500mm×900mm×900mm，最小分拣尺寸为 50mm×150mm×50mm；分拣能力可达 5000 箱/h，甚至更高。该分拣机的主要优点是强度高、耐用性好、可靠性程度高；缺点是需要设置较多的分拣滑道、系统平面布局比较困难。另外，平带式分拣机对货物冲击较大，设备价格及运行费用较高。

2）斜带式分拣机

斜带式分拣机(图5-4)与平带式分拣机的主要区别是卸包的方式不同,斜带式分拣机的格门垂直于斜带,格门打开,货物失去支持,在自重的作用下沿格门滑入格口。斜带式分拣机的最大优点是利用重力卸载,因而卸载机构比较简单,同时,可设置较多的分拣滑道,分拣效率比平带式分拣机高。

图5-3 平带式分拣机

图5-4 斜带式分拣机

3）交叉带式分拣机

交叉带式分拣机是一种独特的分拣设备。它由主驱动带式输送机和载有小型带式输送机的台车(简称"小车")连接在一起,其驱动行走方式比较独特,每个物件拥有一个独立的分拣单元,直至分拣完毕。当"小车"移动到所规定的分拣位置时,转动皮带,完成商品分拣送出的任务。因为主驱动带式输送机与"小车"上的带式输送机呈交叉状,故称交叉带式分拣机,如图5-5所示。交叉带式分拣机是为适应物流现代化、自动化、高速化而开发研制的新一代带式分拣机。该分拣机具有分拣出口多、可实现无落差分拣、可在分拣机两侧分拣等特点,使用该分拣机能够避免在分拣过程中物件受到冲击从而导致物件受损的情况发生。交叉带式分拣机主要适合分拣各类小件物品,如包裹、邮件、旅客行李、食品、化妆品及衣物等,其在邮政、快递和机场等物流分拣场所得到了广泛的应用。

2. 浮出导向式分拣机

浮出导向式分拣机是把货物从主输送机上托起,而将货物引导出主输送机的分拣机,它主要由两排旋转的滚轮组成,滚轮设置在传递带下面,每排由8~10个滚轮组成。滚轮也可设计成单排,主要根据被分拣货物的质量来决定设计为单排或双排。滚轮接收分拣信号后立即跳起,使两排滚轮的表面高出主传送带10mm,并根据信号要求向某侧倾斜,使原来保持直线运动的货物在一瞬间转向,实现分拣。浮出导向式分拣机由于分拣滑道多,输送带长,上料输送带一般有5条左右。主传送带的速度为100~120m/min,比输送带的速度要快得多。该分拣机对货物的冲击力较小,适合分拣底部平坦的纸箱、用托盘装的货物,但不能分拣很长的货物和底部不平的货物。浮出导向式分拣机适用于包装质量较高的纸制货箱,一般不允许在纸箱上使用包装带,分拣能力可达7500箱/h。该分拣机的优点是可以在两侧分拣,冲击小、噪声低、运行费用低、耗电少,并可设置较多分拣滑道。其对分拣货物包装形状的要求较高,不能分拣重物或轻薄货物,也不适用于木箱、软性包装货物的分拣。下面简单介绍滚轮浮出导向式分拣机和皮带浮出导向式分拣机。

1）滚轮浮出导向式分拣机

滚轮浮出导向式分拣机主要由一组可转向的滚轮组成,如图5-6所示。通常滚轮沉落在传送带下方,货物通过时不会接触到滚轮;执行分拣动作时,滚轮接收到分拣信号后立即浮出,使滚轮的表面高出主传送带 10mm,并根据信号要求向某侧分道口方向偏转,使快速直线运动过来的货物在接触滚轮的一瞬间迅速转向,完成货物分拣作业。滚轮浮出导向式分拣机的主输送装置可以采用整体式平皮带传动,也可以采用 5 条左右窄皮带传动组合,也有的采用辊道输送机。滚轮的排数可为单排或双排,每排一般有 8~10 个滚轮,一般主要根据被分拣货物的质量、体积和形状等因素来考虑选择。

图 5-5 交叉带式分拣机

图 5-6 滚轮浮出导向式分拣机

2) 皮带浮出导向式分拣机

皮带浮出导向式分拣机的主输送装置一般采用辊道输送机,在主输送线与分道口交接处装有一组小型皮带(或者链条)传动装置,作为皮带浮出式导向分拣机构,如图 5-7 所示。通常情况下,皮带(链条)沉在辊道输送机下方,而且不转动;执行分拣动作时,在控制装置的操作下使皮带(链条)浮出并朝分道口方向转动,皮带(链条)的表面高出辊道输送机,将货物托起,在皮带(链条)的传动作用下,将货物送入分流道口,完成货物分拣作业。这种分拣机的分拣速度一般不高,对分拣货物包装的形状要求较高,适合分拣底部平整的箱型货物和托盘货物,但不适合分拣底部不平的或软性包装的货物。

3. 托盘式分拣机

托盘式分拣机是一种应用十分广泛的机型,主要由托盘小车、驱动装置、牵引装置等构成。其中,托盘小车形式多种多样,有平托盘小车、U 形托盘小车、交叉带式托盘小车等。传统的平托盘小车和 U 形托盘小车利用盘面倾翻的方法依靠重力卸落货物,结构简单,但上货位置不准、卸货时间过长、容易造成高速分拣不稳定。交叉带式托盘小车的特点是取代了传统的盘面倾翻、利用重力卸落货物的结构,在车体上设置了一条可以双向运转的短传送带(称交叉带),用它来承接从上货机来的货物,由链牵引运行到相应的格口,再由交叉带运转,将货物强制卸落到左侧或右侧的格口中。交叉带式托盘分拣机如图 5-8 所示,该分拣机有下列两个显著优点:第一,能够按照货物的质量、尺寸、位置等参数来确定托盘带承接货物的启动时间、运转速度的大小和变化规律,从而摆脱了货物质量、尺寸、摩擦系数的影响,能准确地将各种规格的货物承接到托盘中部位置;扩大了上机货物的规格范围,在业务量不大的中小型配送中心,可按不同的时间段处理多种货物,从而节省了设备的数量和场地。第二,卸落货物时,同样可以根据货物质量、尺寸及在托盘带上的位置来确定托盘的启动时间和运转速度,可以快速、准确、可靠地卸落货物,能够有效地提高分拣速度、缩小格口宽度,从而缩小机器尺寸,有明显的经济效益。托盘分拣机的适用范围比较广泛,对货物形状没有严格限制,箱类、袋类、甚至超薄型的货物都能分拣,分拣能力可达 10000 件/h。

图 5-7　皮带浮出导向式分拣机

图 5-8　交叉带式托盘分拣机

4.翻板式分拣机

翻板式分拣机是用途较为广泛的板式传送分拣设备。它由一系列相互连接的翻板、导向杆、牵引装置、驱动装置、支承装置等组成,如图 5-9 所示。当货物进入分拣机时,光电传感器检测其尺寸,连同分拣人员按键的地址信息一并输入计算机中。当货物到达指定格口时,符合货物尺寸的翻板即受控倾翻,驱使货物滑入相应的格口。每块翻板都可由倾翻导轨控制向两侧倾翻。每次有几块翻板翻转取决于货物的长短,而且当货物翻落时,翻板同时按照顺序翻转,可使货物顺利地进入滑道,这样就能够充分利用分拣机的长度尺寸,提高分拣效率。翻板分拣机的适用范围大,可分拣箱类、袋类等货物,分拣能力可达 5400 箱/h。

5.滑块式分拣机

滑块式分拣机是一种特殊的板式输送机,其板面由金属管或板条组成,每块板条或每个管子上各有一枚能做横向运动的导向块,导向块靠在输送机侧边上,当被分拣货物到达指定道口时,控制器发出指令使导向滑块顺序地向道口方向滑动,把货物推入相应的分拣道口。由于导向块可以朝双侧滑动,因此也可在输送机两侧设置分拣道口,以节约场地空间。滑块式分拣机如图 5-10 所示,这类分拣机系统在计算机控制下自动识别、采集数据、操纵导向滑块,故被称为"智能型输送机"。这类分拣机震动小、不损伤货物,适合分拣各种形状、质量为 1~90kg 的货物。其分拣能力最高可达 12000 件/h,准确率高达 99.9%,是当代最新型的高速分拣机。

图 5-9　翻板式分拣机

图 5-10　滑块式分拣机

6.滚柱式分拣机

滚柱式分拣机是对货物进行输送、存储与分路的分拣设备。按处理货物流程需要,滚柱式分拣机可以布置成水平形式,也可以和提升机联合使用构成立体仓库,如图 5-11 所示。滚柱式分拣机的每组滚柱(一般由 3~4 个滚柱组成,与货物宽度或长度相当)各自均具有独立的动力,可以根据货物的存放和分路要求,由计算机控制各组滚柱的转动或停止。货物输送过程中,在需要积放、分路的位置均设置了光电传感器进行检测。当货物输送到需分路的位置时,光电传感器给出检测信号,由计算机分析,控制货物下面的那组滚柱停止转动,并控制推送器动作,将货物推入相应方向的支线,实现货物的分拣工作。滚柱式分拣机一般适用于分拣包装良好、底面平整的箱装货物,其分拣能力较强,但结构较复杂,价格也较高。

7. 悬挂式分拣机

悬挂式分拣机是用牵引链(或钢丝绳)作牵引件的分拣设备,如图5-12所示。按照有无支线,它可分为固定悬挂和推式悬挂两种机型。前者用于分拣、输送货物,它只有主输送线路、吊具和牵引链是连接在一起的;后者除主输送线路外还具备储存支线,并有分拣、储存、输送货物等多种功能。固定悬挂式分拣机主要由吊挂小车、输送轨道、驱动装置、张紧装置、编码装置、夹钳等组成。分拣时,货物吊夹在吊挂小车的夹钳中,通过编码装置控制,由夹钳释放机构将货物卸落到指定的搬运小车或分拣滑道上。推式悬挂式分拣机具有线路布置灵活、允许线路爬升等优点,普遍用于货物分拣和储存业务。悬挂式分拣机可悬挂在空中,充分利用空间进行作业,适合于分拣箱类、袋类货物,对包装物形状的要求不高,分拣货物质量大,一般可达100kg以上,广泛用于邮政、快递行业包裹分拣作业。

图5-11　滚柱式分拣机

图5-12　悬挂式分拣机

烟草配送中心分拣装备的应用

卷烟配送是烟草公司的一项主要业务,配送中需要对卷烟进行分拣作业。目前,我国绝大多数卷烟配送中心的作业方式是:面向全国卷烟工业企业购入卷烟,向持有卷烟销售许可证的零售户销售卷烟,以大箱为单位进货,以条为单位配送出库,是典型的流通加工型配送中心。传统的人工分拣作业存在的问题有使用人员多、劳动强度大、工作效率低和差错率高,更大的问题是不利于销售信息的管理。

在配送作业的各环节中,分拣作业是非常重要的一环,它是整个配送中心作业系统的核心。分拣作业是依据配送中心汇集的客户订单,尽可能迅速、准确地将卷烟从其储位或其他区域拣取出来,并按一定的方式进行分类、集中,等待配装送货的作业过程。在配送中心搬运成本中,分拣作业搬运成本约占90%;在劳动密集型配送中心,与分拣作业直接相关的人力占50%;分拣作业时间约占整个配送中心作业时间的30%~40%。因此,合理规划与管理分拣作业,对提高配送中心作业效率具有决定性的影响。依据作业自动化水平的高低,分拣方式主要有三类:电子标签辅助人工分拣、半自动化分拣和自动化分拣,目前普遍采用的是前两种。

电子标签辅助人工分拣是在数码显示器的指导下,进行人工摘取式分拣作业的工作模式,取代了过去的人工看单分拣。采用电子标签分拣使工作效率大大提高,差错率大大降低。分拣出的条烟经输送带进入打码、装箱等后续环节,也可以直接装进配送容器,通过容器在各个分拣工位的传输,依次完成订单的分拣工作。电子标签分拣系统通常由拣选货架、电子标签、订单分隔盒及带式输送机等设备组成。电子标签分拣系统的分拣能力取决于分拣的品种数量和配备的人员数,也与作业人员的熟练程度和疲劳程度有很大的关系。通常情况下,一条分拣线分拣品种能达到 80~100 种,分拣能力为每小时 6000~9000 条。由于人工分拣受客观因素和各种人为因素的影响较大,电子标签分拣系统的差错率较高,在 0.2/10000 以上。电子标签分拣模式非常适合分拣需求量较少及异型包装的卷烟。

半自动分拣装备,主要包括 A 字形分拣机和其他形式的立式分拣机和卧式分拣机。该类分拣设备的主要特点是人工补烟、单条出烟、人工辅助理烟、人工装箱等。例如,BCS-1 型条烟分拣机,可以储烟 75 条;人工补烟,经烟箱直接倒入,每次可以储烟 25 条,并且不中断分拣作业;分拣稳定快速,单台设备出烟速度达到每秒 2.5 条。由该设备设计的卷烟自动分拣线分拣品种可以达到 120 种,分拣能力为每小时 7000 条左右,差错率小于 0.1/10000,适合广大中小规模的烟草配送中心使用。

全自动分拣装备主要有规模较大的自动化分拣机,如通道式分拣机和高速卷烟自动分拣系统。此类系统有专门的补烟装置,提高了补烟效率,减轻了工人的劳动强度;可多条同时出烟,效率高;多重检测装置,提高可靠性;自动理烟、自动装箱等,自动化程度高,分拣效率高,处理量大,适合大批量卷烟的分拣。但由于设备结构复杂,造价偏高,而且体积庞大,使用维护技术要求高,不适合广大中小规模的烟草配送中心使用。

思考题

1. 什么是分拣?简述各种类型分拣方式的特点。
2. 简述分拣依托的信息内容。分拣信息传递依托的载体有哪几种?
3. "人到货"分拣方法与"货到人"分拣方法之间有何区别?简述常见的 10 种拣货技术。
4. 简述自动分拣机的工作原理。
5. 简述自动分拣系统的特点。

第六章　包装技术与装备

第一节　概　　述

商品通常总是和一定的包装联系在一起,有些商品的包装已经不仅是一件"外套",而是商品本身的一个有机组成部分。在国际贸易中,包装更有其特殊的意义,是主要贸易条件之一。商品包装还是提升商品附加值和企业品牌形象的有效手段。

物流包装不仅是现代物流中的重要环节,也是国民经济产业体系的重要组成部分,在生产、流通、消费活动中发挥着不可或缺的作用。

一、包装的定义与分类

依据《物流术语》(GB 18354—2021),包装是指"在流通过程中保护产品、方便储运、促进销售,按一定技术方法而采用的容器、材料及辅助物等的总体名称"。

在生产、流通和消费过程中,包装所起的作用不同,包装的类别也不相同。

1. 按包装在流通中的作用分类

(1)运输包装。运输包装是指以强化输送、保护产品为主要目的的包装,又称外包装。它具有保障商品的安全、方便储运装卸、加速交接、检验的作用。绝大多数商品,在长途运输过程中,需要进行运输包装。按其包装方式,可分成单件包装和集合包装。单件包装指货物在运输过程中作为一个计件单位的包装,常用的有箱、包、桶、袋等。集合包装是在单件包装的基础上,把若干单件组合成一件大包装,以适应港口机械化作业的要求。集合包装能更好地保护商品,提高装卸效率,节省运输费用。常见的集合包装方式有托盘、集装袋和集装箱。

(2)商业包装。商业包装又称销售包装或内包装,是指以促进销售为主要目的的包装,主要作用是保护商品、方便使用和促进销售,但是也应该符合销售地国家的法律和法规。包装的特点是外形美观,有必要的装潢,包装单位适于顾客的购买量以及商店陈设的要求,在流通过程中,商品越接近顾客,越要求包装有促进销售的效果。

2. 按包装适用的广泛性分类

(1)专用包装。专用包装是根据被包装物的特点进行专门设计和专门制造,只适用于某种专门产品的包装。

(2)通用包装。通用包装是不进行专门设计和制造,而根据标准系列尺寸制造的包装,通用包装可以包装各种标准尺寸的产品。

3. 按包装容器分类

(1)按照包装容器的变形能力分为软包装和硬包装。硬包装又称刚性包装,包装体有固定形状和一定强度;软包装又称柔性包装,有弹性,包装体可以有一定程度的变形。

（2）按照包装容器的形状分为包装袋、包装箱、包装盒、包装瓶、包装罐等。

（3）按照包装容器的结构形式分为固定式包装和折叠式包装和拆解式包装。固定式包装尺寸、外形固定不变,可拆卸折叠式包装通过折叠拆卸,在不需包装时缩减容积,以利于管理及返运。

（4）按照包装容器使用的次数分为一次性使用包装、多次使用包装和固定周转使用包装。

4. 按包装技术分类

按包装层次及防护要求,包装可以分为个装、内装、外装三类。

按包装的保护技术,包装可以分为防潮包装、防锈包装、防虫蚀包装、防腐包装、防震包装、危险品包装等。

二、包装的功能

1. 保护货物功能

在物流系统中,包装的主要作用是保护商品,避免在移动和储存过程中发生货损货差。一般来说,必须对货损的外界自然环境因素(如温度、湿度及其他因素)的影响作出估计,事先决定如何使包装的物品不受环境影响。

包装的货物保护功能主要有:①防止商品破损、变形。要求包装能承受在装卸、运输、保管过程中各种力的作用,如冲击、震动、颠簸、压缩等,形成对外力破坏的防护作用。②防止商品发生化学变化。要求包装能在一定程度上起到阻隔水分、溶液、潮气、光线、空气中酸性气体的作用,以及对环境、气象的影响进行防护的作用。③防止腐朽、霉变、鼠咬、虫食。要求包装有阻隔霉菌、虫、鼠侵入的能力,起到防护作用。④包装还有防止异物混入、污物污染,以及防止丢失、散失的作用。

2. 提高效率功能

包装的结构造型、辅助装置通常能使产品更易于装卸、搬运、多层堆码并充分利用运载工具与库存容积。例如在包装的外部结构形式中,小型包装便于人工作业;大型包装、集装则适于叉车及各种起重机机械作业。同时,按照商品外形和标准订单数量包装商品也有助于提高物流活动的生产率。例如:减小包装尺寸,可以提高包装的利用率;通过将多个商品集中、组合进行包装可以提高物流各环节操作效率。而在非集装化的物流中,物流各环节间的换装、运输、包装成本以及为防止货损、货差所采取的措施和保险成本将导致增加大量的时间与成本。因此,通过集装化可提高效率是显而易见的。

3. 传递信息功能

物品包装通常通过表面的各类文字、图片、编码等方式传递各种信息,例如制造厂、商品名称、容器类型、个数、通用的商品代码等。在收货入库、拣选和出运查验过程中,包装箱上的信息可以用来识别商品、标示物品状态。物流包装能在收货、储存、取货、运输的各个过程中跟踪商品。

第二节 包 装 技 术

物流包装技术主要有物理防护包装技术(防潮包装技术、气调包装技术、危险品包装技术)、力学防护包装技术(主要指防震包装技术或称缓冲包装技术)、生化防护包装技术(防锈包装技术、防霉包装技术、无菌包装技术、防虫害包装技术)和辅助包装防护技术(捆扎包装技术、封合包装技术、收缩与拉伸包装技术)。以下重点介绍内包装中常用的技术。

一、防震包装技术

在物流过程中,包装件会受到来自运输、配送、装卸搬运、堆码等活动的冲击、震动和压力的作用,如果不加以防护会导致物品损坏。防震包装技术主要是为减少这些外力作用而采取的防护措施。防震包装技术可以通过在包装内采用防震材料吸收外部的震动或冲击力,防止运输中因震动或冲击而造成物品损伤。

1. 防震材料

防震材料是置于被包装产品和外包装之间,用来吸收冲击、震动等外力而保护包装产品的部分,通常要求防震材料具有良好的震动或冲击吸收能力、良好的变形复原能力、较强的温度适应性、吸湿性小、pH 值适中等特性。常用的防震材料主要有:①气泡结构材料,如橡胶、泡沫塑料、气泡薄膜等;②纸类,如瓦楞纸、牛皮纸等;③动物纤维,如猪鬃、羊毛、羊毡、鸭绒等;④纤维素类,如木丝、纸屑、稻草等。

2. 防震包装方法

防震包装的主要方法可分为全面防震包装法、部分防震包装法和悬浮式防震包装法。

1) 全面防震包装法

全面防震包装法,是指内装物和外包装之间全部用防震材料填满以进行防震的包装方法。根据所用防震材料不同可分为如下几种:

(1) 压缩包装法。压缩包装法是用缓冲材料把易碎物品填塞起来或进行加固,这样可以吸收震动或冲击的能量,并将其引导到内装物强度最高的部分。所用缓冲材料一般为丝状、薄片状和粒状,以便对形状复杂的产品也能很好地填塞,防震时能有效地吸收能量,分散外力,有效保护内装物。

(2) 浮动包装法。浮动包装法与压缩包装法基本相同,所不同之处在于所用缓冲材料为小块衬垫,这些材料可以移动。这样可以有效地充满直接受力的部分的间隙,分散内装物所受的冲击力。

(3) 裹包包装法。裹包包装法是采用各种类型的片材把单件内装物裹包起来放入外包装箱盒内。这种方法多用于小型、轻质物品的包装上。

(4) 模盒包装法。模盒包装法是利用模型将聚苯乙烯树脂等材料做成和制品形状一样的模盒,用来包装物品达到防震作用。这种方法多用于小型、轻质物品的包装上。

(5) 就地发泡包装法。就地发泡包装法是以内装物和外包装箱为准,在其间填充发泡材料的一种防震包装技术。这种方法很简单,主要设备包括盛有异氰酸酯和盛有多元醇树脂的容器及喷枪。使用时首先需把两种材料的容器内的温度和压力按规定调好,然后将两种材料混合,用单管通向喷枪,由喷头喷出。喷出的化合物在 10s 后即开始发泡膨胀,不到 40s 的时间即可发泡膨胀到本身原体积的 100~140 倍,形成的泡沫体为聚氨酯,经过 1min,变成硬性和半硬性的泡沫体将物品包住。

2)部分防震包装法

对于整体性好的物品和有内包装容器的物品,仅在物品或内包装的拐角或局部地方使用缓冲材料进行衬垫即可,这种方法即部分防震包装法。它是指采用缓冲衬垫(角衬垫、棱衬垫、侧衬垫)对物品拐角、棱或侧面等易损部位进行保护的技术方法。所用缓冲材料主要有泡沫塑料、瓦楞纸板、蜂窝纸板、充气塑料薄膜和橡胶弹簧等。

3)悬浮式防震包装法

对于某些贵重易损的物品,为了有效地保证在流通过程中不受损害,往往采用坚固的外包装容器,把物品用带子、绳子、吊环、弹簧等物稳定地悬吊在外包装中,不与四壁接触。这些支撑件起着弹性阻尼器的作用。这种包装适用于精密、脆弱物品的包装,如大型电子计算机、电子管和制导装置等。此外,悬浮式防震包装法在军用包装中使用较多,要求包装容器有较高的强度。

二、防锈与防霉包装技术

为了隔绝或减少周围环境中的水汽、氧气和其他污染物对金属制品表面的影响,防止发生锈蚀而采用的包装技术称为防锈包装技术,也称封存包装技术。常用的防锈包装技术有防锈油脂封存包装技术、气相缓蚀剂防锈封存包装技术、可剥性塑料封存包装技术、封套防锈封存包装技术等。

有机物构成物品诸如农产品、食品、卷烟、纺织品、毛制品、橡胶制品、皮革制品、纸与纸板等,容易受霉菌侵袭而发生霉变和腐败,故需要对这些物品实施防霉包装技术。常用的防霉包装技术主要有化学药剂防霉包装技术、气相防霉包装技术、气调防霉包装技术、温控防霉包装等。其他防霉腐包装技术主要有干燥防霉腐包装技术、电离辐射防霉腐包装技术、紫外线包装技术、微波包装技术、远红外线包装技术和高频电场防霉腐包装技术。

三、收缩包装与拉伸包装技术

收缩包装技术是指利用有热收缩性能的塑料薄膜裹包物品或包装件,然后迅速加热处理,使包装薄膜受热自行收缩,紧贴包紧被包装物品的一种包装方法。

收缩包装技术的基本原理为:对于在聚合物玻璃化温度以上拉伸并迅速冷却得到的塑料薄膜,如果重新加热,则能恢复到拉伸前的状态。收缩包装技术是利用薄膜的热收缩性能,即将大小适宜(一般比物品的尺寸大10%)的热收缩薄膜套在被包装物品的外表面,然后用热风烘箱或热风喷枪加热几秒钟,薄膜会立即收缩,紧紧包裹在物品的外表面,从而达到便于流通的目的。

拉伸包装技术是指利用能够拉伸的塑料薄膜在常温条件下对薄膜进行拉伸,然后对物品或包装件进行裹包的一种包装方法。

拉伸包装技术的基本原理为:拉伸包装技术是通过机械张力的作用,将薄膜围绕物品进行拉伸。由于薄膜拉伸后具有自黏性和弹性,将物品裹紧,然后进行热合。薄膜由于要经受连续张力的作用,因此,需要具有较高的强度。拉伸包装不需要热收缩设施与设备,节省固定资产投资及维护费用,也节约能源。因包装作业过程不需要加热,很适合遇热易变质的物品,如生鲜食品、冷冻及冷藏物品等。

四、现代集合包装技术

1. 集合包装技术

集合包装是指将若干包装件或商品组合在一起形成一个适合运输的单元。集合包装能促使装卸及包装合理化;方便运输、保管作业及管理,能够有效利用运输工具和保管场地的空间,大大改善环境。

2. 缠绕包装技术

缠绕包装技术采用特定配方与工艺技术制成缠绕拉伸薄膜,通过应用先进电子技术和精湛的机械制造工艺制成缠绕包装机,将各种外形规则或不规则的产品包裹成一个整体,使货物能受到保护,防止擦伤、碰伤、破损、散失,减少因包装不善带来的经济损失。

3. 危险品及其他包装技术

1) 危险品包装技术

危险品包装技术就是按照危险品的性质、特点,根据有关法令、标准和规定专门设计的包装技术与方法。危险品的运输包装上必须标明不同性质、类别的危险货物标志以及装卸、搬运的要求标志。

2) 防虫、鼠害包装技术

在包装物品时,放入一定量的驱虫剂以达到防虫害的目的。包装物品的容器也应当做防虫处理。例如,竹片或条筐必须经过消毒或熬煮;所用糨糊应添加防腐剂,防止害虫滋生;注意不要使处理包装材料的药剂与所包装的物品直接接触。

3) 无菌包装技术

无菌包装技术是指被包装的物品在包装前经过短时间的灭菌,然后在包装物、被包装物、包装辅助器材均无菌的条件下,即在无菌的环境中进行充填和封合的一种包装技术。

第三节 包装机械

常见包装机械的基本结构主要由进给机构、计量装置、传动机构、输送机构、动力部件、控制系统、机身与操作系统组成。其中,进给机构主要用于被包装产品和包装材料及容器的进给;计量装置在物料供送前或供送过程中,进行包装物计量;传动机构起着动力传送的作用,直接驱动各执行机构,完成包装作业,在包装机械中占有重要地位;输送机构将包装物品和已经包装好的产品,从一个工位送到另一个工位上,以致最后把包装制品输送入库;最常见的动力部件是电动机;控制系统按照控制对象状态的不同,可分为流体自动化控制和机械自动化控制,其中流体控制是利用流体的各种控制元件(各种阀、缸等)及装置组成控制回路以进行自动控制,机械控制则借助机械零件和机械设备进行控制;机身主要用来安装包装机械的部件和设备;操作系统用于对设备进行操作和控制。

包装过程大多包括填充、裹包、封口等主要工序,以及与其相关的前后工序,如清洗、堆码和拆卸等。因此根据包装的程序,包装机械可分为填充机械、灌装机械、封口机械、裹包机械、捆扎机械、贴标机械、封箱机械喷码机以及包装辅助设备。

1. 填充机械

填充机械是将包装物料按预定量填充到包装容器内的填充设备,一般由计量装置、填充装置和封口装置等组成,主要用于包装粉末状、颗粒状、小块状的固体物料和膏状物料。实际生产中,由于产品的性质、状态、要求的计量精确度和填充方式等因素的不同,出现了各种各样的填充机械,主要有计数式填充机、容积式填充机及称重式填充机,分别如图6-1~图6-3所示。

图6-1　计数式充填机　　　　图6-2　容积式充填机　　　　图6-3　称重式充填机

2. 灌装机械

灌装机械是指将液体产品按预定量灌注到包装容器内的包装机械,一般称为灌装机,自动称重式灌装机如图6-4所示。灌装机一般由包装容器供给装置、灌装液体供给装置和灌装阀组成。它主要应用于食品领域的饮料、乳品、酒类、植物油和调味品等液体物料的包装,还包括洗涤剂、矿物油以及农药等化工类液体的包装。从生产的自动化程度划分,可分为半自动灌装机和全自动灌装生产线;从对物料的包装角度划分,可分为液体灌装机、膏体灌装机、粉剂灌装机和颗粒灌装机。

3. 封口机械

封口机械是将充填有包装物的容器进行封口的机械,在产品装入包装容器后,为了使产品得以密封保存、保持产品质量、避免产品流失,需要对包装容器进行封口,这种操作是在封口机械上完成的。

制作包装容器的材料很多,如纸类、塑料、玻璃、陶瓷、金属、复合材料等,包装容器的形态及物理性能也各不相同。常用的封口机械主要有热压式封口机、缝合式封口机、卷边式封口机和瓶盖旋合封口机。图6-5所示为一种在线式铝箔封口机。

图6-4　自动称重式灌装机　　　　图6-5　在线式铝箔封口机

4.裹包机械

裹包机械是用薄型挠性材料(如玻璃纸、塑料膜、拉伸膜、收缩膜等)裹包产品的包装装备,广泛应用于食品、烟草、药品、日用化工用品及音像制品等领域。裹包机械种类繁多、功能各异,按裹包方式可分为折叠式裹包机、接缝式裹包机、覆盖式裹包机、贴体式裹包机、拉伸式裹包机、缠绕式裹包机等。

折叠式裹包机是指用挠性材料裹包产品,将末端伸出的裹包材料按一定的工艺方式进行折叠封闭,通常适用于包装长方形的货物,外观整齐,视觉效果好;缠绕式裹包机适用于大宗货物的集装箱运输及散件托盘的包装。裹包机械广泛应用于外贸出口、家具、电子电器产品、食品饮料、印刷造纸、制瓶、玻璃、陶瓷、工艺品、半成品周转及参展物品/机械的中转等行业,具有性能稳定、操作简单、使用可靠等特点。图6-6所示为一种托盘在线裹包机。

5.捆扎机械

捆扎机械是利用带状或绳状捆扎材料将一个或多个包件紧扎在一起的机械,属于外包装装备,对流通货物进行机械捆扎,可以起到减小体积、加固包件的作用,便于装卸、运输和保管。

各种类型的捆扎机的结构基本相似,主要由导轨和机架、送带机构、收带紧带机构、封接装置和控制系统组成。捆扎机械广泛用于食品、医药、五金、化工、服装等行业,适用于纸箱打包、纸张打包、包裹信函打包、药箱打包、轻工业品打包、五金工具打包、陶瓷制品打包、汽车配件打包、日化用品打包、文体用品打包、器材打包等各种大小货物的自动打包捆扎。图6-7所示为自动打包机。

图6-6 托盘在线裹包机　　　　图6-7 自动打包机

6.贴标机械

贴标机械主要用于包装外表面的贴标,医药、食品、润滑油、化妆品等行业常使用贴标机械对两个对应表面进行贴标。目前市场上提供了多种贴标机械,主要有扁瓶贴标机、单面贴标机、侧面贴标机、洗发水瓶贴标机、不干胶贴标机、自动贴标机、全自动贴标机、两面贴标机等。图6-8所示为不干胶自动贴标机。

7.封箱机械

封箱机械是用于对包装纸箱箱口进行封合的包装机械,具有自动封箱、自动捆扎、光电感应、精确无误、自动输送、自动转向等功能,可调节打包距离。图6-9所示为封箱机。

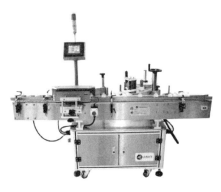 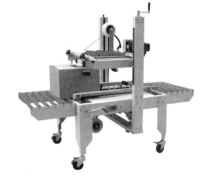

图 6-8　不干胶自动贴标机　　　　　图 6-9　封箱机

8. 喷码机

喷码机广泛应用于食品、饮料、化工、建材、制药和塑胶等行业,可根据需要喷印中文、英文、数字、日期、批号等信息。图 6-10 为手持式喷码机。

9. 包装辅助设备

包装辅助设备主要包括清洗机、干燥机、杀菌机等。清洗机是指对包装容器、包装材料、包装物、包装件进行清洗以达到预期清洁度要求的机器,主要包括干式清洗机、湿式清洗机、机械式清洗机、电解清洗机、电离清洗机、超声波清洗机、组合式清洗机等,如图 6-11 所示。干燥机是指对包装容器、包装材料、包装辅助物以及包装件上的水分进行去除,并进行预期干燥的机器,主要分为热式干燥机、机械干燥机、化学干燥机、真空干燥机等,如图 6-12 所示。杀菌机是指对产品、包装容器、包装材料、包装辅助物以及包装件上的有害生物进行灭杀,使其降低到允许范围内的机器,主要包括高温杀菌机、微波杀菌机等,如图 6-13 所示。

 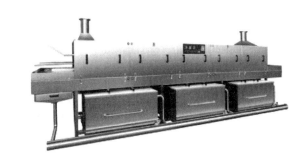

图 6-10　手持式喷码机　　　　　图 6-11　清洗机

图 6-12　干燥机　　　　　图 6-13　杀菌机

第四节 包装自动生产线

一、包装自动生产线概述

随着包装产业的迅猛发展,产品的包装不再是单机完成一道道工序、生产效率极低的作业过程了,取而代之的是包装流水线及包装自动生产线。

包装自动生产线又称自动包装线,即按包装的工艺过程,将自动包装机和有关辅助设备用输送装置连接起来,再配以必要的自动检测、控制、调整补偿装置及自动供送料装置,成为具有自动控制能力,同时能使被包装物品与包装材料、包装辅助材料、包装容器等按预定的包装要求、工艺要求和工序,完成商品包装全过程的工作系统。在我国,包装各行业中已广泛地应用着不同程度的包装流水线和包装自动生产线。包装自动生产线的建立,不仅提高了产品包装质量和包装速度,减轻了工人劳动强度,减小了占地面积,而且为产品包装过程的连续化、高速化奠定了基础。

1. 包装自动生产线基本组成

自动包装线的类型很多,所包装的产品不一,但总体来讲,它主要由自动包装机、输送装置、控制系统、辅助工艺装置等组成。

1) 自动包装机

自动包装机是一种无须操作人员直接参与,各机构能自动实现协调动作,在规定的时间内完成包装操作的机器。它是包装自动生产线中的主要工艺设备,是自动线的主体。其动作主要包括包装材料(或包装容器)与被包装物料的输送与供料、定量、充填、包封、贴标等。各种灌装机、充填机、装盒机、装箱机、捆扎机等,均为自动包装机。

2) 输送装置

输送装置是将各台自动包装机连接起来,使之成为一条自动线的重要装置。它不仅担负包装工序间的传送作用,而且使包装材料(或包装容器)、被包装物品进入自动线,以及成品离开自动线。自动线上常用的输送装置大体分为重力式、动力式以及其他输送装置三类。

(1) 重力输送装置。它是利用物品的重力克服输送过程的摩擦力完成输送,故不需要动力,其结构较简单。但这类装置只能由高处向低处输送,且输送时间难于精确保证。常见的重力输送装置有输送槽、滚道和滑轮输送道等。

(2) 动力输送装置。它是利用动力源(一般是电动机)的驱动使物品得以输送,是包装线中最常用的输送装置。它不仅可实现由高处向低处的输送,还可实现由低处向高处的输送,且输送速度稳定可靠。常用的动力输送装置有带式输送机、动力滚道、链式输送机和链板式输送机等。

(3) 其他输送装置。为适应不同物品材料的特性,还有一些特殊输送装置,如:对钢铁材料物品,可采用磁性输送装置;对一些质量较小的圆形或薄形物品,则可采用摩擦带输送装置等。

3) 控制系统

在包装自动线中,控制系统起着类似人类神经系统的作用,它将自动线中所有的设备连接成一个有机的整体。控制系统主要包括工作循环控制装置、信号处理装置及检测装置。随着科学的进步,各种新技术如光电控制、数控技术、电脑控制等在自动线中大量被采用,使其控制系统更趋完善、更加可靠且效率更高。

4)辅助工艺装置

在包装自动线中,为满足工艺上的要求,使自动线能协调地工作,还需配置一些辅助工艺装置,如转向装置、分流装置、合流装置等。

(1)转向装置。它是为了改变被包装物品的输送方向或输送状态。其结构形式很多,在选择中应根据不同物品、不同形状采用。

(2)分流装置。为了平衡生产节奏,提高生产率,在前台包装机完成加工后,需将其分流给几台包装机来完成后续工序,这是由分流装置完成的。常用的分流装置有挡臂式、直角式、活门式、转向滚轮式、摇摆式、导轨滑板式等。

(3)合流装置。若要连接前道工序多台包装机与后道工序一台包装机,必须设置合流装置。常用的合流装置有推板式、导板式、回转圆盘式等。

2. 主要类型

包装自动生产线按照包装机排列形式分为串联、并联和混联三种类型,一般以串联和混联生产线较多;按照包装机联系的特征可分为刚性、挠性和半挠性生产线三种类型。

(1)刚性生产线。被包装物在生产线上完成全部包装工序,均由前一台包装机直接传递给下一台包装机,所有机器按同一节奏工作,如果其中一台包装机出现故障,其余各机均应停机。

(2)挠性生产线。被包装物在生产线上完成前道包装工序后,经中间储存装置储存,根据需要由输送装置送至下一包装工序。即使生产线中某台包装机出现故障,也不影响其余包装机正常工作。

(3)半挠性生产线。生产线由若干个区段组成,每个区段内的各台包装机间又以刚性连接,各区段间为挠性连接。

刚性和半挠性生产线较为常用。

二、包装自动生产线的特点

计算机行业、自动化机械及智能控制等技术的发展,促进了包装自动生产线的发展,包装自动生产线也体现出了在包装领域的优势。

1. 包装自动化

自动化程度是衡量包装机械技术水平的重要标志,其内容包括工艺过程、工艺参数、物料流动、产品质量、安全运行等的自动控制和包装过程的自动监测。在整个包装过程中均采用自动化设备,如包装材料或包装容器的自动整理、输入以及产品的输出,单机及机组和生产线的自动协调工作和故障的自动处理等。

2. 设备成套性

包装自动生产线多为连续作业的多机联动线和机组,成套性强。它通常是把具有不同功能的设备配套成组,将现代化生产中制袋、充袋、封口、称量、码垛、运输、清洗、计量、贴标、打印、检测及传输运送等功能结合起来组成成套作业。

3. 通用性强

包装设备的通用化、系列化,包装线及装备的构成模块化,更有利于实现包装的自动化。

用户在物料的特性、称量精度以及裹包、封口等方面可能会有不同的要求,但很多动作是相同或相似的,只是尺寸不一样而已。如粮食类谷物自动包装生产线与化肥等颗粒自动包装生产线就有相似之处。因此,包装生产线通用化,可提高包装生产线的利用价值,包装工业发达的国家,包装机械的通用化程度已达到70%~90%。

4. 科技含量高

微电子技术、传感技术和计算机技术的应用,提高了包装自动生产线的工作质量、精度、速度和可靠性,促进了包装生产线向智能化、高度自动化发展。如计算机控制技术的应用实现了物品定量包装的精确计量、高速填充、包装过程的自动控制,而可编程控制器技术、机电一体化技术、自动化仪器仪表等技术的运用则使包装生产线的管理、控制更加自动化、一体化。

三、典型的包装自动生产线

图6-14所示为一种典型的自动流水包装生产线,它集自动开箱、自动封箱、自动打包等功能于一体,包含开箱机、封箱机等装备。该生产线具有应用范围广、占地面积小、操作简单、性能稳定等特点,可大大减少人力需求、提高生产效率、降低生产成本。

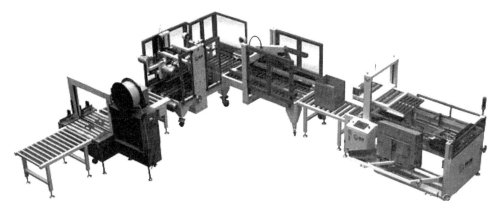

图6-14 自动流水包装生产线

包装自动生产线工作流程如下:

第一步,从全自动开箱机开始,自动开箱,封好纸箱底部;

第二步,进入一字形折盖封箱机,自动进行一字形封箱;

第三步,完成一字形封箱后,转入角边封箱机,进行四角边封箱;

第四步,封好箱后自动打包,自动流水线包装操作完成。

如在第一步与第二步间加入产品自动装箱,本包装流水线就可以从开箱到打包完成实现无人化全自动生产。

智能包装系统

我国是全球第一大快递国,2020年快递总量超过833.6亿件,每一件快递都有相应的纸箱、塑料袋进行包装,加上暴力分拣、过度包装等问题,物流行业的包装浪费和消耗可想而知。

要解决这个问题，必须借助科技的力量。国内物流巨头J物流智能包装依托智能耗材推荐系统——精卫，以及磁悬浮打包机、气泡膜打包机、枕式打包机、对折膜打包机等18种智能设备，实现了针对气泡膜、对折膜、纸箱等各种包装材料的统筹规划和合理使用，形成了软件硬件一体化的智能打包系统的解决方案。

J物流的在库SKU已达千万级，涉及3C、家电、母婴、快消、服饰、汽车等几乎所有品类，其包装耗材的种类、款式、用途也各不相同。此外，J物流仓库内的包装箱、编织袋、泡沫箱、胶带、缠绕膜等多达1500种以上，单单包装箱这一类目之下，就有着几百种不同材质不同尺寸的选择。仅靠传统的人工操作方式，要让每一个包装材料都物尽其用而不浪费几乎是不可能完成的任务。J物流给出的解决方案是，先由"精卫推荐"选择相应的包装耗材，再由智能包装机进行实景作业，实现打包的标准化、智能化。这样既能满足商品包装防护要求又能精准匹配订单规格。

"精卫推荐"是J物流在包装耗材推荐方面的一项创新，可以根据不同订单类型自动计算与商品最匹配的耗材及型号，确保纸箱、手提袋的精确使用。数据显示，北京某3C仓库通过"精卫推荐"进行的耗材推荐准确率在96.5%以上，切实实现了包装材料的降本增效。

智能包装机是J物流在智能设备的应用创新中颇具系统性、业务场景覆盖最广泛的智能应用之一，包括磁悬浮打包机、枕式打包机、对折膜打包机、气泡膜打包机等各类高效能的机器设备多达18种，它们能够忠实地执行"精卫推荐"发出的耗材使用指令。如图6-15所示，在上海全流程无人仓，自动扫描、自动打包、自动封箱、自动贴码等动作一气呵成，短短数秒内即可完成传统打包作业中的十几道工序。

图6-15　全流程无人仓

如图6-16所示，在磁悬浮打包机的作业场景下，自动抓取纸箱、热熔胶技术、自动标签校验等技术的集成应用，使得打包效率大大提升。

如图6-17所示，在图书打包机的作业场景下，员工只需要将一本本崭新的书放置在传输带上，自动打包机便可将图书塑封出库。

图6-16　磁悬浮打包机

图6-17　图书打包机

在米面粮油的作业场景下,面对动辄二三十斤重的商品,员工需要将商品反复搬运托举数次才能完成打包,采用自动打包机应用后,员工的劳动强度大大降低。

　　J物流应用的智能包装机,可以通过视觉识别、机械手抓取、3D视觉等先进技术实现自动包装操作,极大简化人工操作流程,在降低员工劳动强度的同时提升了运营效率,其效率是传统打包方式的5~10倍。同时,其中的打包设备在一定范围内可按照商品的规格尺寸"量体裁衣",避免纸箱、包装袋、胶带等多种耗材的浪费,让每一厘米的纸箱、每一厘米的胶带都能够物尽其用,发挥其应有的价值。

思考题

1. 常见的包装技术有哪些?常见的包装机械有哪些?
2. 简述包装的功能。
3. 举例说明常见的包装机械及其作用。
4. 什么是包装自动生产线?
5. 包装自动生产线具有哪些特点?

第七章　流通加工技术与装备

第一节　概　　述

流通加工是物流中具有一定特殊意义的物流形式,流通加工并不会在所有物流中出现,但它是具有补充、完善、提高、增强作用的功能要素,是运输、储存等其他功能要素无法代替的。一般来说,生产是通过改变物料的形式和性质创造产品的价值和使用价值,而流通则是保持物资的原有形式和性质,以完成其所有权的转移和空间形式的位移。流通加工在现代物流中的地位虽不能与运输、仓储等主要功能要素相比,但能起到运输、仓储等要素无法起到的作用。流通加工是一种低投入、高产出的加工方式,通过这种简单的加工往往能解决大问题。

一、流通加工的定义与特点

1. 流通加工的定义

依据《物流术语》(GB 18354—2021),流通加工是指"根据顾客的需要,在流通过程中对产品实施的简单加工作业活动的总称"。简单加工活动包括包装、分割、计量、分拣、刷标志、拴标签、组装、组配等。流通加工是在流通过程中对生产的辅助性加工,从某种意义上来讲,它不仅是生产过程的延续,而且是生产本身或生产工艺在流通过程的延续。

流通加工的内容包括装袋、定量化、小包装、拴牌子、贴标签、配货、混装、刷标记等。生产的外延流通加工包括剪断、打孔、折弯、拉拔、挑选、组装,以及改装、配套、混凝土搅拌,甚至钢材重新轧制等。通过对流通加工规模、品种、方式的选择,以及加工效率的提高等,可以使物流过程减少损失、加快速度、降低操作成本,因而也有可能降低整个物流系统的成本。所以流通加工是物流企业的重要利润源,它在物流过程中必不可少,属于增值服务的范畴。

2. 流通加工的特点

流通加工在加工方法、加工组织、作业管理过程中,与生产加工有些相似又有区别。甚至可以说,有些流通加工就是生产领域作业过程的延伸或放到流通过程中完成的,以期解决生产过程中在生产面积、劳动力等方面的困难。与生产加工相比,流通加工的特点如下:

(1)加工目的。流通加工的目的主要是更好地满足用户的多样化需要,降低物流成本,提高物流质量和效率;而生产加工则是为了交换、消费而进行的。

(2)加工对象。流通加工的对象是进入流通过程中的商品,具有商品的属性,以此来区别多环节生产加工中的一环,包括各种原材料和成品,一般不是生产过程中的半成品;生产加工的对象不是最终产品,而是原材料、零配件或半成品。

(3)加工程度。流通加工一般多是简单的加工或作业,是为更好地满足需求而形成的对生产加工的一种辅助及补充。特别指出,流通加工绝不能替代生产加工;生产加工过程通常是复杂的,生产加工要完成大部分加工工作。

(4)价值。流通加工更趋向于完善商品的使用价值,流通加工多数是在对商品不进行大的改变下,提高商品价值;生产加工的目的在于创造价值及使用价值。实践证明,流通加工可以通过改变装潢使商品档次跃升而充分实现其价值,有时流通加工可将产品利用率提高20%～50%,其成效并不亚于从运输和储存中挖掘的利润,是物流中的重要利润源。

(5)加工责任人。流通加工是由从事物流活动并能密切结合流通需要的物流经营者组织的加工活动,例如商品企业、物资企业、运输企业等所做的流通加工作业;生产加工是由产品制造者进行的生产加工。

二、流通加工的作用与作业类型

1. 流通加工的作用

(1)提高原材料利用率。利用流通加工机械对流通对象进行集中下料,可将生产厂直接运来的简单规格产品,按使用部门的要求进行下料。例如,对钢板进行剪板、裁切;将钢筋或圆钢裁制成毛坯;将木材加工成各种长度及大小的板、方等。集中下料可以优材优用、小材大用、合理套裁,有很好的技术经济效果。北京、济南、丹东等城市对平板玻璃进行流通加工(集中裁制、开片供应)后,使玻璃利用率从60%左右提高到85%～95%。

(2)进行初级加工,方便用户。用量小或只是临时需要的使用单位,缺乏进行高效率初级加工的能力,依靠流通加工可省去初级加工的投资、设备及人力,从而搞活供应。目前,发展较快的初级加工有:将水泥加工成混凝土;将原木或板方材加工成门窗;冷拉钢及冲制异型零件;钢板预处理、整形、打孔等。

(3)提高加工效率及设备利用率。建立集中加工点,可以采用效率高、技术先进、加工量大的专门机具和设备,这样既提高了加工质量,也提高了设备利用率,还提高了加工效率,从而降低了加工费用及原材料成本。例如:一般的使用部门在对钢板下料时,采用气割的方法会留出较大的加工余量,不但出材率低,而且由于热加工容易改变钢的组织,加工质量也不好,集中加工后可配置高效率的剪切设备,从而有效地提高钢材加工质量和加工效率。

(4)充分发挥各种输送手段的最高效率。流通加工环节一般设置在消费地,流通加工点将实物的流通分成两个阶段:第一阶段是从生产厂到流通加工点,该阶段输送距离一般较长,而且是在少数生产厂与流通加工点之间进行定点、直达、大批量的干线运输,因此可以采用船舶、火车等大量运输设备来完成大量的集中运输;第二阶段是从流通加工点到消费环节,此阶段距离一般较短,可以利用汽车和其他小型运输设备完成多品种、小批量、多用户的支线输送。所以,通过流通加工环节,可以充分发挥各种运输设备的效率,加快运输速度,节省运力运费。

(5)提高产品附加值,增加收益。流通加工在很大程度上可以通过提高产品的附加值使产品的价值得到提高,从而增加企业的收益;而且,流通加工也是物流企业重要的利润来源。例如,对有些轻工产品进行简单的包装和装潢加工、对一些农副产品经过简单的精制加工,可以改变产品外观功能,从而使产品售价得到很大提高,产生较大的经济效益。流通加工是物流领域中具有高附加值的生产活动,而且它可以充分体现现代物流着眼于满足用户需求的服务功能。

2. 流通加工的作业类型

流通加工的作业类型非常繁杂，对于不同的产品、不同的作业目的可以形成多种多样的作业类型。根据流通加工作业性质的不同，流通加工可以分为以下三种基本作业类型：

（1）对原材料的初级加工。对原材料的初级加工主要包括对钢材、木材、石材、玻璃、煤炭和水泥等原材料的各种加工，这是加工作业量较大的一类流通加工。常见的对原材料的初级加工作业有：对大型卷钢的剪裁加工，对木材、石材和玻璃的切割加工，对煤炭的粉碎、配兑加工，以及混凝土搅拌加工等。

（2）对产品的增值性加工。对产品的增值性加工主要有对农副产品的切分、洗净、脱皮和分选，对生鲜食品的精制加工等。对产品的增值性加工的目的是提高产品的质量，起到保护产品、提高产品价值的作用，既可促进产品销售，又可以方便顾客使用。

（3）对产品的辅助性加工。对产品的辅助性加工主要包括产品的包装、分拣、分装、组装、贴标签和拴标志牌等，这些加工是为了组织产品运输、储存、配送和销售活动所进行的辅助性作业，它不改变产品本身的形态，但可以改变其外观形式。这些加工作业一般都是物流活动中心不可少的作业环节。

三、流通加工设备的分类

流通加工装备是完成流通加工任务的专用机械装备。流通加工装备通过对流通中的商品进行加工，改变或完善商品的原有形态，来实现生产与消费的"桥梁"和"纽带"作用，并使商品在流通过程中的价值增值。

由于流通加工的范围非常广泛，作业类型非常繁杂，所以流通加工设备的类型也多种多样。根据流通加工的作业类型，流通加工设备可分类如下。

1. 原材料初级加工设备

（1）钢材剪切加工设备，包括主要用于进行钢板下料、加工的剪板机等设备，可以将大规模的钢板裁小或裁成工件毛坯；

（2）木材加工设备，用于在木材流通加工中将原木锯裁成各种板材或条材；

（3）煤炭加工设备，用于将煤炭及其他发热物质，按不同的配方进行掺兑加工，生产出各种不同发热量的燃料；

（4）水泥混凝土加工设备，用于将水泥及沙石等骨料加水配制加工成商品混凝土，并按用户需要进行配送供应；

（5）玻璃加工设备，用于大规模平板玻璃的切割加工，可按用户需求切割成各种小规格尺寸的成品玻璃。

2. 产品增值性加工设备

（1）冷冻加工设备，用于对鲜肉、鲜鱼等生鲜食品或药品等进行低温冷藏保鲜加工；

（2）分选加工设备，主要用于对农副产品按不同规格、质量进行分选加工；

（3）精制加工设备，主要用于对农副产品和生鲜食品进行切分、洗净、分装等简单加工。

3. 产品辅助性加工设备

（1）包装设备，即用于商品流通过程中的各种包装作业设备；

(2)分装设备,即为了便于产品销售,在销售地对产品进行重新包装的设备,如大包装改小包装、散装改小包装、运输包装改为销售包装等;

(3)组装加工设备,是指对采用零部件或半成品包装出厂的产品,在消费地进行组装加工成成品的设备;组装加工设备一般针对不同的产品配置相应的专用设备;

(4)贴标签设备,即商品流通过程中各种贴标签的机械设备。

第二节 常见的流通加工技术

1. 钢板的流通加工技术

热连轧钢板和钢带、热轧厚钢板等板材的最大交货长度通常可达 7~12m,有的是成卷交货。剪板加工是在固定地点设置剪板机进行下料加工,或设置各种切割设备将大规格钢板裁小或切裁成毛坯,降低了销售起点,方便用户使用。例如我国某地设置的剪板厂,其业务就是专门对进口卷板进行剪板加工,然后对小规格钢板进行销售。

2. 木材的流通加工技术

在木材的流通加工中,要充分发挥木材的优点,克服和改变其缺点,变劣材为良材,变小用为大用。要根据不同的技术要求和木材的各种特性,提高其使用价值,不断扩大和寻求新的木材综合利用途径。常用的木材流通加工技术主要有木材防腐加工技术、木材滞火加工技术,以及木材强化与软化加工技术。

3. 水泥的流通加工技术

水泥是最重要的建筑材料之一。随着我国现代化建设的高速发展,水泥在国民经济中的地位日益提高,获得了越来越广泛的运用。常用的两种水泥流通加工方法如下:

(1)水泥熟料输送到使用地后磨制成水泥。在需要长途运入水泥的地区,变运入成品水泥为运进熟料这种半成品,在该地区的流通加工点(磨细工厂)磨细,并根据当地资源和实际需要掺入混合材料及外加剂,制成不同品种及标号的水泥供应给当地用户。这是水泥流通加工的重要形式之一。

(2)集中搅拌供应商品混凝土,改变以粉状水泥供给用户、由用户在建筑工地现制现拌混凝土的传统使用方法,而将粉状水泥输送到使用地区的流通加工点,在流通加工点搅拌成生混凝土,然后供给各个工地或小型构件厂使用。

商品混凝土又称预拌混凝土,这种清洁、环保的商品混凝土是国家重点倡导的建筑新技术之一,被喻为建筑业生产方式的"绿色革命"。

4. 煤炭的流通加工技术

煤炭及其他燃料通常使用的流通加工技术主要有除矸石加工、煤浆加工、配煤加工、天然气、石油气等气体的液化加工。

5. 生鲜食品的流通加工技术

生鲜食品通常使用的流通加工技术主要有冷冻加工、精制加工、分选及分装加工。

6. 机械产品及零配件的流通加工技术

机械产品及零配件的流通加工技术主要有组装加工和石棉橡胶板的开张成型加工。

7. 平板玻璃的流通加工技术

平板玻璃的"集中套裁、开片供应"是重要的流通加工方式,可以提高平板玻璃的使用率,促进平板玻璃包装方式的改革,有利于玻璃生产厂简化规格、按单品种大批量生产。

第三节 常见的流通加工设备

流通加工设备是进行各种流通加工作业的设备的统称。流通领域物品的品种繁多,流通加工设备的类型也多种多样。根据流通加工的作业类型,可以将流通加工设备分为:①原材料初级加工设备,主要有钢材剪切加工设备(剪板机、折弯机、卷板机、校平机、冲剪机、切割机)、木材加工设备、煤炭加工设备、水泥混凝土加工设备、玻璃加工设备等;②产品增值性加工设备,主要有冷冻加工设备、分选加工设备和精制加工设备等;③产品辅助性加工设备,主要有各种包装设备、分装设备、组装加工设备和贴标签设备等。

1. 金属加工设备

流通领域中的金属加工机械,使用较多的是剪板机、卷板机和折弯机。通过剪板机和折弯机可以将大规格的钢材裁剪小或裁剪成毛坯,降低了销售的起点,方便用户使用。

(1)剪板机。剪板机是借助运动的上刀片和固定的下刀片,采用合理的刀片间隙,对各种厚度的金属板料、带料施加剪切力,使板材按所需要的尺寸断裂分离。QC11K01E系列数控液压闸式剪板机和QC12K01E系列数控液压摆式剪板机分别如图7-1和图7-2所示。

图7-1 QC11K01E系列数控液压闸式剪板机

图7-2 QC12K01E系列数控液压摆式剪板机

液压摆式剪板机采用液压传动,摆式刀架整体焊接结构,剪切精度高,使用性能好,特别适用于汽车制造和灯杆制造。上、下刀口间隙由手柄调节,刻度盘显示数值,调整轻便迅速,准确可靠。刀架行程可无级调节,设有灯光对线装置和挡料尺寸的数字显示装置,使用方便。

(2)折弯机。折弯机主要用于板料、带料的折弯成形加工。图7-3所示为WE67K系列电液同步数控双机联动折弯机,该系列折弯机采用同规格双缸或三缸主机,配有双机联动同步装置;可加工特长工件,特别适用于城市道路和高速公路旁的路灯杆、电力杆以及汽车大梁等特长工件的加工制造;两台机器亦可单独使用,提高生产效率。

(3)冲剪机。图7-4所示为Q35Y系列双缸液压多功能联合冲剪机。Q35Y系列多功能液压联合冲剪机能对板材、方钢、圆钢、槽钢、角钢、工字钢等各种型钢进行剪切、冲孔,并能对500mm长度以下的板料进行折弯。该机床的每一个部件在安全、功能、维护保养以及性能方面都符合更高质量要求。

图7-3　WE67K系列电液同步数控双机联动折弯机

图7-4　Q35Y系列双缸液压多功能联合冲剪机

2. 平板玻璃切割机

平板玻璃切割机主要用于平板玻璃流通过程中,对大规格平板玻璃集中套裁开片进行切割加工。玻璃流通加工中心可根据用户需求,并按用户提供的图样统一套裁开片,向用户供应成品,用户可以将其直接用于安装。常用平板玻璃切割机主要有玻璃自动切割机、夹层玻璃自动切割机和靠模玻璃切割机等多种类型。大多数玻璃套裁中心都装备了全自动数控玻璃切割机。图7-5所示为全自动异形玻璃切割机,该机操作简单方便,生产效率高,可以切割各种厚度的平板玻璃,同步带计数,切割精度高,适用于大批量高效切割。

图7-5　全自动异形玻璃切割机

另外,万能水切割机适用于玻璃、石材等的切割加工,它采用超高压水枪进行切割加工,切割的物体表面平整、光洁,设备操作方便,无粉尘污染。

3. 木材加工装备

常用的木材加工设备有电锯(圆盘锯、带锯)、电刨(加工平面、台阶及沟槽,有时也装上锯片代替圆盘锯)、钻床(打孔用)、车床(加工工艺装饰用的外圆柱面、外圆锥面及特性表面等回转体表面)等。木材加工设备与金属切削设备既有共性,也有区别。其共同点是:都具有主运动和辅助运动构成的切削过程;区别是:切削机理不同,所用的刀具不同。对木材进行加工的机械主要有以下两种:

(1)磨制、压缩木屑机械。木材是密度小的物资,在运输时占用相当大的容积,常使得车辆不能满载,而且装车、捆扎也比较困难。根据国外的先进经验,可以在林木生产地将原木磨成木屑,然后采取压缩方法使得重度增大,并压制成容易装运的形状,再运输到靠近消费地的造纸厂。

(2)锯木机械。在流通加工点利用木锯机等机械将原木锯裁成各种规格,将碎木、碎屑集中加工成各种规格的板,同时根据需要进行打眼、凿孔等初级加工。木工锯机是用有齿锯片、锯条或带齿链条切割木材的机床。锯机按刀具的运动方式可以分为刀具做往复运动的锯机（如线锯机和框锯机）、刀具做连续直线运动的锯机（如带锯和链锯）和刀具做旋转运动的锯机（如各式圆锯）。

4. 混凝土搅拌装备

混凝土搅拌装备是将水泥、骨料、沙石和水均匀搅拌制成混凝土的专用机械，主要有以下几种：

(1) 混凝土搅拌站。混凝土搅拌站是主要用来集中搅拌混凝土的联合装置，主要由搅拌主机、物料称量系统、物料输送系统、物料储存系统和控制系统等五大系统和其他附属设施组成。

(2) 混凝土搅拌机。混凝土搅拌机主要用于各类中小型预制构件厂及公路、桥梁、水利、码头等工业及民用建筑工程，除了作为单机使用外，还可以与配料机组合成简易搅拌站。

(3) 混凝土搅拌车。如图7-6所示，混凝土搅拌车是一种专用机械，主要用来将混凝土搅拌站所生产的混凝土输送到施工现场，并且保证在输送过程中混凝土搅拌物不发生分层离析与初凝。

(4) 混凝土送泵车。如图7-7所示，混凝土送泵车拥有机车机体及自由伸展的臂架，是在拖式输送泵的基础上发展而来的一种专用机械设备，主要用来将混凝土的输送和浇注工序合二为一。

图7-6 混凝土搅拌车

图7-7 混凝土送泵车

5. 冷链物流设备

1) 装备概述

冷链是根据物品特性，为保持其品质而采取的从生产到消费的过程中始终处于低温状态的物流网络。冷链物流包括产品生产、储存、运输和销售等多个环节的物流。冷链物流的适用范围主要包括初级农副产品（如蔬菜、水果、肉、禽和蛋等）、冷冻水产品、保鲜食品（如速冻食品、包装熟食品、冰激凌和奶制品等）、快餐原料、花卉产品以及一些特殊商品（如药品、活性疫苗生物制品）等。

冷链物流从产品采购进货、加工整理、包装、入库、待发以及装车运输，直至到门店后的上货架，都有严格的冷链温度控制。例如在加工车间的操作现场、冷藏库内都设有规范的温度控制点，并有专人负责记录温度变化情况；在配送车辆的运输过程中，冷藏车上的制冷机始终确保车厢内的温度符合冷链要求；产品到达门店后，即放入温控货架，从而有效保证产品的质量。冷链物流装备就是在整个冷链物流过程中所采用的各种低温冷藏设施与设备的总称,常用的冷链物流装备主要包括冷库、冷藏车、冷藏容器和冰箱冷柜等。

2)冷藏车

冷藏运输是冷链物流的重要环节,它是在运输过程中,应用专用冷藏运输设备,使货品始终处于货物适宜的温度条件下,从而避免货物在运输途中变质受损。冷藏运输可以根据货物运输量的大小、运输距离的远近以及运输时间的要求等因素选择公路、铁路、水路或航空运输等不同的运输方式。

各种运输方式都有专用的冷藏运输设备,例如公路运输专用冷藏车、铁路运输专用保温车、水路运输专用冷藏船以及专门用于航空运输专用冷藏集装箱等。其中,公路运输专用冷藏车是应用最为广泛的冷藏运输设备。

公路运输冷藏车是指专门用于运输冷冻或保鲜货物的专用汽车,它通过一定的制冷和保温方式,能够使车厢内货物在长时间运输过程中始终保持一定的低温状态,适用于要求可控低温条件货物的长途运输。冷藏车大多数都是由普通汽车底盘和厢式保温车身构成,一般称为厢式冷藏车,如图7-8所示。近年来,为了适应城市物流配送的需要,也有采用轻型客车车身改装而成的冷藏车(俗称面包式冷藏车),这种冷藏车特别适用于城市内小批量货物的冷链配送运输。

冷藏车按照承载能力的不同可以分为轻型冷藏车、中型冷藏车和大型冷藏车,轻型和中型冷藏车一般为单体汽车,大型冷藏车一般为半挂车。

除了常用的运输冷冻生鲜食品的通用冷藏车之外,根据其不同的用途,还有多种专门用途的冷藏车,常见的有鲜肉冷藏车、奶制品冷藏车、蔬菜水果冷藏车和疫苗冷藏车等。

鲜肉冷藏车也称为肉钩式冷藏车,在冷藏车车厢顶棚上设有不锈钢肉钩及滑道,如图7-9所示,方便鲜肉的运输和装卸。

图7-8 厢式冷藏车

图7-9 鲜肉冷藏车

6. 生鲜食品流通加工设备

生鲜食品主要是指肉类、水产品、水果蔬菜、禽蛋类和主副熟食品等,这些商品是现代超市最重要的商品经营品种。这些商品的物流量和销售量非常大、消费速度快、存货时间短、时效性很强,随时都要进行补充和更新;而且,随着人们生活方式和商品经营方式的改变,生鲜食品在流通过程中的加工作业量非常大,各类产品流通企业和很多大型零售企业都普遍建立了相应的加工配送中心。

1)生鲜食品流通加工的主要类型

生鲜食品流通加工主要包括冷冻保鲜加工、分选加工、精制加工和分装加工。

2)生鲜食品流通加工的主要设备

由于生鲜食品种类繁多,流通加工设备的应用场合也存在较大的差异,所以生鲜食品流通加工设备的类型也多种多样。典型的生鲜食品流通加工设备如下。

(1)水果智能分选设备。

如图7-10所示,水果智能分选设备能够自动完成对水果的质量、大小、果形、色泽和缺陷等进行动态检测与分级,并能够通过多表面检测技术和多指标检测技术对水果品质进行测定。该设备适用于柑橘、苹果、梨、桃子、西红柿和土豆等多种水果及农产品的分选加工。

水果智能分选设备由计算机视觉系统、高速分级系统、机械输送系统和自动控制系统等组成;同时,还可以根据用户的要求,配套设置水果清洗、抛光和保护性表面喷涂等辅助功能。双通道分选设备每小时可分选处理4.5万~6万个水果,并可以根据用户需求,实现多线并轨作业,形成每小时分选处理5万~50万个水果的不同生产规模。可分选果蔬种类有苹果、梨、樱桃、桃、杏、李、石榴、枣、龙眼、杧果、枇杷、猕猴桃、柠檬、橙、柑橘、木瓜、番石榴、甜瓜、西瓜、西红柿、黄瓜、土豆、萝卜、地瓜等。

(2)果蔬清洗加工设备。

果蔬清洗加工设备是指对各种水果、蔬菜等生鲜食品进行清洗、消毒的设备,如图7-11所示。此类设备一般可以通过鼓泡、冲浪和喷淋三种方式进行清洗,然后通过毛刷辊进行擦拭,从而有效地清除果蔬表面的污垢和农药残留物,使果蔬清洁干净。

图7-10 水果智能分选设备

图7-11 果蔬清洗加工设备

(3)禽蛋清洗包装机械。

禽蛋清洗包装机械是一种专用的禽蛋处理设备,如图7-12所示,其主要功能是对大批量的生鲜禽蛋进行表面清洗,以清除蛋壳表面上的污物,形成表面清洁的鲜壳蛋;同时还能够对禽蛋的大小、质量进行分级拣选,并按照销售需要对其进行不同形式的包装,以供应市场或食品加工企业。

鲜壳蛋加工处理的一般工艺流程为:集蛋→清洗消毒→干燥→上保鲜膜→分级→包装→打码→恒温保鲜。先进的禽蛋清洗包装机械一般都是全自动生产线,可以自动完成全部的工艺流程。

禽蛋清洗包装机械包括气吸式集蛋传输设备、清洗消毒机、干燥上膜机、分级包装机和电脑打码机等工艺设备,能够对禽蛋进行单个处理,实现全自动、高精度、无破损的清洗处理和分级包装,并且对整个生产环节进行温度控制。气吸式集蛋传输设备可无破损地完成集蛋和传输工序;清洗消毒机可实现无破损、无残留和完全彻底的清洗消毒;干燥上膜机可风干并采用静电技术均匀上膜保鲜;分级包装机能够完成蛋体污物和裂纹的探测以及次蛋的优选处理,并按大小进行分级,然后使禽蛋大端都朝向同一方向进行包装,以保证包装后蛋的大头向上,避免蛋黄贴壳,延长储藏期;电脑打码机或喷码机在每个蛋体或包装盒上贴无害化标签或喷码标识(包括分类、商标和生产日期);生产线自动控制系统对生产工艺过程进行全程自动控制。

图 7-12　禽蛋清洗包装机械

(4)贝类净化设备。

贝类净化设备是指对水生壳贝类生鲜食品进行流通加工处理的设备,其主要功用是表面清洗、剔除杂质及死贝、吐沙净化和分级拣选等。这种设备适用于大型超市配送中心对生鲜贝类食品进行流通加工,然后向连锁超市进行配送。

贝类加工的主要步骤一般包括除杂处理、吐沙净化和清洗分级等环节。

除杂处理就是分离杂质和死贝,其分离效果对于产品质量具有很大的影响。除杂处理可采用落差式输送设备,依靠贝类自由下落时的冲击力来甄别死贝和小的非金属异物,再由人工从输送操作段分拣出来。贝类中的金属、石块等则由下落式金属检测设备分离出来,准确率接近100%。

吐沙净化一般在专用的净化吐沙池内进行,净化吐沙池配有气管、水循环管路及控制系统、储水箱、水过滤设备和水温控制系统。应用这些设备,可保证净化过程中的水质、水温和水量等满足贝类净化工艺的要求,生产出优质的产品。

清洗分级的目的是为贝类的销售或加工提供洁净的规格产品。专用贝类清洗设备一般由清洗筒、传动系统和喷淋系统等组成,自动化程度高,清洗效果好。专用贝类分级机一般根据贝类的大小或质量进行分级。

贝类的包装有多种形式,如果是生产小包装活贝,则需对拣选过的原料再经静止式工作台精细分选,然后进行包装处理。包装方式可以采用袋式包装或盒式包装,袋式包装材料有塑料薄膜和尼龙网袋等多种选择。

上海联华生鲜食品加工配送中心智能物流管理系统

上海联华生鲜食品加工配送中心有限公司(以下简称生鲜配送中心)是联华超市股份有

限公司的下属公司,于 1999 年 12 月在上海市闸北区合资注册成立,注册资本 500 万元。公司主营生鲜食品的加工、配送和贸易,拥有资产总额近 3 亿元,是具有国内一流水平的现代化的生鲜加工配送企业。生鲜配送中心总占地面积 22500m^2,其中包括生产车间、冷库、配送场地、待发库、仓库(地下室)、办公楼等。截至 2011 年,拥有冷库 8700t,运输车辆 46 辆(其中 24 辆为制冷保温车),保证商品安全生产、快速流通。生鲜配送中心是我国国内目前设备最先进、规模最大的生鲜食品加工配送中心,总投资 6000 万元,建筑面积 35000m^2,年生产能力 20000t,其中肉制品 15000t,生鲜盆菜、调理半成品 3000t,西式熟食制品 2000t,产品结构分为 15 大类约 1200 种生鲜食品。在生产加工的同时,生鲜配送中心还从事水果、冷冻品以及南北货的配送任务,配送范围覆盖联华标超、快客便利、世纪联华、华联吉卖盛、联华电子商务(联华 OK 网)等 2000 余家门店,为企业的快速发展奠定了基础。

2007 年 5 月,上海联华生鲜配送中心与上海海鼎信息工程股份有限公司(以下简称海鼎)携手,采用海鼎仓库管理系统对配送中心的物流中心进行信息化改革。

生鲜食品加工配送在物流过程中需要快速流转,生鲜配送中心实现了生鲜配送既"快"又"准确",主要依靠其智能物流管理系统。其配送费率(即配送一定价值商品所需的物流配送成本)一直被控制在 2% 以内(沃尔玛为 4.5%),为整个生鲜配送中心的快速发展提供了强有力的保证和支持。

1. 订单管理

生鲜商品按其秤重包装属性可分为定量商品、秤重商品和散装商品;按物流类型可分为储存型、中转型、直送型和加工型;按储存运输属性可分为常温品、低温品和冷冻品;按商品的用途可分为原料、辅料、半成品、产成品和通常商品。生鲜食品一般是指肉类、水产、果蔬、面包、熟食等商品种类。

门店的要货订单通过联华超市股份有限公司的数据通信平台,实时传输到生鲜配送中心,在订单上标明各商品的数量和相应的到货日期。生鲜配送中心接收到门店的要货数据后,立即在系统中生成门店要货订单,此时可对订单进行综合查询,之后对订单按到货日期进行汇总处理,系统按不同的商品物流类型进行不同的处理。

(1)储存型的商品。系统计算当前的有效库存,比对门店的要货需求以及日均配货量和相应的供应商送货周期,自动生成各储存型商品的建议补货订单,采购人员根据此订单和实际的情况修改补充,即可形成正式的供应商订单。

(2)中转型商品。此种商品没有库存,直进直出,系统根据门店的需求汇总按照到货日期直接生成供应商的订单。

(3)直送型商品。此类商品不进配送中心,由供应商直接送到各相关需求的门店。系统根据到货日期,分配各门店直送经营的供应商,直接生成供应商直送订单,并通过 EDI 系统直接发送到供应商。

(4)加工型商品。系统按日期汇总门店要货,根据各产成品/半成品的 BOM(Bill of Material,物料清单)表计算物料耗用,比对当前有效库存。系统生成加工原料的建议订单,生产计划员根据实际需求进行调整后发送采购部,生成供应商原料订单。

各种不同的订单在生成完成/或手工创建后,通过系统中的供应商服务系统自动发送给各供应商,时间间隔在 10min 内。供应商收到订单后,会立即组织货源,安排生产或做其他的物流计划。

2. 物流计划

在得到门店的订单并汇总后,物流计划部根据第二天的收货、配送和生产任务制订物流计划。计划包括线路计划、人员安排、车辆安排、批次计划、生产计划、配货计划等。

1) 线路计划

根据各线路上门店的订货数量和品种,进行线路调度,保证运输效率。

生鲜配送中心按照"合理规划、统一标准、经济实用、综合配套"和"优质、高效、低成本"的要求,以物流标准化管理为重点,以注重效率为导向,优化送货线路,提升物流配送水平。

线路优化调度最终目标是实现物流中心操作流程改造,真正实现访送分离。

(1) 改造前的操作流程。车辆的送货清单生成完全是按照访销线路来确定的,很难从整体上优化,提高送货效率。

(2) 改造后的操作流程。改造后的操作流程通过在联华超市股份有限公司的数据处理中心进行处理,充分掌握了每辆送货车、每条送货线路的送货量、往返时间、送货户数、送货里程、油耗等信息,并根据电子排单系统,生成优化后的送货清单,改变了原有按访销线路定送货线路的缺陷,加快了运输效率,减少了不必要的重复运输,从而降低了运输费用。

2) 人员安排

人员安排包括拣货配货人员、加工包装人员、驾驶员及押运人员安排。根据实际上班人员数将订单任务及时分配到位,从而减少不必要的支出,降低配送成本,提高配送效率。

3) 车辆安排

通过合理安排车辆出车的时间表调配车辆,安排车辆使用数及到场装运时间。如车辆不足则及时向外租用车辆,并根据客户的不同要求和货物不同的特性安排相应车辆,以满足客户个性化的需求和保证货物的质量,提高服务水平,也可节省部分费用。

生鲜配送中心维护所有配送门店的送货路线,系统提供自动排车功能,同时也允许人工调整排车结果,每天的配车时间约 1h 即可完成。排车信息通过 OA(Office Automation,办公自动化)系统向门店公布,让门店能够及时了解到货量、送货时间、车牌、驾驶员等信息。驾驶员出车、回车通过刷卡登记,为驾驶员的考核提供了有效手段。

4) 批次计划

根据总量和车辆人员情况设定加工和配送的批次,实现循环使用资源,提高效率;在批次计划中,将各线路分别分配到各批次中。

5) 生产计划

根据批次计划制订生产计划,将量大的商品分批投料加工,设定各线路的加工顺序,保证和配送运输协调。

6) 配货计划

生鲜配送中心的产品销售网络覆盖联华标超、快客便利、世纪联华、华联吉卖盛、联华电子商务(联华 OK 网)等 2000 余家门店,每天都要处理大量的订单,配送 1000 多种货物。如果没有很好的计划,其后果可想而知。

根据批次计划,结合场地及物流设备的情况,做好配货的安排,如针对门店类型的配货限量控制、针对业务类型的配货限量控制(如正常配货、批发配货)。同时,启动标签拣货,而且系统可以实现拣货差错、串位、破损落实到人。

实行提前一天预约锁定库存,最大限度利用库存资源,预安排库存、拣货员等资源。车辆凭行驶证当场配货,解决了因配货场地有限而导致的瓶颈问题。

物流计划设定完成后,各部门需按照物流计划安排人员设备等,所有的业务运作都按该计划执行,不得更改。在产生特殊需求时,系统安排新的物流计划,新的计划和老的计划并行执行,互不影响。

生鲜配送中心通过优化物流计划,实现了以下目标:

①进一步降低了物流成本,提高了整体运行效率,以提升物流服务水平,提高客户满意度。

②实现物流资源的优化配置,从而降低资源空闲,以实现利润的最大化。

该智能物流管理系统还包括物流运作、配送运作、先进的采购、生产排序、仓库管理系统、半自动化搬运系统、自动化分拣系统等,实现了整个配送中心全面信息化管理。

2015年8月,生鲜配送中心与海鼎牵手开始上线电商业态,采用RF收货、RF集合拣货、RF分播、RF取货及电脑复核/打包一些流程,促销期间日最高量达到7000多单,日均作业量支持2000单。

2015年11月,两者开始合作生鲜线下模式,支持超市、大卖场的日常配送,日均出货400家、1.2万箱。系统特色功能有:①支持标准品和称重品的以发代收业务,例如瓜果、猪肉等;采取RF收货、单件称重、打印标签/RF分播、RF复核及集货模式;对于猪肉可以与电子秤对接动态读取数据并打印标签;②支持标准品的库存管理,采用RF收货、RF上架、精确货位管理、RF集合拣选、RF分播/打印标签分播模式;③支持称重商品的库存管理,采取托盘称重入库、单件称重出库模式;④类标准箱称重商品,支持双重计量单位,管理到箱数和重量;⑤支持动物检疫证和肉类/蔬菜追溯码管理;⑥支持线上和线下库存共享,加快仓库库存周转、提高作业效率。

2019年末,随着新零售和业务需求变化,生鲜配送中心将江桥仓和青浦生鲜仓两库合一(仓库面积达33000m²),海鼎再次助力,此次上线标志着海鼎仓库管理系统(HDWMS)生鲜版本在生鲜配送中心全部成功上线,实现了生鲜产品的双计量单位管理、线上线下库存共享、生鲜品检疫码、追溯码管理,解决了客户仓库运作效率低的难题、多货品不同作业模式共存难的问题。

思考题

1. 简述流通加工的定义、特点及其作用。
2. 流通加工技术主要包括哪些?
3. 常见的流通加工装备主要有哪些?
4. 常见的冷藏车有哪些类型?
5. 简述常见的生鲜食品流通加工设备的类型及用途。

第八章 集装单元化技术与装备

第一节 概 述

1. **集装技术**

应用不同的方法和器具,把有包装或无包装的物品,整齐地汇集成一个扩大了的、便于装卸搬运的,并在整个物流过程中保持一定形状的作业单元的技术,称为集合包装技术,简称集装技术。把物料集装成为一个完整、统一的体积单元,并在结构上使其便于机械搬运和储存的器具,称为集装器具。集装器具可分为集装箱、托盘、柔性集装袋和其他包装容器。

2. **集装单元化**

依据《物流术语》(GB 18354—2021),集装单元是指"用专门器具盛放或捆扎处理的,便于装卸、搬运、储存、运输的标准规格的单元货件物品"。集装单元化是用集装器具或采用捆扎方法把物品组成标准规格的货物单元,以便进行装卸、搬运、储存、运输等物流活动的作业方式。集装单元化是物流现代化的标志,其实质是要形成集装单元化系统,即由货物单元、集装器具、物料搬运技术装备和输送设备等组成的高效、快速地进行物流功能运作的系统。

3. **集装单元化的特点**

集装单元化的优点是:通过标准化、通用化、配套化和系统化,实现物流功能作业的机械化、自动化;物品的移动简单,减少重复搬运次数,缩短作业时间和提高效率,装卸机械的机动性增强;改善劳动条件,降低劳动强度,提高劳动生产率和物流载体利用率;物流各功能环节便于衔接,容易进行物品的数量检验,清点交接简便,减少差错;货物包装简单,节省包装费用,降低物流功能作业(搬运、存放和运输等)成本;容易高堆积,减少物品堆码存放的占地面积,能充分灵活地运用空间;能有效地保护物品,防止物品的破损、污损和丢失。

集装单元化的缺点是:作业有间歇,需要宽阔的道路和良好的路面,托盘和集装箱的管理烦琐,设备费一般较高。由于托盘和集装箱自身的体积及质量的原因,使物品的有效装载减少。

第二节 物流标准化与集装单元化

1. **物流标准化**

物流标准化是指物品包装尺寸和集装单元的尺寸要符合一定的标准。仓库的货架、运输车辆、输送设备和垂直提升设备也要根据标准确定其主要性能参数。这样做有利于物流系统中各个环节的协调配合,在进行易地中转等作业时,不用换装,提高通用性,减少搬运作业时间,减轻物品的损失、损坏,从而节约费用。

物流活动是与运输车辆、装载器具、装卸设备,以及仓库、货架、货柜等仓储设备及系统紧密联系在一起的。因此,物流标准化的基本思路是通过货物的集装单元化,提高货物与物流过程中固定设施、移动设备、专用工具的配合性。这种配合性表现为:集装单元与运输车辆的载质量、有效空间尺寸的配合;集装单元与包装环节的配合;集装单元与装卸设备的配合;集装单元与仓储设施的配合。

2. 物流模数

依据《物流术语》(GB 18354—2021),物流模数是指"物流设施设备或货物包装的尺寸基数"。

物流活动是一种涉及多个领域和部门的活动,它包括货物的包装、运输、装卸、搬运、仓储和流通加工等许多作业环节,而且在这些作业环节中所面对的货物的尺寸规格也千差万别。物流模数能够使物流作业的对象——货件的尺寸规格得到统一和简化,并能够保证物流作业的各个环节得到协调。

物流模数可分为物流基础模数、物流集装模数、物流建筑模数等。

1) 物流基础模数

物流基础模数是物流系统各标准尺寸的最小公约尺寸。在基础模数确定之后,各个具体的尺寸标准,都以物流模数为依据,选取其整数倍,作为规定的尺寸标准。物流基础模数一旦确定,设备的制造和设施的建设,物流系统中各环节的配合协调,物流系统与其他系统的配合就有所依据。物流基础模数的确定主要考虑了运输设备,同时也考虑了现行的包装模数、集装设备以及与人机工程配合的要求。目前 ISO(International Organization for Standarization,国际标准化组织)及欧洲已基本认定 600mm × 400mm 作为物流基础模数尺寸。

2) 物流集装模数

物流集装模数的确定是以物流基础模数为基础,按倍数系列推导出来的。物流集装模数尺寸以 1000mm × 1200mm 为主,也允许 800mm × 1000mm 和 800mm × 1200mm 等规格。物流集装模数和物流基础模数的关系,以物流集装模数 1000mm × 1200mm 为例进行说明,如图 8-1 所示。

3) 物流建筑模数

物流建筑模数尺寸标准,主要是物流系统中各种建筑物所使用的基础模数,它是以物流基础模数尺寸为依据确定的,也可以选择共同的模数尺寸。该尺寸是设计建筑物长、宽、高尺寸、门窗尺寸、建筑物间距离、跨度及进深等尺寸的依据。

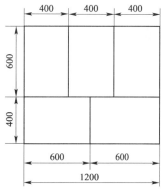

图 8-1 基础模数与集装模数的关系
(尺寸单位:mm)

集装模数尺寸标准,是在物流基础模数尺寸基础上推导出的各集装设备的基础尺寸,以此尺寸作为设计集装设备三向尺寸的依据。在物流系统中,由于集装是起贯穿作用的,集装模数尺寸必须与各环节物流设施、设备、机具相配合,因此整个物流系统设计时往往以集装模数尺寸为核心,然后在满足其他要求的前提下决定设计尺寸。因此,集装模数尺寸影响和决定着与其相关各环节的标准化,物流模数可以用于规范物流包装尺寸,确定物流集装单元器具规格尺寸,以及作为物流设施与设备设计时的尺寸基准。

第三节 托 盘

一、托盘概述

依据《物流术语》(GB 18354—2021),托盘是指"在运输、搬运和存储过程中,将物品归整为货物单元时,作为承载面并包括承载面上辅助结构件的装置"。托盘是一种便于运输、搬运和储存货物的集装器具。它是静态货物转变成动态货物的载体,是装卸搬运、仓储保管以及运输过程中均可利用的工具。为了与叉车等搬运设备配套,托盘底部还必须设有供叉车插入的叉孔。

1. 托盘的特点

与集装箱相比,托盘主要有以下特点:

(1)托盘自重很小,因而用于装卸搬运和运输所消耗的劳动较小,无效运输和无效装卸搬运的作业量也都很小。

(2)托盘造价不高,体积较小,只要组织得当,托盘比较容易在贸易各方之间实现交换使用,因而可以减少空托盘运输。

(3)托盘返空运输比较容易,而且返空运输时占用运输设备的载运空间也很少。

(4)托盘使用方便灵活,货物装盘卸盘比较容易,适用的作业场合和货物种类也比较广泛。

(5)对货物的保护性差,长途搬运和运输需要可靠地固定,而且不能露天存放,需要有仓库等配套设施。

2. 托盘在现代物流中的作用

采用托盘作业一贯化作业方式可以彻底改变单件作业的低效率作业方式,极大地发挥托盘的功用。所谓托盘作业一贯化,就是以托盘货物为单位组织物流活动,从发货地到收货地中途不更换托盘,始终保持托盘货物单元状态的物流作业方式。托盘的基本作用主要有:

(1)将若干零散的单件物品集装成较大规格的装卸搬运单元货件,可以加大每一次货物装卸搬运量,便于实现装卸搬运作业机械化和自动化,提高装卸作业的速度和效率。

(2)利用托盘理货和装卸搬运作业,可以提高货物的搬运活性,便于迅速将货物从一种状态转入另一种状态,从一个物流环节转入另一个物流环节,全面提高物流作业速度。

(3)以托盘为依托,将分散货物集装成一个较大的包装单元,可以简化商品的运输包装,节约包装材料和费用;并且便于货物数量清点及管理,减少货损、货差率。

(4)在仓储过程中利用托盘储存货物,便于货物高层堆码或采用高层货架存放货物,实现立体化储存,可充分利用仓库空间,提高仓库容积利用率,并且便于实现机械化和自动化存取作业。

(5)利用托盘进行货物运输,便于货物快速装卸,以及快速从一种运输方式向另一种运输方式转换,避免单件货物的重复倒装等无效劳动,提高货物中转运输作业速度,加快运输工具的周转速度。

二、托盘的类型与应用

托盘的种类繁多,通常按照托盘结构分为平托盘、立柱式托盘、箱式托盘、轮式托盘和特种货物专用托盘等多种类型。

1. 平托盘

平托盘是由承载面和一组纵梁相结合构成的平板货盘,其承载面上一般设有辅助结构件,底部设有叉车叉孔,可用于集装物料,可使用叉车或托盘搬运车等进行作业。

根据承载面的数量和类型,托盘可以分为单面型、单面使用型、双面使用型和翼边型等;根据叉车货叉的插入方式,托盘可以分为双向进叉型和四向进叉型等,由此组合形成的平托盘的基本结构类型如图8-2所示。

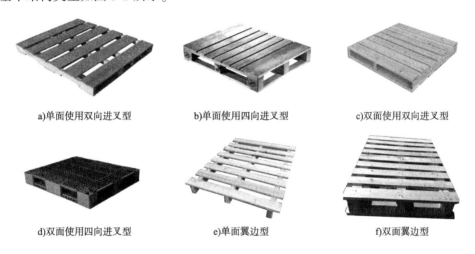

图8-2 平托盘的基本结构类型

按照制造材料,托盘可分为木制平托盘、塑料平托盘、钢制平托盘、铝合金托盘、复合材料平托盘和纸质托盘等多种类型。

2. 立柱式托盘

立柱式托盘是指带有用于支承堆码货物的立柱的托盘。立柱式托盘的基本结构是在托盘的四个角设置钢制立柱。立柱与托盘之间的连接形式有固定式、折叠式和可拆装式三种;有的柱式托盘为了增强立柱的支承刚度,在立柱之间用横梁相互连接,形成框架式结构,如图8-3所示。

图8-3 立柱式托盘

立柱式托盘的性能特点是:利用立柱可以防止托盘上所放置的货物在运输和装卸等过程中发生坍塌;在托盘货件堆垛存放或运输时,利用立柱支承上层货物,以防下层货物受压损坏。

3. 箱式托盘

箱式托盘(图8-4)就是在四面装有壁板而构成箱形的托盘。箱式托盘的壁板有整板式、密装板式和格栅式等结构类型,壁板与底座之间的连接形式有固定式、折叠式和可拆装式三种。有的箱体上还装有顶板,有的壁板设有可开启的、便于装卸货物的箱门。另外,还有的箱式托盘采用网式壁板,这种托盘也称笼式托盘。

a) 带顶板

b) 壁板有可开启的箱门

c) 笼式托盘

图 8-4 箱式托盘

4. 轮式托盘

轮式托盘是在立柱式托盘或箱式托盘的基础上,在底部装有小型轮子而构成的一种托盘。轮式托盘也称为物流笼车,具有立柱式托盘和箱式托盘的共同优点,能够方便短距离移动,在不能够使用机械搬运时便于通过人力推动搬运,还便于在运输车辆和船舶上进行滚上滚下式的装卸。

5. 特种货物专用托盘

1) 平板玻璃专用托盘

如图8-5所示,双面进叉式平板玻璃专用托盘是专门用于集装大规格平板玻璃的托盘,也称为平板玻璃集装架。装卸和运输过程中,托盘支承和固定着竖立放置的大规格平板玻璃,并且玻璃顺着车辆的前进方向,装卸方便,防损防盗,破损率小,满载率高,空载时可堆码存放,既可用叉车也可用吊车进行装卸。

2) 轮胎专用托盘

如图8-6所示,轮胎专用托盘一般采用单层或多层框架式结构,实际上是一种特殊的立柱式托盘。轮胎竖立摆放在托盘框架之内,利用横梁将轮胎限位以防滚动;分层放置,可以避免轮胎相互挤压;托盘货载进行堆垛时,立柱的支承作用能防止造成轮胎挤压。

图 8-5 双面进叉式平板玻璃专用托盘

图 8-6 轮胎专用托盘

3) 油桶专用托盘

油桶专用托盘是专门用于装运桶类货物的托盘。油桶可采用卧式摆放或立式摆放。如图8-7所示,卧式油桶托盘一般在托盘平面上设有挡板或挡块,以防油桶发生滚动;立式油桶托盘一般在托盘平面上设有凸出的挡边,将油桶直立放进之后可以形成有效的限位。

a)卧式　　　　　　　　b)立式

图8-7　油桶专用托盘

三、托盘的标准化

随着现代物流的发展,建立托盘联运系统、实行托盘作业一贯化是大势所趋。只有实现了托盘标准化,托盘货物才能在各个物流环节之间以及各个不同的国家、地区和企业之间顺畅地流通,才能使托盘与相应的各种装卸搬运设备、运输设备、集装箱和货架等设备的相关结构尺寸相匹配。目前,全世界主要的工业化国家都有自己的标准托盘,但所用的尺寸各有不同,国际标准化组织难以进行绝对的统一,只能做到相对统一。

国际标准化组织制定的托盘国际标准《联运通用平托盘　主要尺寸及公差》(ISO 6780)规定了六种托盘标准规格:1200mm×800mm,1200mm×1000mm,1219mm×1016mm,1140mm×1140mm,1100mm×1100mm 和 1067mm×1067mm。

我国《联运通用平托盘　主要尺寸及公差》(GB/T 2934—2007)规定,自2008年3月1日起,我国推行使用的标准托盘平面尺寸规格为1200mm×1000mm 和 1100×1100mm 两种,并优先推荐1200mm×1000mm。此外,托盘高度以及叉孔的相关尺寸主要取决于托盘的具体结构。国家标准从保证便于叉车等搬运设备叉取作业的角度规定了相应的尺寸限值。

四、托盘货物的作业

1. 托盘货物的紧固方法

托盘货物常见的紧固方法有捆扎、薄膜裹包加固、围框紧固、胶带加固等,以保证货物的稳固,防止货物散垛。特殊场合还采用专用网罩紧固、金属卡具加固以及货物中间夹摩擦材料紧固等加固方法。

2. 常见托盘货物作业设备

(1)托盘裹包机:指采用拉伸膜对托盘货物进行裹包加固的专用设备,也称托盘缠绕机。

(2)托盘捆扎机:指主要用于对托盘货物进行捆扎固定的设备。

(3)托盘自动堆码机:能够自动完成托盘货物堆码作业的设备,堆码速度为15~30件/min。

(4)托盘堆码机器人:是一种仿真人操作、自动操作、重复编程以及在三维空间完成规定作业的自动化托盘堆码设备。

第四节　集装箱运输技术

一、集装箱

集装箱是最主要的物流集装器具之一。

1. 集装箱的定义

依据《物流术语》(GB 18354—2021),集装箱是指"具有足够的强度,可长期反复使用,适于多种运输工具,而且容积在 $1m^3$ 以上(含 $1m^3$)的集装单元器具"。

2. 集装箱的特点

集装箱作为一种集装化运输设备,具有以下显著特点:①集装能力强,货物装载量大,可以极大地提高货物装卸效率;②封闭性好,对货物有良好的保护作用,既能防风雨侵蚀,又能防丢防盗,可以简化包装;③可以作为小型储存仓库露天多层堆垛,节约堆场面积、库房和库存费用;④装卸搬运方便、快捷,在车辆上固定简单、牢靠;集装箱通过其顶部的四个角件与专用的装卸搬运吊具,可以实现快速、便捷的起吊和装卸搬运作业;同时,通过其底部的四个角件与运输车辆上的专用转锁装置,可以非常简单且牢靠地将其固定在车上;⑤便于中转运输,便于各个环节之间的交接;集装箱货物经装箱人清点后锁好箱门并打好封志,在整个运输过程中不需要对货物逐件进行清点和交接,便于中转运输和多式联运;⑥有较高的强度,可以长时间反复使用,使用寿命较长;结构简单,故障率低,维修方便,维修费用较低;⑦集装箱能够装载各种类型的包装件、无包装件的件杂货物以及托盘集装单元货物,也可以装载散装货物、液体货物及各种特殊货物,装载货物的适应性强。

二、集装箱的分类和应用

1. 按照结构和用途分类

按照结构和用途,集装箱可分为通用杂货集装箱和专用集装箱两大类。常见的专用集装箱主要有冷藏集装箱、散货集装箱、通风集装箱、罐式集装箱、敞顶集装箱、台架式集装箱、平台集装箱、动物集装箱、汽车集装箱和服装集装箱。

1)通用杂货集装箱

如图 8-8 所示,通用杂货集装箱,也称为干货集装箱,主要用于装运除了液体货物、冷藏货物和鲜活货物等特殊货物以外的各种货物。杂货集装箱一般均为封闭式结构,多数在后端设有箱门,有的除后端设端门外,在侧壁上还设有侧门。有的杂货集装箱的侧壁完全可以打开,这种集装箱在铁路货车上装箱、拆箱作业十分方便。

2)冷藏集装箱

如图 8-9 所示,冷藏集装箱是指具有保温或制冷功能,专门用于运输要求保持一定温度的低温货物或冷冻货物的集装箱,主要适用于运输鱼、肉、新鲜水果蔬菜和冷冻食品等货物。通用杂货集装箱可分为内部带有冷冻机的机械式冷藏集装箱和内部无冷冻机的外置式冷藏集装箱。

图 8-8　通用杂货集装箱　　　　　　　　图 8-9　冷藏集装箱

3）散货集装箱

如图 8-10 所示，散货集装箱是专门用于装载干散货物的集装箱，适于运输的货物主要有粮食、谷物、豆类、麦芽、硼砂、树脂以及颗粒状化学制品等干散货物。除了端部设有箱门外，一般在箱顶上还设有装货口，在箱门的下方还设有卸货口。箱顶部的装货口处设有水密性良好的顶盖，以防雨水侵入箱内。

4）通风集装箱

如图 8-11 所示，通风集装箱是一种带有箱门的密闭式集装箱，一般采用自然通风，在侧壁或端壁上设有一定数量的通风口，适于装载菌类、食品、新鲜水果蔬菜以及其他需要通风、防止潮湿的货物，能有效防止物品在运输途中腐烂变质。通风口关闭后，又可作为杂货集装箱使用。

图 8-10　散货集装箱　　　　　　　　图 8-11　通风集装箱

5）罐式集装箱

如图 8-12 所示，罐式集装箱是专门用于装运液体货物的集装箱，有的也可以装载颗粒状和粉末状货物。它主要由罐体和箱体框架两部分构成。框架一般采用高强度钢，其强度和尺寸应符合国际标准的要求。角柱上也装有标准角配件，装卸时与国际标准集装箱相同。罐式集装箱有单罐、多罐、卧式罐和立式罐等多种类型。罐体顶部设有注料口，罐底部设有卸料阀。

6）敞顶集装箱

敞顶集装箱是一种箱顶可以拆下来的集装箱，又分硬顶和软顶箱顶。硬顶是用钢板制成的可以开启的箱顶；软顶是用可折叠式或可拆卸式的弓梁支承的帆布、塑料布制成的顶篷，并适于装载大、重型货物，如钢材和木材，特别是像玻璃板等易碎的重型货物。这些货物可由吊车从箱顶部吊入箱内，既不易损坏货物，又便于在箱内固定货物。

7）台架式集装箱

台架式集装箱没有箱顶和侧壁，有的也没有端壁，只有底板和四个角柱的集装箱，如图 8-13 所示。台架式集装箱适于装运长大货件和重型货件，如重型机械、钢材、木材、大型管材以及各种设备，货物可以用吊车从顶部装入，也可以方便地用叉车从箱侧面装货。有的四个角柱还可以折叠或者拆卸，以减少空箱回运时的空间占用。怕水湿的货物不能用这种集装箱装运。

图 8-12　罐式集装箱

图 8-13　台架式集装箱

8）平台集装箱

平台集装箱是指无上部结构而只有底部结构的一种集装箱。

9）动物集装箱

动物集装箱是专门用于装运牛、马、羊、猪、鸡、鸭、鹅等活体家畜家禽的集装箱。为了遮蔽阳光，箱顶采用胶合板遮盖；侧面和端面都设有窗口，保证良好的通风。侧壁下方设有清扫口和排水口，配有可上下移动的拉门，便于把垃圾清扫出去。动物集装箱由于不允许堆装，其载质量也较小，故强度低于国际标准集装箱的要求。

10）汽车集装箱

汽车集装箱是专门用于装运小型汽车的集装箱。如图 8-14 所示，汽车集装箱的结构有的与普通杂货集装箱相似，有的则是在简易箱底上装一个钢制框架，没有端壁和侧壁。箱底采用防滑钢板，箱内还设有固定汽车的装置。汽车集装箱有装单层和装双层之分，双层汽车集装箱的高度高于国际标准集装箱。

11）服装集装箱

服装集装箱是专门用于装运高档服装的集装箱，如图 8-15 所示，在箱内上侧梁上装有许多横杆，横杆上垂下若干条皮带扣或绳索，利用衣架上的挂钩把服装直接挂在带扣或绳索上，从而保证服装在长途运输过程中不会被重压而产生褶皱。

图 8-14　汽车集装箱　　　　　　　图 8-15　服装集装箱

2. 按照运输方式分类

1）联运集装箱

联运集装箱是能适用于铁路、公路、水路和航空多式联运系统的集装箱。它可以便利地从一种运输方式转移到另一种运输方式,途中转运时无须进行货物倒装。

2）海运集装箱

海运集装箱是适用于海洋运输的集装箱。国际集装箱多式联运最主要的运输方式是海运,所以,现代的海运集装箱基本上都是联运集装箱。

3）铁路集装箱

铁路集装箱是指专门用于铁路运输系统的集装箱,可分为公铁联运和水铁联运集装箱。

我国铁路集装箱按照质量和尺寸主要分为1t箱、10t箱、20ft❶箱、40ft箱,此外还有少数其他质量和尺寸的集装箱,其中1t箱主要用于铁路零担货物运输。

4）航空集装箱

航空集装箱是指用于航空货运、邮件和航空旅客行李运输的集装箱。除了联运集装箱,航空集装箱主要指航空专用集装箱。为减轻自重,航空集装箱一般采用铝合金材料制成。

3. 特殊结构集装箱

1）折叠式集装箱

折叠式集装箱是指侧壁、端壁和箱门等主要部件能很方便地折叠起来,反复使用时可再次撑开的一种集装箱,如图 8-16 所示。它主要用在货源不平衡的航线上,是为了减少回空时的舱容损失而设计的。其折叠之后的高度仅相当于集装箱高度的 1/4。

2）连体集装箱

连体集装箱是用特制的连接器将两个以上小规格的集装箱连接到一起,形成一个较大规格的集装箱。连体集装箱的尺寸可以根据需要任意组合,例如由两个标准的 10ft 集装箱可连接构成标准 20ft 集装箱,如图 8-17 所示。组合的两个箱体内部可相互贯通合一,也可分割成两份使用。

3）成套集装箱

如图 8-18 所示,成套集装箱简称套箱,由一组外部长、宽、高尺寸形成等差的集装箱组

---

❶　ft 是英尺的简写,1ft = 0.3048m。

合而成,最大的箱一般为标准规格尺寸,其他箱为非标准箱,但各个箱都具有标准的角件,可以独立作为小型物流集装箱或小型仓库装载货物;空箱回运或储存时,可以依次将小箱套入大箱之中,因而可以节约装载空间和储存空间。

图 8-16　折叠式集装箱

图 8-17　连体集装箱

4)交换车体集装箱

如图 8-19 所示,交换车体集装箱也称为箱体交换车体(Swap Body)。其箱体结构与普通集装箱相同,但是在其底部配有四个可折叠的支腿,可以支撑集装箱停放。

图 8-18　成套集装箱

图 8-19　交换车体集装箱

按照制造材料不同,集装箱可分为钢制集装箱、铝合金集装箱、玻璃钢集装箱及不锈钢集装箱。不同材质性能各异,适用于不同的使用场合。

三、集装箱的构造和主要参数

为了有效地开展国际集装箱多式联运,必须注重集装箱标准化。

1. 集装箱标准的类型

按照各种集装箱标准使用范围的不同,集装箱可以分为国际标准集装箱、地区标准集装箱、国家标准集装箱和公司标准集装箱四种。

1)国际标准集装箱

国际标准集装箱是指根据国际标准化组织第 104 技术委员会(ISO/TC 104)制定的国际标准来建造和使用的国际通用的标准集装箱。

ISO/TC 104 已经制定了 18 项集装箱国际标准,将国际集装箱划分为 3 个系列。现在国际上通用的集装箱为第 1 系列国际标准集装箱。根据国际标准 ISO 668:2005 的规定,第 1 系列集装箱共有 A、B、C、D、E 五大类 15 种型号。随着第 1 系列国际标准集装箱的广泛应用,第 2 系列和第 3 系列均降格为技术报告,主要在欧洲等部分地区和国家使用。

2) 国家标准集装箱

国家标准集装箱是世界各国政府参照国际标准并考虑本国具体情况而规定的,在本国范围内适用的标准集装箱。

我国于1978年颁布实施了第一个集装箱国家标准《货物集装箱外部尺寸和额定重量》(GB 1413—1978)。1980年成立了全国集装箱标准化技术委员会,先后制定了21项集装箱国家标准和11项集装箱行业标准。经过1985年、1998年和2008年的三次修订,等同采用了国际标准 ISO 668:2005,形成了国家标准《系列1集装箱 分类、尺寸和额定质量》(GB 1413—2008)。

2. 国际标准集装箱的型号和主要参数

根据《系列1集装箱 分类、尺寸和额定质量》(GB 1413—2008)的规定,我国国家标准集装箱完全等同采用了系列1国际标准集装箱的相关标准,并规定了集装箱的分类型号和主要参数,见表8-1。

系列1国际标准集装箱的型号和主要参数　　　　　　　表8-1

集装箱型号	公称长度		长度		宽度		高度		额定质量（总质量）	
1EEE	13m	45ft	13716mm	45ft	2438mm	8ft	2896mm	9ft6in	30480kg	67200lb ❷
1EE							2591mm	8ft6in		
1AAA	12m	40ft	12192mm	40ft	2438mm	8ft	2896mm	9ft6in	30480kg	67200lb
1AA							2591mm	8ft6in		
1A							2438mm	8ft		
1AX							<2438mm	<8ft		
1BBB	9m	30ft	9125mm	29ft11.25in ❶	2438mm	8ft	2896mm	96ft	30480kg	67200lb
1BB							2591mm	86ft		
1B							2438mm	8ft		
1BX							<2438mm	<8ft		
ICC	6m	20ft	6058mm	19ft10.5in	2438mm	8ft	2591mm	8ft6in	30480kg	67200lb
1C							2438mm	8ft		
1CX							<2438mm	<8ft		
1D	3m	10ft	2991mm	9ft9.75in	2438mm	8ft	2438mm	8ft	10160kg	22400lb
1DX							<2438mm	<8ft		

1) 国际标准集装箱的外部尺寸与型号

系列1国际标准集装箱的宽度均为8ft(2.438m)。根据其外部长度的不同,目前国际标

---

❶ in 是英寸的简写,1in = 0.0254m。

❷ lb 是磅的简写,1lb≈0.454kg。

准集装箱共分为 E、A、B、C、D 五种类别,E 类集装箱最长(最大),D 类集装箱最短(最小)。在生产实践中,通常是以集装箱的公称长度来表示集装箱的类别和大小。集装箱的公称长度是指对集装箱的标准尺寸不考虑公差并将其化整到最接近的整数尺寸。E 类集装箱公称长度为 45ft(13.716m)、A 类集装箱为 40ft(12m)、B 类集装箱为 30ft(9m)、C 类集装箱为 20ft(6m)、D 类集装箱为 10ft(3m)。其中,A 类和 C 类集装箱是国际集装箱多式联运中用量最多、应用最广泛的两类集装箱。

各种类别的集装箱又根据其高度的不同划分出不同的型号,共 15 种。其中,高度为 2896mm(9ft6in)的集装箱的型号定为 1EEE、1AAA、1BBB 型 3 种;高度为 2591mm(8ft6in)的集装箱的型号定为 1EE、1AA、1BB、1CC 型 4 种;高度为 2438mm(8ft)的集装箱的型号定为 1A、1B、1C、1D 型 4 种;高度小于 2438mm(8ft)的集装箱的型号定为 1AX、1BX、1CX、1DX 型 4 种。

2)集装箱的质量参数

集装箱的质量参数主要包括集装箱空箱质量、载货质量和额定质量。空箱质量是指包括永久性附件在内的空箱重量(习惯简称自重)。载货质量是指集装箱内装载货物的最大容许质量,它是集装箱额定总质量与空箱质量之差。额定质量是指集装箱空箱质量与载货质量之和,也称为额定总质量,它是集装箱使用过程中限定的最大总质量限值。国际标准中限定集装箱额定总质量,主要是为集装箱的装载以及集装箱装卸搬运设备、运输设备和相关设施的设计制造和使用提供统一的标准依据,以防超载。

3)集箱的内部尺寸和箱门开口尺寸

为了方便集装箱货物的配载和装卸,保证集装箱内部容积得到充分的利用,国际标准中对集装箱的内部尺寸和门框开口尺寸进行了具体的规定,见表 8-2。在集装箱的使用过程中,应当根据该尺寸数据确定货物的包装尺寸规格,规划集装箱货物的配装。

系列 1 通用集装的最小内部尺寸和门框开口尺寸(单位:mm)　　　　表 8-2

集装箱型号	最小内部尺寸			最小门框开口尺寸	
	高度	宽度	长度	高度	宽度
1EEE	箱体外部高度减去 241	2330	13542	2566	2286
1EE			13542	2261	
1AAA			11998	2566	
1AA			11998	2261	
1A			11998	2134	
1BBB			11931	2566	
1BB			8931	2261	
1B			8931	2134	
1CC			5867	2261	
1C			5867	2134	
1D			2802	2134	

3.集装箱的数量统计计量单位

TEU(Twenty-feet Equivalent Unit),即20ft标准集装箱(长20ft×宽8ft×高8ft6in,内容积为5.69×2.13×2.18m^3,配货毛质量一般为17.5t,体积为24~26m^3),简称标准集装箱、标准箱,也是国际标准箱单位。TEU通常用来表示船舶装载集装箱的能力,也是集装箱和港口吞吐量的重要统计、换算单位。

在集装箱的生产、制造以及集装箱运输、堆存等使用过程中,通常需要统计集装箱的数量,可分为按照集装箱的实际个数统计和按照换算标准箱数统计两种方式。

按照集装箱实际个数统计是指不区分集装箱的规格大小、体积和装载能力,这样统计出来的集装箱数量称为"自然箱数"。自然箱数可以确切地表明集装箱的实际个数,但不能准确地反映集装箱的装载能力、集装箱占用运输工具和堆场的体积规模等数据,因此在集装箱的使用过程中这种统计方法应用较少,而是按照换算标准集装箱的方法加以统计。

按照换算标准集装箱的方法统计,是以公称长度为20ft的集装箱作为换算标准箱,对其他长度的集装箱进行换算,即20ft集装箱为1TEU,40ft集装箱为2TEU,30ft集装箱为1.5TEU,10ft集装箱为0.5TEU,这样换算得出的集装箱数量称为"标准箱数",并用TEU作为标准箱数的统计计量单位。使用标准箱数TEU作为集装箱的统计计量单位,能够更准确地反映集装箱的运输量以及集装箱港站的吞吐量和生产规模。这是国际上通用的集装箱数量统计计算方法。

4.集装箱的结构

国际标准集装箱是用金属材料制造而成的箱形六面体,通用集装箱的结构如图8-20所示,由箱顶、箱底、两个侧壁、端壁和一对箱门组成,主要特点是有8个角件,依靠这8个结构简单、定位精确的角件,可以方便地完成集装箱的装卸、栓固、堆码、支撑等作业。

集装箱的结构根据制造材料和用途的不同而有不同的形式。

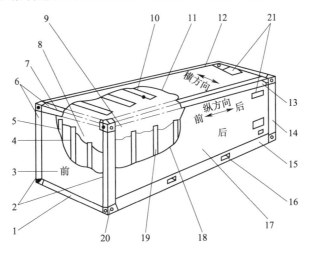

图8-20 通用集装箱的结构

1-下横梁;2-角柱;3-端壁;4-端柱;5-端壁板;6-端框架;7-上横梁;8-端壁内衬板;9-侧壁内衬板;10-顶梁;11-顶板;12-箱顶;13-上桁材;14-角柱;15-下桁材;16-叉槽;17-侧壁;18-侧壁板;19-侧壁柱;20-角配件;21-所有者符号

第五节　其他常见集装器具

1. 集装袋

集装袋是用柔性材料制成的袋式集装器具。集装袋主要用于装运散装固体颗粒状或粉末状货物,常用于化肥、水泥、砂糖、纯碱及矿砂等货物的运输。

(1)集装袋。标准集装袋主要由袋体和吊带组成。如图 8-21 所示,袋体可为圆形和方形;吊带可为顶部吊带式、底部吊带式和无吊带式。有的在顶部设有装料口、在底部设有卸料口,有的只在顶部设有装、卸货共用的料口。

a)圆形　　　　　　　　　b)方形　　　　　　　　　c)底部卸料口

图 8-21　集装袋

《集装袋》(GB/T 10454—2000)和《集装袋运输包装尺寸系列》(GB/T 17448—1998)制定了各种类型集装袋的标准尺寸系列。

(2)液体集装袋。液体集装袋是一种以聚乙烯和聚丙烯等柔性材料制成的装运液体货物的密闭包装袋,通常装在 20ft 通用集装箱内进行载运,主要用于装运各类散装的非危险液体货物,如葡萄酒、果汁、食用油、石油产品和化学产品等。液体集装袋运输装载量比采用桶装运输提高 10% ~20%;袋体价格便宜,可以一次性使用,可有效避免货物被运输包装污染的危险。根据不同的液体特性,液体集装袋通常采用不同的材料制成。

2. 滑板

滑板是指在一个或多个边上设有翼板的平板,用它作为搬运、储存或运输单元载荷形式货物或产品的底板,如图 8-22 所示。滑板实际上是平托盘的一种特殊形式,所以也称为滑板托盘。滑板的材料主要是纸板和塑料板。

3. 集装网

集装网是指用高强度纤维材料制成的网状集装器具,有盘式集装网和箱式集装网等类型。集装网主要用于装运包装货物和无包装的块状货物及形状不规则的成件货物,其载质量一般为 500~1500kg,在装卸中采取吊装方式。

滑板的结构主要区分在翼板数量和位置上,如图 8-23 所示。

4. 周转箱

周转箱即物流周转箱,主要是指以聚烯烃塑料为原料、采用注塑成型方法生产的塑料周转箱,广泛用于机械、汽车、家电、轻工、电子和食品等行业,适用于工商企业和物流中的运输、配送、储存和流通加工等各个环节,可以反复周转使用。周转箱可与多种物流容器和工位器具配合,用于各类仓库、生产现场等场合,有利于实现物流容器的通用化、一体化管理,有利于生产企业及流通企业完善现代化物流管理。

a)滑板　　　b)货载

c)推拉器式叉车　　　d)叉取货件

图 8-22　滑板

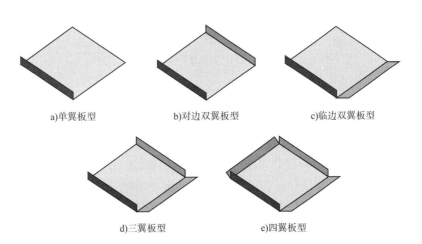

a)单翼板型　　　b)对边双翼板型　　　c)临边双翼板型

d)三翼板型　　　e)四翼板型

图 8-23　滑板的结构类型

1)周转箱的类型

周转箱按照外形结构的不同,可分为通用型、折叠型和斜插型等类型。

通用型周转箱如图 8-24 所示,其四面箱壁与底面相互垂直,箱底面外周四边的尺寸与箱口内沿四边的尺寸一致,小于箱外壁的尺寸,因而在箱底上方构成堆垛凸台,以便周转箱进行堆垛时将上层箱的箱底卡入底层箱的箱口内,形成较紧密的配合,保证堆垛稳定可靠,在小倾角偏斜时不会造成滑垛。

图 8-24　通用型周转箱

折叠型周转箱的四面壁板可以折叠放平,以便于空箱堆垛或回空运输时将周转箱折叠堆垛,从而大大减小所占用的空间,提高仓库和运输工具空间的利用率。

斜插型周转箱如图 8-25 所示,四面箱壁与箱底面之间具有一定的倾斜角度,形成上大下小的倒梯形结构,以便于空箱堆垛时上层箱插入底层箱内,从而减小所占用的空间,提高仓库和运输工具的有效空间利用率。斜插型周转箱一般带有连体外翻式箱盖,短边有堆码限位块,防止周转箱错位和倾倒,满载堆码时也不会出现滑垛。

a)单箱　　　　　　　　b)空箱斜插堆垛　　　　　　　c)满箱堆垛

图 8-25　斜插型周转箱

2)周转箱的规格尺寸系列

根据《塑料物流周转箱》(BB/T 0043—2007)的规定,标准规格的周转箱规格尺寸(长×宽)优先系列为 600mm×400mm、400mm×300mm 和 300mm×200mm;高度优先系列为120mm、160mm、230mm、290mm 和 340mm。标准规格周转箱的设计载质量一般为 70kg。

5. 航空集装板

航空集装板是具有标准尺寸且带有中间夹层的由硬质铝合金制成的平板,使用专用的网套、集装棚和集装罩加以固定。集装板货件装进飞机货舱后,通过货舱底板的限动装置予以固定。具体要求参见《航空货运集装板技术条件和试验方法》(GB/T 18227—2000)。

第六节　集装箱装卸搬运装备

一、集装箱装卸搬运吊具

集装箱吊具是一种装卸集装箱的专用吊具,通过其端部横梁四角的旋锁与集装箱的角件连接,由驾驶员操作控制旋锁的开闭,进行集装箱装卸作业。集装箱吊具是按照 ISO 标准设计和制造的。按照结构特点,可分为固定式、吊梁式、伸缩式子母式和双吊式集装箱吊具。

1. 固定式吊具

1)直接吊装式吊具

直接吊装式吊具如图8-26所示,是将起吊20ft或者40ft集装箱的专用吊具直接悬挂在起升钢丝绳上,液压装置装设在吊具上,通过旋锁机构转动旋锁,与集装箱的角配件连接或者松脱。这种吊具结构简单,质量最轻,但只适用于起吊一定尺寸的集装箱,更换吊具需要花费较长的时间,使用起来不够方便。

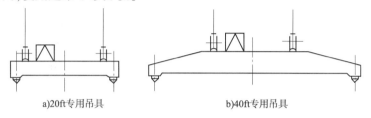

图8-26 直接吊装式吊具

2)吊梁式吊具

吊梁式吊具如图8-27所示,是将专门制作的吊梁悬挂在起升钢丝绳上,当起吊20ft集装箱时,将20ft专用吊具与吊梁连接;起吊40ft集装箱时,则将40ft专用吊具与吊梁连接,液压装置分别装设在20ft或40ft专用吊具上,这种吊具较直接吊装式吊具容易更换,但质量较大。

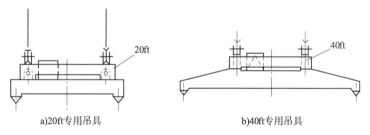

图8-27 吊梁式吊具

2. 主从式吊具

主从式吊具如图8-28所示,其基本吊具为20ft集装箱专用吊具,可起吊20ft集装箱,液压装置装设在基本吊具上,通过旋锁机构转动旋锁。当需要起吊40ft集装箱时,则将40ft集装箱专用吊具的角配件(与集装箱角配件相同)与20ft集装箱专用吊具的旋锁机构连接。40ft专用吊具的旋锁机构由装设在20ft专用吊具上的液压装置驱动。主从式吊具更换吊具比直接吊装式吊具更为方便,但质量仍然较大,为8~9t。

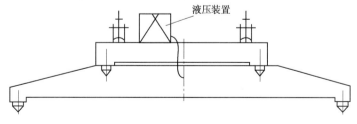

图8-28 主从式吊具

3. 伸缩式吊具

伸缩式吊具如图8-29所示,是近几年出现的一种吊具,它具有伸缩吊架,当收缩到最小尺寸时可起吊20ft集装箱,而当伸开到最大尺寸时则可起吊40ft集装箱。吊具的伸缩在驾驶员室内操作,变换吊具的时间只要20s左右,但质量仍然较大,为10~11t。伸缩式吊具是目前集装箱起重机采用最为广泛的一种。

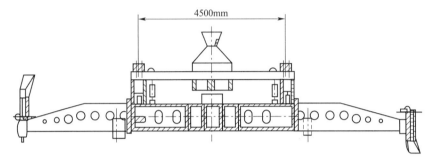

图8-29 伸缩式吊具

4. 子母式吊具

如图8-30所示,子母式吊具是将专门制作的吊梁悬挂在起升钢丝绳上,吊梁上装有液压装置,用于驱动吊具上的旋锁机构。当需要起吊20ft集装箱时,将20ft专用吊具与吊梁连接;当需要起吊40ft集装箱时,则将40ft专用吊具与吊梁连接,连接方式不是采用旋锁机构转动旋锁与角配件连接,因而这种吊具质量比主从式吊具质量轻,为8t左右。

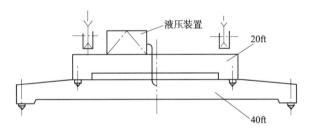

图8-30 子母式吊具

5. 双吊式吊具

如图8-31所示,双吊式吊具由悬挂在起升钢丝绳上的直接吊装式吊具组成,相互之间采用自动连接装置连接,可同时起吊两个20ft集装箱,因而大大提高了集装箱起重机的装卸效率,但集装箱必须放置在一定的位置,且只能起吊20ft集装箱,故只适于特定的作业条件。

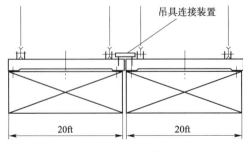

图8-31 双吊式吊具

哪种吊具更为合理不能一概而论,取决于所装卸的集装箱数量、箱型变化情况和经济性等。在各种集装箱混载的情况下,为了缩短更换吊具的时间,多采用伸缩式吊具,但伸缩式吊具质量较大,液压部件多,容易发生故障,伸缩框架容易损坏。在同一箱型装卸数量大的情况下,往往是不经济的,不如配备多种专用吊具更为合适。

对于各种结构形式的吊具,都要努力做到轻量化,提高其可靠性。在起重量一定的情况下,减轻吊具的自重,可以减少集装箱起重机的起升载荷,对于起升机构具有变力矩调速特性的起重机,可大大提高起重机的装卸效率。

二、集装箱船装卸设备

集装箱船装卸机械系统主要实现船岸交接,对停靠的集装箱船舶进行装卸作业。通常采用岸边集装箱装卸桥,在多功能综合码头上较多采用多用途桥式起重机、多用途门座起重机和轮胎式起重机等。

1. 岸边集装箱起重机

岸边集装箱起重机(简称岸桥或桥吊)具有效率高、车船作业简便、适用性强的优点,是集装箱码头前沿装卸集装箱船舶的专用起重机。岸桥使用伸缩式集装箱专用吊具,并装设有吊具防摇装置。岸桥具有较高生产率,第一代岸桥平均生产率为 25TEU/h,特大型岸桥可达 50~60 TEU/h。

如图 8-32 所示,岸边集装箱装卸桥主要由带行走机构的门架、承担臂架质量的拉杆和臂架等部分组成。臂架可以分为海侧臂架、陆侧臂架和门中臂架 3 个部分。在运用岸边集装箱装卸桥时,要选择和确定合适的性能参数,如起重量、起升高度、外伸距、内伸距和工作速度等。

1)岸桥的分类

(1)按主梁结构形式,可分为单箱形梁结构岸桥、双箱形梁结构岸桥、板梁与桁梁混合结构岸桥以及全桁梁结构岸桥。

图 8-32 岸边集装箱装卸桥

(2)按行走小车牵引方式,可分为自行小车式岸桥、全绳索牵引小车式岸桥、半绳索牵引小车式岸桥和导杆牵引小车式岸桥。

自行小车式岸桥是将起升机构和小车运行机械都装在小车架上,小车可自主行走,这种结构形式比较简单;全绳索牵引小车式岸桥是将起升机构驱动装置与小车行车驱动装置都装在机器房内,而不是装设在小车车架上,小车行走靠钢丝牵引,这种结构形式减少了小车自重,小车牵引性能好;半绳索牵引小车式岸桥兼有自行小车式和全绳索牵引小车式的优点;导杆牵引小车式岸桥也是将起升驱动装置和小车行车驱动装置都装设在机器房内,但小车的行走牵引不是用钢丝绳,而是用一套摆动导杆机构,这种小车行走速度较快,起动和加速性能好。

(3)按岸桥主梁净空高度分,为了便于船舶靠离码头,或由于有些码头周围,如飞机场附近,对岸桥高度有一定限制,因此岸桥前主梁可以做成俯仰式、伸缩式和弯折式(鹅颈式)三种形式,如图 8-33 所示。

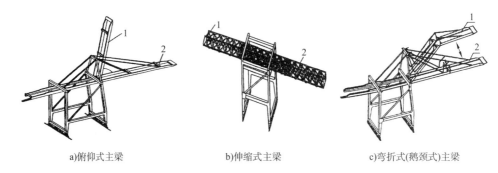

a)俯仰式主梁　　　　b)伸缩式主梁　　　　c)弯折式(鹅颈式)主梁

图 8-33　岸桥前主梁
1-非工作状态；2-工作状态

①俯仰式主梁。在工作状态下主梁仰起 45°，其主梁下的净空能安全避开船的上层建筑，使其顶部高度不会影响航线。在非工作状态下，主梁仰至 80°挂好钩。

②伸缩式主梁。这种形式主梁可通过一套驱动机构进行伸缩，当工作时前主梁向海侧方向伸出，非工作时可将前主梁收缩到陆侧框架内，这种岸桥主要适用于对净空高度要求严的场所。这种形式的岸桥前主梁是悬臂架，受的弯矩大，因此主梁断面尺寸大、质量大，通常采用桁架结构，以减轻主梁质量。

③弯折式(鹅颈式)主梁。这种形式的主梁是将前主梁做成可弯折的形式，工作时主梁可放置水平位置，非工作时仰起呈弯折形式，可保证起重机最高点不超过允许的净空高度。由于其形状像鹅颈，所以俗称为鹅颈式主梁。

（4）按供电方式，可分为滑触线供电岸桥、电缆卷筒供电岸桥和柴油发电机供电岸桥。

（5）按装卸船型，可分为巴拿马型岸桥和超巴拿马型岸桥。能通过巴拿马运河的最大船型称为巴拿马型岸桥，这类船的载质量为 7 万 t，船宽 32.32m；不适于通过巴拿马运河的船型，常称为超巴拿马型岸桥。

2）岸桥的结构特点

岸桥的结构形式依据其作业特点和操作功能而定。目前，世界上的近千台岸桥因制造厂、码头的不同而呈现不同的形式，但其基本形式差别不大。前大梁、主梁、后大梁由海侧、陆侧门框支撑，并通过梯形架连接的前后拉杆进行悬挂。海侧、陆侧门框由斜撑、门框横梁连接在一起。运行小车通过起升钢丝绳悬挂专用集装箱吊具，沿着安装在前大梁、主梁、后大梁上的轨道前后运行。驱动机构和电气设备一般设置在主梁和后大梁上。为方便驾驶员操作，驾驶室一般设置在运行小车后下部并随小车运行。

岸桥由于具有效率高、车船作业简单、适用性强的特点而运用于吞吐量较大的集装箱码头。

3）岸桥的主要技术参数

岸桥的主要技术参数包括起重量、几何尺寸、工作速度、控制与供电、防摇要求和生产率等。岸桥的几何尺寸参数与集装箱的船型、箱型、甲板上堆装层数、码头作业条件及堆场上的装卸工艺和作业方式有关，这些尺寸参数包括起升高度、外伸距、后伸距、轨距、基距以及横梁下的净空高度等。

（1）起升高度：指船舶在满载低水位时，能起吊舱底最下一层箱的总高度。起升高度为轨面以上的起升高度和轨面以下的下降深度之和。它根据船舶的型深、吃水、潮差、码头标高、甲板堆装层数和集装箱高度而定。

(2)外伸距:指海侧轨道中心线到集装箱吊具中心铅垂线之间的最大水平距离。外伸距主要根据集装箱运输船型、装卸工艺方式来确定,在确定外伸距时还应考虑船舶倾斜的影响,船舶倾角一般按3°考虑。

(3)后伸距:指岸桥陆侧轨道中心线到吊具中心铅垂线之间的最大水平距离。

(4)轨距:指岸桥大车行走的两条轨道中心线的水平距离。轨距大小对岸桥的稳定性和轮压有一定影响,轨距太小对稳定性不利。一般岸桥的轨距为16m,随着岸桥的大型化,轨距也越来越大。

(5)基距:指同一条轨道上左右两侧大车行走机械大平衡梁支点之间的中心距离。基距对岸桥的稳定性和轮压有一定影响,同时还应注意到当40ft型集装箱通过时不能与腿柱内侧相碰。

(6)横梁下净空高度:指横梁下面到轨道之间的垂直距离。其净空度应能满足流动搬运设备如火车、集装箱货车,特别是跨运车的通行要求。一般来说,不使用跨运车,火车或集装箱货车上装一层箱运行时,横梁下净空高度尺寸只需6m,如双层箱则需9m;若使用跨运车,装三层箱的跨运车净空高度尺寸则需15m。

岸桥的工作速度包括起升(下降)速度、小车运行速度、大车运行速度和前大梁俯仰速度等。岸桥各工作机构速度的选择应满足装卸工艺和生产率的要求。

目前,岸边集装箱装卸桥的起升速度一般为:满载50~55m/min,空载120~130m/min,相应的生产率为30~50TEU/h。小车行走速度已达150m/min,小车行走速度在140m/min以上时,应在吊具上安装减摇装置。由于岸边集装箱装卸桥行走机构并不是频繁工作的机构,大车行走速度一般仅为25~45m/min。大梁俯仰一次一般需4min左右。

2. 多用途门座起重机

多用途门座起重机(简称门机)是一种用于集装箱装卸同时兼顾其他货物(如件杂货、特别是重件等)装卸作业的起重机械,适用于集装箱吞吐量不大同时又兼有件杂货等装卸作业的中小型码头。该机主要根据集装箱装卸要求设计,同时也兼顾到其他货物的装卸作用。

1)工作特点

(1)起升钢丝绳卷绕系统的布置适用配置20ft和40ft集装箱的伸缩式或子母式吊具,并能由驾驶员在司机室控制集装箱吊具旋锁的开闭、吊具旋转及导板起落。

(2)吊起集装箱变幅时,不仅由其水平位移补偿系统保持集装箱重心在变幅过程中沿近似水平移动,而且在臂架头部设计了小四连杆机构,保持吊具平面或集装箱上下平面水平位移,这不仅有利于减少变幅机构功率,而且有利于改善集装箱进出船舱和堆码作业。

(3)起重机回转时,吊具的回转与起重机回转同步运行,回转方向相反,吊起的集装箱纵向轴线能保持与起重机轨道平行,以方便集装箱对位,提高装卸效率。

(4)当集装箱内的货物装载出现偏心移动的情况时,多用途门座起重机可以通过增加连接吊具部位的起升钢丝绳的间距或在吊具上装设重心自动调节装置等方式,使集装箱不至于因重心偏移产生过大的偏移。

(5)用于装卸集装箱的多用途门座起重机,其起升机构的升降速度能够微调,起动和制动平稳,避免吊具与集装箱或集装箱与集装箱之间的冲击碰撞。

(6)能够根据装卸不同的要求,方便地更换装卸工属具(集装箱吊具、吊钩和其他工属具)。

图8-34 多用途门座起重机

2)构造特点

如图8-34所示,多用途门座起重机由金属结构件起升、变幅、回转、运行四大机构和电子驱动与控制系统及其他安全辅助装置组成。

多用途门座起重机的结构形式有四连杆组合臂架和单臂架两种类型,其结构与通用的门座起重机类似。组合臂架的结构较复杂,为了保持吊具和集装箱平面的水平位移,在象鼻架下设小四连杆机构,使臂架头部质量加大,整机自重和轮压相应增加。单臂架多用途门座起重机结构比较简单、自重轻、轮压小、造价低,较适用于中小型港口和要求轮压较低的码头,但这种机型使臂架头部下垂的起升钢丝绳长度增加,起吊集装箱时吊具的摆幅大,吊具与箱或集装箱对位较困难,会影响集装箱的装卸效率。

3)主要技术参数

多用途门座起重机的主要技术参数有起升高度、幅度、轨距、工作速度和起重量等。

(1)起升高度是轨面以上起升高度和轨面以下起升高度之和。轨面以上起升高度按照码头处于最高水位时,吊具吊着集装箱可以安全通过满载集装箱船最高箱位的顶部来确定。轨面以下的起升高度根据码头处于最低水位时,装卸属具从起重机轨道顶面至满载船舶货舱底部的距离来决定。

(2)幅度是指起重机回转中心至吊具(或吊钩)中心铅垂线之间的最大距离。幅度大小根据船舶宽度、起重机回转中心、外侧轨道中心至码头前沿岸壁线的距离等来决定。对于轨距大的多用途门座起重机,为了减小其无效幅度,回转中心设计成向水侧轨道偏移一定的距离。

(3)轨距是指起重机的大车行走轨道中心线之间的水平距离。轨距的大小对起重机的轮压、稳定性均有影响,在确定轨距尺寸时要考虑码头前沿装卸工艺方案和码头基础承载能力。

(4)工作速度应根据所要求的生产率来确定,但实际的生产率不仅取决于起重机的工作速度,而且还与生产条件和驾驶员的操作水平有关。多用途门座起重机的工作速度有起升速度、回转速度、变幅速度和大车运行速度。对于起升高度大的门座起重机,空载起升速度一般为满载起升速度的2倍。一般情况下,多用途门座起重机装卸集装箱的生产率可达25TEU/h左右。

三、集装箱堆场和货运站装卸搬运设备

集装箱堆场装卸机械系统主要对集装箱进行分类堆放,实现集装箱搬运、堆垛作业,所采用的机械设备主要有集装箱正面吊运车、集装箱叉式装卸车、轮胎式集装箱门式起重机、

集装箱跨运车、集装箱牵引车和挂车等。水平运输可采用不同的机械组成不同的装卸系统，如跨运车系统、轮胎式门式起重机系统、轨道式门式起重机系统和叉车系统等。集装箱货运站装卸机械系统主要用于对一般件杂货的拆装箱工作和一般配备拆装箱和堆码用的小型装卸机械，如 1~2t 的小型叉式装卸车等。

1. 集装箱正面吊运起重机

集装箱正面吊运起重机是一种用来完成装卸、堆码和水平运输的装卸搬运车辆，是集装箱堆场作业的重要机型。

1) 工作特点

集装箱正面吊运起重机通过安装在伸缩的臂架头部的吊具起吊集装箱，由臂架的伸缩、俯仰和吊具的回转、侧移、倾斜等动作实现集装箱的装卸和堆码作业。起重装置装在无轨运行的轮胎底盘车上，可以实现水平运输。其主要工作特点有：

(1) 能进行集装箱的多层堆码和跨箱作业。多数集装箱正面吊运机可堆码 4 个箱高，有的可达 5~6 个箱高，可跨 3 排箱作业。

(2) 可以带载作业。集装箱正面吊运起重机可以通过臂架的伸缩和俯仰来实现变幅，同时可满足跨箱作业和联合动作。

(3) 能在吊具上安装吊爪作业。在吊具上安装吊爪后，则吊爪可从箱底部抓起集装箱，当集装箱载质量不大时，甚至可以连同集装箱半挂车一起抓吊，实现铁路-公路联运。

(4) 可以将吊具换装成吊钩作业。当需要时，可将集装箱吊具换装成吊钩，这样就可以用于重件装卸作业。

2) 组成与技术性能参数

集装箱正面吊运起重机由吊具、臂架系统、驾驶室、车架、驱动桥、发动机和转向桥组成，如图 8-35 所示。

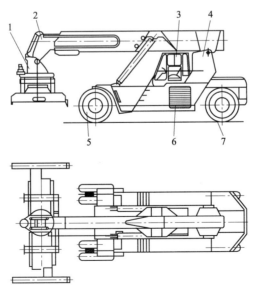

图 8-35　集装箱正面吊运起重机的组成
1-吊具；2-臂架系统；3-驾驶室；4-车架；5-驱动桥；6-发动机；7-转向桥

正面吊运起重机的主要技术性能参数包括起重量、起升高度、有效幅度、工作速度、转弯半径、整机外形尺寸、爬坡度、轮压和生产率等。

生产率可分为技术生产率和实际生产率。技术生产率是在正常工作条件下,按照典型的装卸工艺过程和机构的额定工作速度计算出来的,一般在40箱/h左右。实际生产率是在具体的工作条件下,吊运起重机连续作业,在1h内实际完成的集装箱数量。实际生产率与装卸工艺方案、货场的工作条件和驾驶员操作的熟练程度有关,一般为技术生产率的50%~70%。

2. 轮胎式集装箱门式起重机

轮胎式集装箱门式起重机简称轮胎式场桥,是用于集装箱堆场的专用机械,如图8-36所示,主要用于集装箱的装卸、搬运和堆码作业。

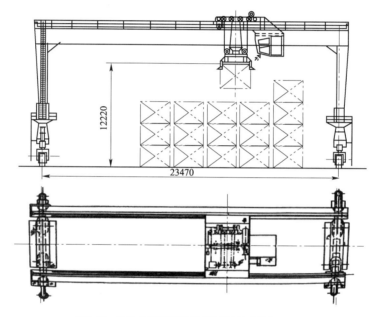

图8-36 轮胎式集装箱门式起重机(尺寸单位:mm)

1)工作特点及其构造

轮胎式集装箱门式起重机,由前后两片门框和底梁组成的门形架支承在充气轮胎上,可在货场上行走,门框横梁上的起重小车可沿横梁上的轨道运行,可从底盘上装卸集装箱和进行堆码作业。

轮胎式集装箱门式起重机可采用柴油机驱动电动机或柴油机液压驱动,目前普遍采用前者。其在货场中只能按直线行走。当需要从一个堆场转移到另一个堆场时,由于其中跨度大,如按一般流动式起重机那样采用自由转向,则转弯半径很大,会占用相当大的堆场面积,因而在集装箱专用码头和中转站,均采用90°直角转向。为了适应集装箱码头货场大型化和自动化的需要,提高起重机的自动化水平,轮胎式集装箱门式起重机大车行走系统装设了直线行走自动控制系统。

该机型的主要特点是机动灵活,堆场面积利用率高,可堆3~4层集装箱,并易于实现自动化控制,是目前集装箱专用码头货场广泛采用的搬运和堆码机械。

2) 主要技术性能参数

轮胎式集装箱门式起重机的主要技术性能参数有起重量、跨距、起升高度、轮压和工作速度等。

跨距指轮胎式起重机两侧行走轮中心线的距离。它取决于起重机所需要跨越的集装箱列数和底盘车轨道的宽度。通常是跨6列集装箱和1条底盘车通道,或跨3列集装箱和1条底盘车通道。

起升高度指吊具底部至地面的垂直距离。它取决于起重机门架下所堆放的集装箱层数和高度。一般按"堆4过3"考虑,即堆放4层,可通过3层。当箱高为2591mm(8ft6in)时,考虑集装箱安全通过间隔取大于或等于500mm,则起升高度应大于 $4×2591+500=10864$ mm。当箱高为2896mm(9ft6in)时,则起升高度应大于 $4×2896+600=12184$ mm。因此,一般情况下,起升高度取为11500~12200mm。为了提高堆场面积利用率、提高工作效率,有的码头要求集装箱的堆码高度还要增加,因而相应的起升高度也要增大。

3. 轨道式集装箱门式起重机

如图8-37所示,轨道式集装箱门式起重机的结构与普通门式起重机基本相同,只是其吊具为集装箱专用吊具。轨道式集装箱门式起重机俗称轨道吊,是铁路集装箱货运站、码头后方集装箱堆场和集装箱中转站堆场等场所的专用机械。轨道式集装箱门式起重机与轮胎式集装箱门式起重机比较,其跨度大,堆码层数多,一般可堆放5~6层集装箱,可跨多列集装箱及一个车道,因而堆存能力大、堆场面积利用率高。由于该机沿专门铺设的轨道运行,机动性差,只能在专用的固定堆场作业,多用于陆域不够且吞吐量较大的集装箱码头堆场。

4. 集装箱叉车

集装箱叉车的主要特点为:可用于集装箱堆场装卸、堆码和搬运作业,以及装卸船和拆装箱作业。

1) 结构特征

集装箱叉车是集装箱码头常用的一种专用机械,如图8-38所示。集装箱叉车通常分为重箱用叉车(即载重叉车)和空箱堆码用叉车(即堆高叉车),空箱堆高用叉车的升降高度较大。在集装箱堆场上,重箱可堆3~4层,空箱可堆5~6层。根据货叉设置的位置不同,可分为正面集装箱叉车和侧面集装箱叉车两种。正面集装箱叉车是指货叉与门架设置在车体正前方的叉车,而侧面集装箱叉车指货叉与门架设置在车体侧面的叉车。为了便于装卸集装箱,通常配有标准货叉及顶部起吊和侧面起吊的专用吊具。

图8-37 轨道式集装箱门式起重机

图8-38 集装箱叉车

2）作业特点

集装箱叉车的主要优点是机动灵活，可一机多用，既可用于水平运输，又可用于堆码、搬运及装卸作业；使用方便，性能可靠，与集装箱正面吊运机等机械相比较，机械的购置费用低。但是，使用集装箱叉车占用通道面积大（通过宽度需14m），集装箱只能两列堆放，影响堆场面积的利用；满载情况下前轴负荷和轮压较大，对码头前沿和堆场通道路面的承载能力要求高；维护费用较高。集装箱叉车特别适用于空箱作业，一般只用于集装箱吞吐量不大的综合性（多用途）码头。

集装箱叉车适用于短距离搬运，当搬运距离较长时，可采用集装箱牵引车和半挂车。

5. 集装箱跨运车

集装箱跨运车（简称跨运车）以门形车架跨在集装箱上，由装有集装箱吊具的液压升降系统吊起集装箱进行搬运和堆码，如图8-39所示。此外，还可用跨运车在货场上装卸集装箱底盘车。

a）跨运车搬运　　　　　　　b）跨运车堆码

图8-39　集装箱跨运车

集装箱跨运车主要由门形跨架、起升机构、运行机构、驾驶室、动力装置及其他辅助装置等组成。门形跨架分为前跨架和后车架两部分，前跨架一般采用管形结构，并作为起升机构提升架的制成导轨，其作用与集装箱叉车的外门架相似。后车架为箱形结构，作为动力设备以及其他辅助设备的支承装置。前跨架和后车架以凸缘定位并最后焊成一体，形成门形跨架。门形跨架的底部装有充气轮胎，通过动力装置驱动可以在地面上行走。集装箱吊具和起升机构位于跨架中间。进行吊运作业时，跨运车跨越集装箱将其吊起，然后进行水平搬运。

与轨道式门式起重机和轮胎式门式起重机相比，集装箱跨运车具有更大的机动性，既可采用跨运车独立完成码头前沿至堆场的搬运与堆码作业，也可与门式起重机或底盘车配合作业。集装箱跨运车机动灵活，可承担集装箱的堆码、搬运和装卸车作业，可堆码2~3层集装箱，一般适于100m的距离范围内作业，作业效率较高。

自动化集装箱码头的装卸工艺系统

自动化集装箱码头装卸工艺系统主要由码头装卸、堆场装卸和水平运输3个作业环节组成,其中水平运输环节是形成不同自动化工艺系统的关键。目前码头与堆场间的水平运输设备有 AGV、跨运车和集装箱货车(俗称集卡,又有港口内集装箱货车与港口外集装箱货车之分)3 种,并已逐步形成以下 3 种典型工艺系统。

1. 岸桥 + AGV + 自动化轨道式门式起重机

该工艺系统码头与堆场间的水平运输采用无人驾驶的 AGV,码头装卸船作业大多采用双小车岸桥,堆场作业采用自动化轨道式门式起重机。具有代表性的码头为鹿特丹 ECT 码头、汉堡 CTA 码头、鹿特丹 Euromax 码头、鹿特丹 Maasvlakte II 码头和荷兰 RWG 码头,国内已建成投产的厦门远海、青岛前湾四期和上海洋山四期 3 座自动化码头也采用了该工艺系统。该工艺系统的典型布局如图 8-40 所示。其中鹿特丹港 4 座不同时期建设的自动化码头代表了该工艺系统的发展历程。

图 8-40　岸桥 + AGV + 自动化轨道式门式起重机工艺系统布局

鹿特丹 ECT 码头是采用此类工艺系统的第一代自动化集装箱码头;2008 年建成投产的鹿特丹 Euromax 码头为采用此类工艺系统的第二代自动化码头代表,该码头较 ECT 码头在岸桥形式、工艺布置、水平运输等方面进行了优化,提高了自动化码头的整体工艺水平和装卸效率;采用这类工艺系统的第三代自动化码头以 2015 年建成的鹿特丹 Maasvlakte II 和荷兰 RWG 码头为代表:与鹿特丹 Euromax 码头相比,这两座码头在技术、效率和绿色环保方面进一步优化:码头装卸采用双 40ft 双小车岸桥,主小车采用自动化 + 人工确认的远程操控、副小车采用全自动化的作业方式,码头装卸船效率和自动化程度进一步提升;AGV 动力采用蓄电池,更为节能、环保;AGV 载箱平台具有升降功能,使 AGV 能对固定的集装箱支架主动取、放箱,不需要在堆场被动等待轨道式门式起重机装卸车,有效提高了 AGV 的运输效率。

2. 岸桥 + 跨运车 + 自动化轨道式门式起重机

该工艺系统码头与堆场间的水平运输采用集装箱跨运车,码头装卸采用驾驶员操作的单小车岸桥,堆场作业采用自动化轨道式门式起重机。堆场均为垂直码头岸线布置。集装箱跨运车和外集装箱货车分别在箱区的两端与轨道式门式起重机进行作业交接。由于集装箱跨运车的导航及定位精度较 AGV 低,因此目前采用该工艺系统的自动化码头,除个别码头外大多采用了分步实现自动化的策略,即近期水平运输采用人工驾驶,以保证作业安全和效率,工艺系统 3 个环节中仅实现堆场作业的自动化,待相关技术进一步成熟后跨运车再升级为无人驾驶,实现水平运输和堆场作业的自动化。其代表性码头为伦敦 Gateway 码头、西班牙 BEST 码头和比利时安特卫普 DPW 码头等。该工艺系统的典型布局如图 8-41 所示。

3. 岸桥+集装箱货车+自动化轨道式门式起重机

该工艺系统定位于仅实现堆场作业自动化,码头装卸采用单小车岸桥,水平运输采用集装箱货车。如图 8-42 所示,堆场作业采用带悬臂的轨道式门式起重机,轨道内堆放集装箱,悬臂下为集装箱货车作业车道。通常优先采用双悬臂轨道式门式起重机,使内、外集装箱货车分别在两侧悬臂下作业。目前轨道式门式起重机在场内堆取箱和对内集装箱货车的作业为全自动化,对外集装箱货车作业时采用人工远程操控模式,以确保作业安全。堆场一般平行于码头岸线布置。该工艺系统的应用主要集中于人力成本相对较低的亚洲地区,其代表性码头为我国台湾高雄高明码头和 Evergreen 码头、阿联酋迪拜 DPworld 三期码头等,国内正在建设中的深圳妈湾海星码头、太仓四期集装箱码头也采用了该工艺系统。

图 8-41　岸桥+集装箱跨运车+自动化轨道式
　　　　　门式起重机工艺系统布局

图 8-42　自动化轨道式门式起重机
　　　　　给集装箱货车装集装箱

除以上 3 种典型工艺系统外,在自动化码头的发展历程中也出现了其他形式工艺系统的少量应用,主要有岸桥+AGV+自动化轮胎式起重机;岸桥+自动化跨运车;岸桥+集装箱货车+自动化高架桥式起重机等。

思考题

1. 简述集装单元化技术的概念。
2. 简述物流模数的概念和应用。
3. 常见的托盘有哪些类型?简述平托盘的种类和标准规格尺寸。
4. 常用集装箱装卸搬运设备及其吊具的类型有哪些?
5. 为保证起重机具有一定的净空高度,岸边集装箱起重机的臂架主梁有哪几种运动形式?
6. 装船机的悬臂如何运动以分别改变装船的工作幅度、适应不同的装船点和避让船舶?

第九章　信息化技术与装备

第一节　概　　述

依据《物流术语》(GB 18354—2021),物流信息技术是指"以计算机和现代通信技术为主要手段,实现对物流各环节中信息的获取、处理、传递和利用等功能的技术总成"。物流信息技术包括基于各种通信方式基础上的移动通信手段、全球卫星定位系统、地理信息系统、条形码技术、射频技术、电子数据交换、产品电子代码、物体标记语言、互联网、大数据、云计算、物联网技术等现代尖端技术。在这些尖端技术和装备的支持下,物流管理形成了以移动通信、资源管理、监控调度、自动化仓储管理、业务管理、客户服务管理、财务处理及智能化识别、定位、跟踪、监控和管理等多种信息技术为一体的现代物流管理体系。

物流信息技术是现代物流的基础和灵魂,是当今物流技术中发展最迅猛的领域,是物流现代化的重要标志。现代物流和传统物流的区别就在于现代物流应用了现代信息技术。

传统的物流活动分散在不同的经济部门、不同的企业以及一个企业内部不同的职能部门之中,在从生产到消费的商品流通过程中,物流活动被分解为若干个阶段和环节来进行,并形成了比较烦琐的物流转移活动和程序。由于物流是一种由信息引导并伴随大量信息交换活动的经济活动,而在信息技术不发达和管理水平较低的条件下,物流信息在不同经济主体及其智能部门之间无法实现交流和共享,从而物流活动的分散也使相关的物流信息被人为地割裂开来,物流活动无法进行有效的协调和全面管理,其结果是不同环节或部门的物流活动相互脱节和重复,物流成本居高不下,成为影响经济运行效率和社会再生产顺利进行的制约因素,并被视为"经济的黑大陆"。

20世纪80年代以来,以计算机技术、电子数据交换、互联网、射频技术等为主体的现代信息技术实现了群体性的突破,大大加快了社会经济的信息化程度。现代信息技术在发达国家已经渗入社会经济活动的各个角落。在物流领域,借助现代信息技术的支持和推广应用,美国、欧洲、日本等一些物流发达国家和地区在这一时期出现了对各种物流功能、要素进行整合的物流革命,使物流活动从分散走向一体化,并促使物流观念开始从企业内部扩展到整个物流全过程。随着物流信息技术的不断发展,产生了一系列新的物流理念和新的物流经营方式,从数据采集技术到物流信息系统都发生了日新月异的变化,进一步推动了物流的变革。物流信息技术和装备通过切入企业的业务流程来实现对企业各要素的合理组织与高效利用,降低企业经营成本、产生经济效益。发展物流业的关键在于实现物流信息化,飞速发展的计算机网络技术的应用,促进了物流产业的信息化进程。建立在商品标准化编码基础上的条形码技术、射频技术、电子数据交换、产品电子代码、物体标记语言、互联网、大数据、云计算、物联网等物流信息技术使得制约物流业发展的这个瓶颈被突破,准时制、快速响应和有效客户响应等现代物流战略成为可能,从真正意义上提高了现代物流技术和管理水平。近些年,随着北斗系统、地理信息系统、云计算、物联网技术的广泛应用,我国现代物流呈现爆发式发展。

因此,可以说物流信息技术和装备是现代物流运作与发展的平台和基础,没有物流信息技术和装备的现代化,就没有物流的现代化。

第二节 条码技术

一、概述

依据《物流术语》(GB 18354—2021),条码是指"由一组规则排列的条空组成的符号,可供机器识读,用以表示一定的信息,包括一维条码和二维条码"。一维码比较常用,如日常商品外包装上的条码,其信息存储量小,仅能存储一个代号,使用时通过该代号调取计算机网络中的数据。二维码能在有限的空间内存储更多的信息,包括文字、图像、指纹、签名等,并可脱离计算机使用。

1. 一维条码

一维条码由一组黑白相间的条纹构成,这种条纹由若干个黑白的"条"和白色的"空"所组成,其中,黑色条对光的反射率低而白色空对光的反射率高,再加上条与空的宽度不同,就能使扫描光线产生不同的反射接收效果,在光电转换设备上转换成不同的电脉冲,形成可以传输的电子信息,经译码器译成数字、字符信息,再通过接口电路传送给计算机系统进行数据处理与管理,便完成了条形码识读的全过程。

条码的码制是指条码条和空的排列规则。一维条码的码制较多,常见的大概有20余种码制,包括EAN码、39码、128码、ITF25码、UPC码、93码及Codabar码(跟踪管理码)等。

一个完整的条形码符号是由两侧静区、起始符、数据字符、校验字符(可选)和终止字符组成的。图9-1所示为EAN-13商品条码的结构,通常将人可识别的字符注在条码符号的下方。

常见的条形码有两种体系:第一种是国际通用的商品条码条形码体系,适合制造商、供应商和零售商共同使用,包括:商品条形码——EAN-13码与EAN-8码;储运条形码——DUN-14与DUN-16码;EAN128码。第二种是企业内部管理使用的条形码,包括:ITF交叉25码、Code39码、Codebar码和Code128码。

2. 二维条码

二维条码是用某种特定的几何图形按一定规律在平面(二维方向上)分布的黑白相间的图形记录数据符号信息的。在代码编制上,巧妙地利用构成计算机内部逻辑基础的"0""1"比特流的概念,使用若干个与二进制相对应的几何形体来表示文字数值信息,通过图像输入设备或光电扫描设备自动识读以实现信息自动处理。二维条码能够在横向和纵向两个方位上表达信息,因此能在很小的面积内表达大量的信息。

在目前的几十种二维条码中,常用的码制有:PDF417二维条码、Datamatrix二维条码、Maxicode二维条码、QR code、Code49、Code 16K、Code one等。QR code二维条码如图9-2所示。

图9-1 EAN-13 商品条码符号结构　　　　　图9-2 QR code 二维条码

3. 物流条码

物流条码也称为储运条形码,是储运单元(或称贸易单元)的唯一标识,通常标识多个或多种商品的集合,它标贴于商品的外包装上,以供物流过程中的收发货、运输、装卸、仓储、分拣、配送等环节识别,用于物流的现代化管理——用来识别商品种类、数量、扫描结账、进货、点货或库存盘点等。物流条形码的应用场合包括自动装卸货、拣货、分货、进出货自动登录与传输,以及订单收货作业。物流条码是条码中的一个重要组成部分,它不仅在国际范围内提供了一套可靠的代码标识体系,而且为贸易环节提供了通用语言,为 EDI 和电子商务奠定了基础。

国际上通用的和公认的物流条码有三种:ITF-14 条码、UCC/EAN-128 条码及 EAN-13 条码。

实际应用中,物流条形码的基本结构类似商品条形码,当同一商品的包装数量不同或同一包装中有不同商品组合时,就必须加上物流标识码,以便加以识别。

二、条码阅读器

条码阅读器,也称条码扫描枪、条码扫描器、扫描器或扫描枪,是用于读取条码所包含信息的阅读设备。其本身没有内存,只是通过它实现了即时的传输,当连接上计算机后,扫描出来的数据会直接地显示在光标定位处。条码阅读器的结构通常包括光源、接收装置、光电转换部件、译码电路和计算机接口等。

根据条码阅读器采用技术的不同,可将其划分为光笔条码阅读器、CCD 条码阅读器和激光条码阅读器。

(1)光笔条码阅读器。只要将笔头的小窗口对准条码,在其表面匀速移动,条码信号便可通过电缆进入计算机。光笔条码扫描器是一种轻便的条形码读入装置。在光笔内部有扫描光束发生器和反射光接收器。阅读条形码信息时,要求扫描器与待识读的条码接触或离开一个极短的距离,一般为 0.2~1mm。

(2)CCD 条码阅读器。利用光电耦合原理,对条形码印刷图案进行成像,然后再译码,适合近距离和接触阅读。它使用一个或多个 LED,发出的光线能够覆盖整个条码,条码的图像被传到一排光探测器上,被每个单独的光电二极管采样,由邻近探测器的探测结果为"黑""白"来区分每一个条或空,从而确定条码的字符。即,CCD 条形码阅读器不是简单地阅读每一个"条""空",而是阅读条码的整个部分,并将其转换成可以译码的电信号。

(3)激光条码阅读器是各种扫描器中价格相对较高的,其内一般装有控制扫描光束的自动扫描装置。但它所能提供的各项功能指标也最高,因此在各个行业中都被广泛采用。激光条码阅读器的扫描头与条形码标签的距离,短的只有0～20mm,而长的可达到500mm左右。

三、条码数据采集器

条码数据采集器(或称盘点机)具有一体性、机动性、体积小、质量轻、性能高及可手持等特点,具备实时采集、自动存储、即时显示,以及即时反馈、自动处理和自动传输功能,为现场数据的真实性、有效性、实时性、可用性提供了保证。它本身具有内存,扫描出来的数据存储在采集器的内存里面,再通过传输底座将数据传输到计算机实现批处理,十分方便高效,在不连接计算机的情况下也可以工作。条码数据采集器在产品出入库、物流快件管理、固定资产管理、抄表系统和图书管理系统上应用得非常广泛。

根据数据传输的方法,条码数据采集器可分为批处理型与无线实时型两种。批处理型条码数据采集器本身配有数据存储器,通常由电池供电,可以脱机使用,广泛应用于仓库管理、商品盘点以及多种野外作业上。当数据搜集后,先把数据存储起来,利用与计算机连接的通信座把采集的条码信息用文件的方式传输到计算机中。无线实时型条码数据采集器不需要依靠通信座和计算机进行数据交换,而可以直接通过无线网络与计算机、服务器进行实时数据通信。操作员在无线数据采集器上所有操作生成的数据都在第一时间进入后台数据库,即,无线数据采集器将数据库信息系统延伸到每一位操作员手中。

四、条码技术在物流中的应用

条码技术具有制作简单、信息收集速度快、准确度高、信息量大、成本低、可靠性高、条码设备方便易用等优点,广泛用于自动识别技术和货物跟踪系统中。自动识别技术是对字符、影像、条码、声音等记录数据的载体进行机器自动辨识并转换为数据的技术。货物跟踪系统是利用自动识别、全球定位系统、地理信息系统、通信等技术获取货物动态信息的应用系统。

(1)物料管理。通过将物料编码,并且打印条码标签,不仅便于物料跟踪管理,而且也有助于做到合理准备物料库存,提高生产效率,便于企业资金的合理运用。

(2)分拣运输。应用物流标识技术,可将预先打印好的条码标签贴在发送的物品上,并在每个分拣点装一台条码扫描器,使包裹或产品自动分拣到不同的运输机上。

(3)生产线物流管理。条码生产线物流管理是产品条码应用的基础。在生产中应用产品识别码监控生产,可以采集生产测试数据和生产质量检查数据、进行产品完工检查、建立产品识别码和产品档案、有序地安排生产计划并监控生产及流向,提高产品下线合格率。

生产线部件批量跟踪操作如下:在工业生产线每个工序点要记录信息的地方设立工业条码扫描平台,当贴有条码的组件或成品经过工业条码扫描平台时,平台自动扫描条码并把信息传送到计算机中,实现完整的库存可视化,使生产流程同步化,成功地协调需求和生产,从而实现跟踪制造流程、库存管理、节约成本、提高效率,以及自动化仓储管理等。

第三节　射频识别技术

一、概述

1. 射频识别技术的概念

依据《物流术语》(GB 18354—2021),射频识别是指"在频谱的射频部分,利用电磁耦合或感应耦合,通过各种调式和编码方式,与射频标签相互交互通信唯一读取射频标签身份的技术"。射频识别技术(RFID)是一种非接触式的自动识别技术,通过射频信号自动识别目标对象并获取相关数据,识别工作无须人工干预,可在各种恶劣环境工作。射频识别的距离可达几十厘米至几米,且根据读写的方式,可以输入数千字节的信息,同时还具有极高的保密性,可实现商品信息处理的自动化。

RFID 按应用频率的不同分为低频(Low Frequency,简称 LF)、高频(High Frequency,简称 HF)、超高频(Ultra High Frequency,简称 UHF)和微波(Micro Wave,简称 MW),一般来说读取器的输出功率越高,天线的尺寸越大,通信距离就越长。但是实际使用中有时却希望通信距离短一些,从而可以对标签进行逐个确认。

2.射频系统的组成和工作原理

最基本的 RFID 系统由三部分组成:电子标签(即射频标签)、阅读器和天线。在 RFID 的实际应用中,电子标签附着在被识别的物体上(表面或内部)。当带有电子标签的被识别物品通过其可识读范围时,天线在标签和读取器间传递射频信号,阅读器自动以无接触的方式将电子标签中的约定识别信息读取出来,从而实现自动识别或自动收集物品标志信息的功能。

如图9-3所示,RFID 系统的基本工作流程为:阅读器通过发射天线发送一定频率的射频信号,当电子标签进入发射天线工作区域时产生感应电流,电子标签获得能量被激活;电子标签将自身编码等信息通过标签内置发送天线发送出去;系统接收天线接收到的、从电子标签发送来的载波信号,经天线调节器传送给阅读器,阅读器对接收的信号进行解调和解码,然后传送到后台主系统进行相关处理;主系统根据逻辑运算判断该标签的合法性,针对不同的设定作出相应的处理和控制,发出指令信号控制执行机构动作。

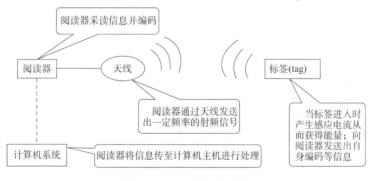

图9-3 RFID 系统工作流程

RFID 具有如下优点:快速扫描可同时读取数个 RFID 标签;体积小型化、形状多样化;抗污染能力强、耐久性好;可重复使用;穿透性强、可实现无屏障阅读;数据的记忆容量大;安全性强。射频识别卡的最大优点就在于非接触,无须人工干预且不易损坏,适于实现自动化,可识别高速运动物体,并可同时识别多个射频卡,操作快捷、方便。短距离射频识别卡不怕油渍、灰尘污染等恶劣环境,因此可用于在工厂的流水线上跟踪物体等;长距离射频产品多用于交通上,识别距离可达几十米,如自动收费或识别车辆身份等。

二、RFID 电子标签

依据《物流术语》(GB 18354—2021),电子标签是指"用于物体或物品标识、具有信息存储功能、能接收读写器的电磁场调制信号,并返回响应信号的数据载体"。RFID电子标签是一种非接触式的自动识别技术,它通过射频信号自动识别目标对象并获取相关数据,每个标签含有一个储存数据的小集成电路和一个像天线一样从阅读器收发信号的微型铜线圈。

在实际应用中,电子标签附着在被识别的物体上(表面或者内部),当带着电子标签的被识别物品通过读写器的可识读区域时,读写器自动以无接触的方式将电子标签中的约定识别信息读出,从而实现自动识别物品或自动收集物品标识信息的功能。

在仓库管理和汽车定位等需要定位的场合,使用电子标签通信,并通过远距离读写器或者便携式阅读器使电子标签的LED灯闪烁可用于产品查找和定位。车辆电子标签可用于智能小区、大厦、企事业单位等对车辆自动进出进行管理,也可作为城市机动车的电子牌照。

三、RFID 射频阅读器

根据不同的分类标准,RFID阅读器可以分为低频、高频和超高频阅读器;无源、有源阅读器;只读阅读器、RFID读写器等。在实际应用中,按照使用方式的不同,也可以分为手持式、固定式和车载式RFID阅读器。

1. 车载式 RFID 阅读器

在仓库作业、制造业、生产流程管理中,需采用工业级RFID读写器。工业级RFID读写器大多数具备标准的现场总线接口,可以方便地集成到现有的设备中。此外,这类读写器可在各种恶劣的工业环境中工作,可满足多种不同的防护需要,密封性能和抗冲击、震动能力较强,有些甚至带有防爆保护功能。

2. 便携式阅读器

便携式读写器由操作员持于手中对RFID标签进行读取,可以在内部文件系统中记录读取到的RFID标签的信息,也可以在读取的同时将信息通过无线网络进行发送。因为便携式读写器带有电池,用来在读取的时候发送电波,但工作中需要充电。通常为了延长使用时间,便携式阅读器的电波功率设置得比较小,因此有通信距离比较短的倾向。

便携式读写器由于价格便宜,因而被广泛使用。便携式读写器主要有两种形式:一种是带条码扫描器的RFID读写器,既可以扫描条码也可以读取RFID标签;另一种是安装在PC卡上的RFID读写器,PC卡嵌置在手提计算机或掌上电脑的PCMCIA(电脑存储卡国际协会)接口中。

四、RFID 技术在物流中的应用

RFID技术在物料跟踪、运载工具和货架识别等要求非接触数据的采集和交换以及频繁改变数据内容的场合尤为适用。在实际应用中,RFID技术在物品的识别及自动化管理方面也得到了较广泛的应用。

1. 便携式数据采集系统

便携式数据采集系统使用带有RFID阅读器的手持式数据采集器采集RFID标签上的数据。手持式阅读器(数据输入终端)可以在读取数据的同时,通过无线电波数据传输方式实时地向主计算机系统传输数据,也可以暂时将数据存储在阅读器中,再一批一批地向主计算机系统传输数据。

2. 电子商品防盗系统

电子商品防盗系统(Electronic Article Surveillance,简称EAS)是一种设置在需要控制物品出入的门口的RFID技术。这种技术的典型应用场合是商店、图书馆、数据中心等地方,当未被授权的人从这些地方非法取走物品时,EAS会发出警告。

3. 物流控制系统

在物流控制系统中,固定布置的RFID阅读器分散布置在给定的区域,并且阅读器直接与数据管理信息系统相连,信号发射机是移动的,一般安装在移动的物体上或人身上。当物体、人流经过阅读器时,阅读器会自动扫描标签上的信息并把数据信息输入数据管理信息系统存储、分析、处理,达到控制物流的目的。

4. 定位系统

定位系统用于自动化加工系统中的定位以及对车辆、轮船等进行运行定位支持。阅读器放置在移动的车辆、轮船上或者自动化流水线中移动的物料、半成品、成品上,信号发射机嵌入操作环境的地表下面。信号发射机上存储有位置识别信息,阅读器一般通过无线或者有线的方式连接到主信息管理系统。

第四节 电子数据交换技术

一、电子数据交换

1. 电子数据交换的实质

依据《物流术语》(GB 18354—2021),电子数据交换是指"采用标准化的格式,利用计算机网络进行业务数据的传输和处理"。电子数据交换(EDI)是一种利用计算机进行商务处理的新方法,它是将贸易、运输、保险、银行和海关业的信息,用一种国际公认的标准格式,通过计算机网络使各有关部门、公司和企业之间进行数据交换和处理,并完成以贸易为中心的全部业务过程。其文件结构、语法规则等方面的标准是实现EDI的关键,目前已形成两大标准体系:一个是广泛应用于北美地区的,由美国国家标准化协会制定的ANSIX.12;另一个是欧洲经济共同体制定的UN/EDIFACT。我国已明确采用UN/EDIFACT标准,支持ITU-T、EDIFACT标准,并向社会开放EDI平台。

EDI系统与分组交换网之间采用高速链路,可以通达世界各地的EDI用户。各地EDI终端可通过公用交换电话网(Public Switched Telephone Network,简称PSTN)、数字数据网(Digital Data Network,简称DDN)、公用分组交换网(PAC)、中国公众网(CHINANET)等方式接入EDI系统。

2. EDI的功能特点

EDI系统具有快速、及时、价廉、安全可靠、使用方便以及不受时空限制等诸多优点。其通信机制是在EDI系统中,通信双方申请各自的信箱,通信过程就是把文件传到对方的信箱中。文件交换由计算机自动完成,用户只需进入自己的信箱,即可完成信息的接、发、收全过程。

EDI用户将订单、发票、提货单、海关申报单、进出口许可证等日常往来的"经济信息",

按照协议,通过通信网络对标准化文件进行传送。报文接收方按国际统一规定支持系统,对报文进行处理,通过信息管理系统和支持作业管理以及决策功能的决策支持系统,完成综合的自动互换和处理。

二、EDI 在物流中的应用

EDI 在物流中的应用被称为物流 EDI。物流 EDI 是指供货方、物流方、需求方以及其他相关的单位之间,通过 EDI 系统进行物流数据交换,并以此为基础实施物流活动的方法。

如图 9-4 所示,EDI 数据中心共享信息于供应商管理库存(Vendor Managed Inventory,简称 VMI)的三方(需求方、供货方、VMI 仓库的 WMS 系统),可做到数据实时共享,最大限度提高数据传输速率,从而达到降低库存的目的。

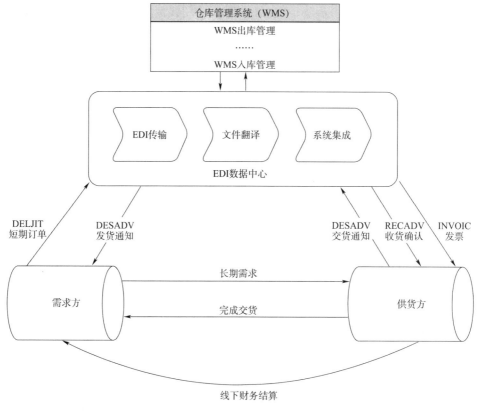

图 9-4 VMI 的三方(仓库、需求方、供货方)物流 EDI 数据共享

1. VMI 仓库业务流程

①需求方发送长期需求给供货方进行生产排程(每月);②供货方按需生产,完成交货;③需求方发送短期订单给 VMI 仓库(每日);④VMI 仓库根据订单及时发货。

2. 需求方与供货方的 EDI

①需求方发送长期需求给供货方;②供货方按需生产,安排交货到 VMI 仓库;③产品运达后,上传交货信息。

3. 需求方与物流方的 EDI

①需求方发送 DELJIT(订单)到物流 EDI 数据中心;②物流 EDI 数据中心将 DELJIT(订

单)业务数据同步到仓库管理系统(Warehouse Management System,简称 WMS);③WMS 分析需求方订单,生成出库计划;仓库人员根据出库计划,安排发货;④EDI 数据中心通过 DESADV(发货通知数据)提供发货数据给需求方。

4. 供货方与物流方的 EDI

①供货方按订单完成生产后,发送 DESADV(发货通知数据)到物流 EDI 数据中心;②物流 EDI 数据中心将数据同步到 WMS;③VMI 仓库人员结合 WMS 提供的数据,进行收货确认;④物流 EDI 数据中心返回 RECADV(收货确认数据)给供货方;⑤物流 EDI 数据中心提供 INVOIC(发票数据)给供货方,进行费用结算。

正是物流 EDI 才使 VMI 快速响应、及时补货的优点得以实现:

(1)物流 EDI 实现了物流作业的集约化。需求方为了降低成本和库存,只在必要的时间、按必要的数量、采购必要的商品,这就使物流运输出现多频率、小批量配送的趋势。物流 EDI 系统掌握了更多及时的信息,从而可以在配送中更加集约化。

(2)为仓库减少库存,甚至为实现"零库存"创造了条件。仓库最大的负担就是库存较多,建立 EDI 系统后,各供应商按照采购要求通过运输工具送到仓库,为实现"零库存"创造条件。

第五节 卫星导航技术

一、卫星导航系统

目前,全球拥有四大全球卫星导航系统(Global Navigation Satellite System,简称 GNSS),分别是美国的 GPS、欧盟的伽利略(GALILEO)、俄罗斯的格洛纳斯(GLONASS)和我国的北斗卫星导航系统(Beidou Navigation System,简称 BDS)。

美国的 GPS 于 1994 年 3 月全面建成,拥有 24 颗 GPS 卫星,全球覆盖率高达 98%。俄罗斯研制的 GLONASS,于 1995 年建设成拥有 24 颗卫星的完整系统,后期才对外开放,因此不及 GPS 应用广泛。欧洲伽利略定位系统自 2016 年 12 月 15 日开始提供初始服务。2012 年 12 月 27 日,我国北斗系统导航业务正式对亚太地区提供无源定位、导航和授时服务。2014 年 11 月 23 日,国际海事组织海上安全委员会审议通过了对北斗卫星导航系统认可的航行安全通函,这标志着北斗卫星导航系统正式成为全球无线电导航系统的组成部分,取得面向海事应用的国际合法地位。

1. GPS 的定义

GPS 是一种以人造地球卫星为基础的高精度无线电导航定位系统,它在全球任何地方以及近地空间都能够提供准确的地理位置、车行速度及精确的时间信息。

GPS 是美国第二代卫星导航系统,以全天候、高精度、自动化、高效益等显著特点,赢得广大测绘工作者的信赖,并成功地应用于大地测量、工程测量、航空摄影测量、运载工具导航和管制、地壳运动监测、工程变形监测、资源勘察、地球动力学等多种学科,从而给测绘领域带来一场深刻的技术革命。

2. GPS 的构成

GPS 由三大部分组成:空间部分(GPS 卫星星座)、地面控制部分(地面监控系统)和用户设备部分。

1）空间部分

GPS空间系统由21颗工作卫星和3颗在轨备用卫星组成，记作(21+3)GPS星座。24颗卫星均匀分布在6个轨道平面内，轨道倾角为55°，各个轨道平面之间相距60°，每条轨道上有4颗卫星。每隔24h绕地球一周，使地球上任意一点都能够同时观测到4颗以上的卫星，最多可观测到11颗，并能保持良好定位解算精度的几何图像。这就提供了在时间上连续的全球导航能力。

2）地面控制部分

地面控制部分包括监测站、地面控制站和主控站。

监测站设有GPS用户接收机、原子钟、收集当地气象数据的传感器和进行数据初始处理的计算机。监控站的主要任务是取得卫星观测数据并将这些数据传送至主控站。

主控站对收集到的各监测站的GPS卫星观测数据做初步处理，传送到地面主控站。

地面主控站在每颗卫星运行至上空时把这类导航数据及主控站的指令注入卫星中。

3）用户设备部分

全球定位系统的用户设备部分，包括GPS接收机硬件、数据处理软件和微处理机及其终端设备等。

GPS信号接收机是用户设备部分的核心，一般由主机、天线和电源三部分组成。其主要功能是跟踪接收GPS卫星发射的信号并进行变换、放大、处理，以便测量出GPS信号从卫星到接收机天线的传播时间；解译导航电文，实时计算出测站的三维位置，甚至三维速度和时间。

3. GPS定位方式

GPS定位采用空间被动式测量原理，即在测站上安置GPS用户接收系统，以各种可能的方式接收GPS卫星系统发送的各类信号，由计算机求解站星关系和测站的三维坐标。

GPS定位的方法多种多样，依据不同的分类标准有不同的分类方法，用户可以根据不同的用途采用不同的定位方法。根据定位的模式，可分为绝对定位和相对定位；根据待定点的状态，可分为静态定位和动态定位；根据信号的处理时间，可分为实时处理和后处理。

二、北斗卫星导航系统

北斗卫星导航系统是我国自行研制的全球卫星导航系统，是继美国的GPS、俄罗斯的GLONASS之后第三个成熟的卫星导航系统。BDS和美国的GPS、俄罗斯的GLONASS、欧盟的GALILEO，是联合国卫星导航委员会已认定的供应商。BDS可在全球范围内全天候、全天时为各类用户提供高精度、高可靠定位、导航、授时服务，并具短报文通信能力，已经初步具备区域导航、定位和授时能力，全球定位精度10m，测速精度0.2m/s，授时精度10ns。其中，亚太地区定位精度为5m，测速精度为0.1m/s。BDS是我国着眼于国家安全和经济社会发展需要，自主建设、独立运行的卫星导航系统，是国家重要空间基础设施。

自20世纪90年代开始，BDS启动研制，先后建成北斗一号、北斗二号、北斗三号系统（2020年6月全面建成）。北斗三号系统继承北斗有源定位服务和无源定位服务两种技术体制，能够为全球用户提供基本导航（定位、测速、授时）和国际搜救服务，我国及周边地区用户还可享有区域短信通信、星基增强、精密单点定位等服务。

1. BDS 的组成

BDS 由空间段、地面段和用户段三部分组成。

(1)空间段。空间段由 35 颗卫星组成,包括 5 颗静止轨道卫星、27 颗中圆地球轨道卫星和 3 颗倾斜同步轨道卫星。5 颗静止轨道卫星定点位置分别为东经 58.75°、80°、110.5°、140°、160°,中圆地球轨道卫星运行在 3 个轨道面上,轨道面之间相隔 120°均匀分布。

(2)地面段。地面段包括主控站、时间同步/注入站和监测站等若干地面站。

(3)用户段。用户段包括北斗兼容其他卫星导航系统的芯片、模块、天线等基础产品,以及终端产品、应用系统与应用服务等。

2. 定位原理

35 颗卫星在距离地面超 2 万 km 的高空上,以固定的周期环绕地球运行,使得在任意时刻,在地面上的任意一点都可以同时观测到 4 颗以上的卫星。

由于卫星的位置精确可知,在接收机对卫星观测中,可测得卫星到接收机的距离,利用三维坐标中的距离公式,由 3 颗卫星就可以组成 3 个方程式,解出观测点的位置(X,Y,Z)。考虑到卫星的时钟与接收机时钟之间的误差,实际上有 4 个未知数——X、Y、Z 和钟差,因而需要引入第 4 颗卫星,形成 4 个方程式进行求解。

3. 定位精度

北斗卫星导航系统定位精度水平 10m、高程 10m,测速精度 0.2m/s,授时精度 10ns。BDS 服务性能与 GPS 相当。

4. BDS 的特点

(1)三频信号。GPS 使用的是双频信号,而 BDS 使用的是三频信号。三频信号可以更好地消除高阶电离层延迟影响,大大提高定位可靠性。如果一个频率信号出现问题,可使用传统方法利用另外两个频率进行定位,提高了定位的可靠性和抗干扰能力。BDS 是全球第一个提供三频信号服务的卫星导航系统。

(2)有源定位 + 无源定位。有源定位是指接收机自己需要发射信息与卫星通信,无源定位则不需要。北斗一代的有源定位,只要两颗卫星就可以完成,但需要信息中心 DEM (Digital Elevation Model,数字高程模型)数据库支持并参与解算。北斗二代使用的是无源定位,和 GPS 一样,不需要信息中心参与解算,有源定位则作为补充功能在北斗二代上被保留下来,但不作为主要的定位方式。有源定位功能的好处是当所观测的卫星质量很差、数量较少时(理论上,无源定位至少要 4 颗卫星才能解算 X、Y、Z 和钟差 4 个未知参数,实际需要的更多),仍然可以定位。该功能在紧急情况会有用,比如在山谷中,观测条件非常差,能大概知道位置也是非常重要的。

(3)短报文通信服务。短报文通信服务是 BDS 独有的原创功能,并且非常实用。2008 年汶川地震时,震区唯一的通信方式就是北斗一代。该功能是有容量限制的,可作为紧急情况通信,不适合日常通信。因此,BDS 不仅"让我知道我在哪儿",还能"让别人知道我在哪儿",该功能有利于求救和救援。

(4)境内监控。BDS 的地面监控部分由三大部分组成:监控站、主控站、注入站。BDS 地面监控站只建在我国境内就能够保证整个系统的正常运行,在境外建站只起到提高精度的作用,绝对不能作为控制功能。

三、卫星导航系统在物流中的应用

1. GPS 在物流中的应用

三维导航是 GPS 的首要功能,飞机、轮船、地面车辆以及步行者都可以利用 GPS 导航器进行导航。GPS 导航系统与电子地图、无线电通信网络、计算机车辆管理信息系统相结合,可以实现车辆跟踪和交通管理等许多功能。

GPS 的诸多功能在物流领域尤其是在货物配送领域的运用已被证明是卓有成效的。由于货物配送过程是实物空间位置的转移过程,所以在货物配送过程中,对可能涉及的货物运输、仓储、装卸、送递等处理环节,对各个环节涉及的问题,如运输路线的选择、仓库位置的选择、仓库的容量设置、合理装卸策略、运输车辆的调度和投递路线的选择,都可以通过运用 GPS 的导航、车辆跟踪、信息查询等功能进行有效的管理和决策分析。GPS 在物流活动中的应用有助于配送企业有效地利用现有资源,降低消耗,提高效率。

(1)车辆跟踪。利用 GPS 和电子地图可以实时显示出车辆的实际位置,并可任意放大、缩小、还原和换图;可以随目标移动,使目标始终保持在屏幕上;还可以实现多窗口、多车辆、多屏幕同时跟踪。利用该功能可对重要车辆和货物进行跟踪运输。

(2)提供出行路线规划和导航。提供出行路线规划是汽车导航系统的一项重要的辅助功能,包括自动线路规划和人工线路设计。

(3)信息查询。车用 GPS 可以为用户提供主要物标,如旅游景点、宾馆、医院等。用户能够在电子地图上根据需要进行查询,查询资料可以文字、语言及图像的形式显示,并在电子地图上显示其位置。同时,监测中心可以利用监测控制台对区域内的任意目标所在位置进行查询,车辆信息将以数字形式在控制中心的电子地图上显示出来。

(4)话务指挥。指挥中心可以监测区域内的车辆运行状况,对被监控车辆进行合理调度。指挥中心也可随时与被跟踪目标通话,实行管理。

(5)紧急援助。通过 GPS 定位和监控管理系统可以对遇有险情或发生事故的车辆进行紧急援助。监控台的电子地图显示求助信息和报警目标,规划最优援助方案,并以报警声光提醒值班人员进行应急处理。

2. BDS 在物流中的应用

BDS 可以实现与 GPS 相同的物流应用,例如智能交通和交通管理,有利于减缓道路交通阻塞,提升道路交通管理水平;促进传统运输方式实现升级与转型;在任何天气条件下,为水上航行船舶提供导航定位和安全保障;实现飞机自动盲降,极大提高飞行安全和机场运营效率;运用在车辆应急救援方面。

第六节 地理信息系统技术

一、地理信息系统

依据《物流术语》(GB 18354—2021),地理信息系统(GIS)是指"在计算机技术支持下,对整个或部分地球表层(包括大气层)空间中的有关地理分布数据进行采集、储存、管理、运算、分析、显示和描述的系统"。

GIS作为对地球空间数据进行采集、存储、检索、建模、分析和表示的计算机系统,不仅可以管理以数字、文字为主的属性信息,而且可以管理以可视化图形图像为主的空间信息。它通过各种空间分析方法对各种不同的空间信息进行综合、分析、解释,确认空间实体之间的相互关系,分析在一定区域内发生的各种现象和过程。GIS提供了在计算机辅助下对信息进行集成管理的能力、灵活的查询检索能力。GIS应用由计算机系统、地理数据和用户组成,通过对地理数据的集成、存储、检索、操作和分析,生成并输出各种地理信息,从而为水利利用、资源评价与管理、环境监测、交通运输、经济建设、城市规划以及政府部门行政管理提供新的知识,为工程设计和规划、管理决策服务。

GIS的主要计算机硬件是工作站和计算机。GIS的主要计算机应用软件有ARC/INFO、MGE、GeoMedia、GenaMap、MapInfo、AutoDesk Map、ArcView、MapObjects、MapX、Maptitude、MapGIS、GeoStar、MapEngine等。

二、地理信息系统的功能

地理信息技术具有数据收集、数据管理和数据分析等方面的强大功能。其中GIS软件是功能强大的用于建立、编辑图形和地理数据库并对其进行空间分析的工具集合,是十分重要而又特殊的信息系统。其最大的优点在于它对空间数据的操作功能,并使用户可视化地进行人机对话;具有采集、管理、分析和输出多种地理空间信息的能力,具有空间性和动态性。GIS是以地理空间数据库为基础,采用地理模型分析方法,适时提供多种空间的和动态的地理信息,为地理研究和地理决策服务的计算机技术系统。

1. 数据采集与编辑功能

数据采集与编辑功能包括图形数据采集与编辑和属性数据编辑与分析。

2. 地理数据库管理系统的基本功能

地理数据库管理系统的基本功能包括数据库定义、数据库的建立与维护、数据库操作、通信功能等。

3. 制图功能

根据GIS的数据结构及绘图仪的类型,用户可获得矢量地图或栅格地图。地理信息系统不仅可以为用户输出全要素地图,而且可以根据用户需要分层输出各种专题地图,如行政区划图、土壤利用图、道路交通图等。此外,还可以通过空间分析得到一些特殊的地学分析用图,如坡度图、坡向图、剖面图等。

4. 空间查询与空间分析功能

空间查询与空间分析功能包括拓扑空间查询、缓冲区分析、叠置分析、空间集合分析和地学分析。

5. 地形分析功能

地形分析功能包括数字高程模型的建立和地形分析。

三、GIS在物流分析中的应用

GIS物流分析软件包括为交通运输分析所提供的扩展数据结构、分析建模工具和二次开发工具以及若干物流分析模型,包括网络物流模型、分配集合模型、车辆路线模型、最短路径模型、设施定位模型、车辆定位导航等。这些模型既可以单独使用来解决某些实际问题,也可以作为进一步开发适合不同需要的应用程序的基础。这些模型的有效使用,说明 GIS 在物流分析中的应用水平已经达到了一个新的高度。

1. 网络物流模型

网络物流模型用于解决如何寻求最有效的分配货物路径问题,也就是物流网点布局问题。在现实生活中,常会遇到这样的问题:企业有 m 个仓库和 n 个商店,为满足正常的商业运营,要求从仓库运送货物到商店。一般情况下,每个商店都有固定的需求量,因此,需要确定由哪个仓库提货送给哪个商店,所耗的运输代价最小。可以利用 GIS 软件,进行空间分析,求出最短的路径。

2. 分配集合模型

分配集合模型用于根据各个要素的相似点把同一层上的所有或部分要素分为几个组,以解决确定服务范围和销售市场范围等问题。如某一公司要设立 n 个分销点,要求这些分销点要覆盖某一地区,而且要使每个分销点的顾客数目大致相等。可以利用 GIS 软件,将某一地区划分为无数的小区域,利用已知的空间数据进行模糊分类,以确定最佳的分销地点。

3. 车辆路线模型

车辆路线模型用于解决在一个起点、多个终点的货物运输问题中,如何降低操作费用并保证服务质量,包括决定使用多少车辆、每个车辆经过什么路线的问题。

在物流分析中,在一对多收发货点之间存在多种可供选择的运输路线的情况下,应该以物资运输的安全性、及时性和低费用为目标,综合考虑,权衡利弊,选择合理的运输方式并确定费用最低的运输路线。例如,一个公司只有一个仓库,而零售店却有多个,并分布在各个不同的位置上,每天用汽车把货物从仓库运到零售商店,每辆车的载质量或者货物尺寸是固定的,同时每个商店所需的货物质量或体积也是固定的,因此,需要多少车辆以及所有车辆所经过的路线就是一个最简单的车辆路线模型。

4. 设施定位模型

设施定位模型用来确定零售商店、仓库、医院、加工中心等设施的最佳位置,其目的是降低操作费用、提高服务质量以及使利润最大化等。

设施定位模型可以用于确定一个或多个设施的位置。在物流系统中,仓库和运输线共同组成了物流网络,仓库处在网络的"节点"上,运输线就是连接各个"节点"的"线路"。也就是说,"节点"决定着"线路",仓库的位置直接决定了运输线路,并影响运输的费用。具体地说,在一个具有若干资源点及若干需求点的经济区域内,物资资源要通过某一个仓库的汇集中转和分发才能供应各个需求点,因此,根据供求的实际需要并结合经济效益等原则,在既定区域内设立多少仓库、每个仓库的地理位置在什么地方、每个仓库应有多大规模(包括吞吐能力和存储能力)、这些仓库间的物流关系如何等问题,就显得十分重要。而这些问题运用设施定位模型均能很容易地得到解决。

5. 空间查询模型

利用 GIS 的空间查询功能,可以查询以某一商业网点为圆心某半径内配送点的数目,以此判断哪一个配送中心距离最近,为安排配送做准备。

6. 车辆定位导航

借助 GIS 技术,可以在车辆定位导航等方面得到车辆在三维空间中的运动轨迹,不仅可获得车辆的准确位置,还可得到车辆的速度、运动方向等数据,为交通运输管理提供了动态检测和导航的工具。

第七节　产品电子代码技术

一、产品电子代码

产品电子代码(EPC)技术,是一种新兴的物流信息管理技术,是条码技术的延续和发展。它可以对供应链中的对象(包括物品、货箱、货盘、位置等)进行全球唯一的标识,是物联网(IoT)的根本要素,因而也被称为 EPC 物联网。

EPC 存储在含有一块硅芯片和一根天线的 RFID 标签上。读取 EPC 标签时,它可以与一些动态数据连接,如该贸易项目的原产地或生产日期等。与目前许多编码方案类似,EPC 包含用来标识制造厂商的代码以及产品类型的代码。但 EPC 使用额外的一组数字(即序列号)来识别单个贸易项目,EPC 所标识产品的信息保存在全球产品电子代码管理中心(EPCglobal)网络中。

1. EPCglobal

EPCglobal 是国际物品编码协会(EAN)和美国统一代码委员会(UCC)两大标准化组织联合成立的一个中立的非营利性标准化组织。EPCglobal 的主要职责是在全球范围内对各个行业建立和维护 EPC 网络,保证供应链各环节采用全球统一标准实现信息的快速、自动、实时、准确识别;通过发展和管理 EPC 网络标准来提高供应链上贸易单元信息的透明度和可视性,以此来提高全球供应链的运作效率。

2. EPCglobal China

EPCglobal 于 2004 年 1 月 12 日授权中国物品编码中心(ANCC)为 EPCglobal 在中华人民共和国境内的唯一代表,并在 2004 年 4 月 23 日正式成立 EPCglobal China,负责 EPCglobal 在中国范围内的注册、管理和业务推广。

中国物品编码中心是我国 EPC 系统管理的工作机构,统一组织、协调、管理全国产品电子代码工作,配合国家主管机构制定我国 EPC 的发展规划,负责我国有关 EPC 系统标准的制订、修订工作;负责贯彻执行 EPC 系统工作的方针、政策、法规和标准,开展相关的国际交流与合作;负责全国范围内 EPC 应用领域的拓展、推广;负责 EPC 的注册、续展、变更和注销;负责统一组织、管理全国 EPC 标签芯片制造商、识读器生产商的资格认定工作;组织协调各部门开展一致性检测工作,参与制定我国 EPC 产业发展规划;建立 EPC 技术应用示范系统,加强培训,提供教育支持,推动 EPC 技术在我国国民经济各领域的应用。

3. EPCglobal 网络

EPCglobal 网络是实现自动即时识别和供应链信息共享的网络平台,由研究总部设在麻省理工学院的自动识别中心开发。通过 EPCglobal 网络,可以提高供应链上贸易单元信息的透明度与可视性,以使各机构组织更有效地运行。通过整合现有信息系统和技术,EPCglobal 网络将对全球供应链上的贸易单元提供即时、准确、自动的识别和跟踪。

企业和用户是 EPCgobal 网络的最终受益者,通过 EPCglobol 网络,企业可以更高效、更有弹性地运行,可以更好地实现基于用户驱动的运营管理。

4. EPCglobal 系统成员

EPCglobal 将系统成员大体分为两类:终端成员和系统服务商。终端成员包括制造商、零售商、批发商、运输企业和政府组织。一般来说,终端成员就是在供应链中有物流活动的组织。系统服务商是指那些给终端用户提供供应链物流服务的组织机构,包括软件和硬件厂商、系统集成商和培训机构等。

二、EPC 系统的构成

EPC 系统是一个非常先进的、综合性的复杂系统,其最终目标是为每一单品建立全球的、开放的标识标准。EPC 系统的构成如图 9-5 所示,图中 PML(物体标记语言)是 EPC 系统(即 EPC 物联网)的公共语言,EPC 系统由编码体系、射频识别系统及信息网络系统 3 部分组成,主要内容涵盖 6 个方面,见表 9-1。

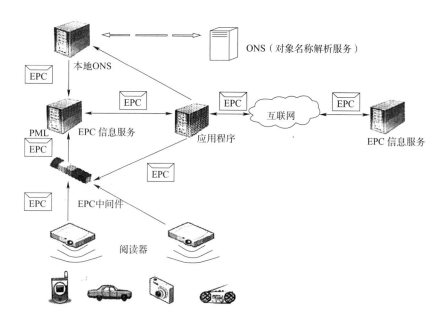

图 9-5 EPC 系统的构成示意图

EPC 系 统 的 构 成 表 9-1

系统构成	主要内容	注　释
编码体系	EPC 代码	用来标识目标的特定代码
射频识别系统	EPC 标签	贴在物品之上或者内嵌在物品之中
	读写器	识读 EPC 标签
信息网络系统	EPC 中间件	EPC 系统的软件支持系统
	对象名称解析服务(ONS)	
	EPC 信息服务(EPC IS)	

1. EPC 编码体系

EPC 编码体系是新一代的与全球贸易项目代码(Global Trade Item Number,简称 GTIN)兼容的编码标准,它是全球统一标识系统的延伸和拓展,是全球统一标识系统的重要组成部分,是 EPC 系统的核心与关键。

EPC 代码是由标头、厂商识别代码、对象分类代码、序列号等数据字段组成的一组数字。其中,标头可以识别 EPC 的长度、类型、结构和版本号;厂商识别代码可以识别公司或企业实体;对象分类代码类似于库存单元;序列号是加标签的对象类的特例。EPC 编码的具体结构见表 9-2。

EPC 编 码 结 构 表 9-2

项 目	标 头	厂商识别代码	对象分类代码	序 列 号
EPC-96	8	28	24	36

EPC 编码具有以下特性:

(1)科学性。结构明确,易于使用和维护。

(2)兼容性。EPC 编码标准与目前广泛应用的国际物品编码协会(EAN)和美国统一代码委员会(UCC)的 EAN.UCC 编码标准是兼容的,GTIN 是 EPC 编码结构中的重要组成部分,目前广泛使用的 GTIN、系列货运包装箱代码(SSCC)、全球位置编码(GLN)等都可以顺利转换到 EPC 中去。

(3)全面性。可在生产、流通、存储、结算、跟踪、召回等供应链的各环节全面应用。

(4)合理性。由 EPCglobal、各国 EPC 管理机构(如 EPCglobal China)、被标识物品的管理者分段管理、共同维护、统一应用,具有合理性。

(5)国际性。编码标准全球协商一致,不以具体国家、企业为核心,具有国际性。

(6)无歧视性。编码采用全数字形式,不受地方色彩、语言、经济水平、政治观点的限制,是无歧视性的编码。

当前,出于成本等因素的考虑,参与 EPC 测试所使用的编码标准采用的是 64 位数据结构,未来将采用 96 位的编码结构。

2. EPC 射频识别系统

EPC 射频识别系统是实现 EPC 代码自动采集的功能模块,主要由电子标签和读写器组成。电子标签与读写器之间利用无线感应方式进行信息交换,可识别快速移动物品,并且可同时识别多个物品;EPC 射频识别系统最大限度地降低了数据采集的人工干预,实现了完全自动化,是物联网的重要环节。

1)EPC 标签

EPC 标签芯片中存储的唯一信息是 96 位或 64 位产品电子代码。为了降低成本,EPC 标签通常是被动式射频标签。EPC 标签的应用领域非常广泛,多用于移动车辆的自动收费、资产跟踪、物流、动物跟踪、生产过程控制等。

2)读写器

EPC 读写器和网络之间不需要个人计算机作为过渡,所有读写器之间的数据交换可以直接通过一个对等的网络服务器进行。

读写器的软件提供了网络连接能力,包括 Web 设置、动态更新、TCP/IP 读写器界面、内建兼容 SQL(Structured Query Language,结构化查询语言)的数据库引擎。

当前 EPC 读写器技术也还在发展完善之中。Auto-ID Labs 提出的 EPC 读写器工作频率为 860~960MHz。

3. EPC 信息网络

EPC 信息网络是一个能够实现供应链中的商品快速自动识别以及信息共享的框架。通过采用多种技术手段,EPCglobal 为在供应链中识读 EPC 所标识的贸易项目,以及贸易伙伴之间共享项目信息提供了一种机制。

EPC 信息网络系统是在全球互联网的基础上,通过 EPC 中间件(Savant)、对象名称解析服务(ONS)和 EPC 信息服务(EPC IS)来实现全球"实物互联"。它由 5 个基本要素组成:产品电子代码(EPC)、射频识别系统(EPC 标签和识读器)、发现服务(包括 ONS)、EPC 中间件(Savant)和 EPC 信息服务(EPC IS)。

1)EPC 中间件

EPC 中间件也被称为 Savant,是具有一系列特定属性的"程序模块"或"服务",并被用户集成以满足他们的特定需求。

EPC 中间件是加工和处理来自读写器的所有信息和事件流的软件,主要任务是在将数据送往企业应用程序之前进行标签数据校对、读写器协调、数据传送、数据存储和任务管理。

2)对象名称解析服务

对象名称解析服务(ONS)是一个自动的网络服务系统,类似于域名解析服务(DNS),ONS 给 EPC 中间件指明了存储产品相关信息的服务器。

ONS 服务是联系 EPC 中间件和 EPC 信息服务的网络枢纽,并且 ONS 设计与架构都以互联网域名解析服务 DNS 为基础,因此,可以使整个 EPC 网络以互联网为依托,迅速架构并顺利延伸到世界各地。

3)EPC 信息服务

EPC 信息服务(EPC IS)提供了一个模块化、可扩展的数据和服务的接口,使得 EPC 的相关数据可以在企业内部或者企业之间共享。EPC IS 处理与 EPC 相关的各种信息:

(1)EPC 的观测值,即观测对象、时间、地点以及原因,此处原因是一个比较宽泛的说法,它应该是 EPC IS 步骤与商业流程步骤之间的一个关联,如订单号、制造商编号等商业交易信息。

(2)包装状态,例如物品是放在托盘上的包装箱内。

(3)信息源,例如位于 Z 仓库的 Y 通道的 X 识读器。

EPC IS 运行模式有两种:EPC IS 信息被已经激活的 EPC IS 应用程序直接应用;将 EPC IS 信息存储在资料档案库中,以备今后查询时进行检索。

三、EPC 系统的特点与工作流程

1. EPC 系统的特点

1)开放的结构体系

EPC 系统采用全球最大的公用的 Internet 网络系统,避免了系统的复杂性,同时也大幅降低了系统的成本,并且还有利于系统的增值。

2)独立的平台与高度的互动性

EPC 系统识别的对象是一个十分广泛的实体对象,因此,不可能有哪一种技术适用所有的识别对象。同时,不同地区、不同国家的射频识别技术标准也不相同。因此开放的结构体系必须具有独立的平台和高度的交互操作性。EPC 系统网络建立在 Internet 网络系统上,并且可以与 Internet 网络所有可能的组成部分协同工作。

3)灵活的、可持续发展的体系

EPC 系统是一个灵活的、开放的、可持续发展的体系,在不替换原有体系的情况下就可以做到系统升级。

EPC 系统是一个全球的大系统,供应链的各个环节、各个节点、各个方面都可受益,但对低价值的识别对象,如食品、消费品等来说,它们对 EPC 系统引起的附加价格十分敏感。EPC 系统正在考虑通过本身技术的进步,进一步降低成本,同时通过系统的整体改进使供应链管理得到更好的应用,提高效益,以便抵消和降低附加价格。

2. EPC 系统的工作流程

在由 EPC 标签、读写器、EPC 中间件、Internet、ONS 服务器、EPC 信息服务以及众多数据库组成的实物互联网中,读写器读出的 EPC 只是一个信息参考(指针),由该信息参考从 Internet 找到 IP 地址并获取该地址中存放的相关的物品信息,并采用分布式的 EPC 中间件处理由读写器读取的一连串 EPC 信息。由于在标签上只有一个 EPC 代码,计算机需要知道与该 EPC 匹配的其他信息。这就需要 ONS 提供一种自动化的网络数据库服务,EPC 中间件将 EPC 代码传给 ONS,ONS 指示 EPC 中间件到一个保存着产品信息文件的服务器(EPC IS)查找,该文件可由 EPC 中间件复制,因而文件中的产品信息就能传到供应链上。EPC 系统的工作流程如图 9-6 所示。

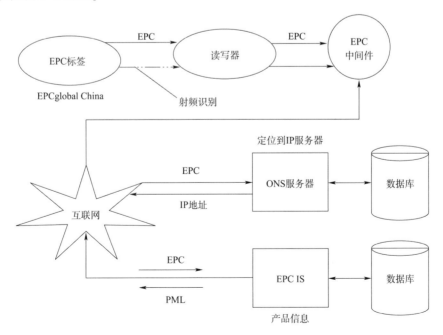

图 9-6 EPC 系统工作流程示意图

第八节 物体标记语言

一、概述

1. 物体标记语言的含义

物体标记语言(PML)是一种用于描述物理对象、过程和环境的通用语言,其主要目的是提供通用的标准化词汇表,来描绘和分配 Auto-ID 激活的物体的相关信息。物联网是用 PML 来实现相互通信的,即 PML 是物联网的公共语言。

PML 是在可扩展标记语言(XML,标准通用标记语言下的一个子集)的基础上扩展而来被设计成机器与人都可使用的自然物体的描述标准,是物联网网络信息存储、交换的标准格式。即,PML 是 Savant(EPC 中间件)、EPC IS(EPC 信息服务)、应用程序、ONS(对象名称解析服务)之间相互表述和传递 EPC 相关信息的公共语言,PML 定义了在 EPC 物联网中所有的信息传输方式。PML 核心提供通用的标准词汇表来分配直接由 Auto-ID 的基础结构获得的信息,如位置、组成以及其他遥感勘测的信息。

2. PML 的构成

EPC 码用于识别单品,而 PML 可以描述所有关于产品有用的信息,因而 PML 成为描述所有自然物体、过程和环境的统一标准,其应用将会非常广泛,并且进入到所有行业。像互联网基本语言"超文本标记语言"(HTML)一样,物联网中的 PML 语言将随着时代的变化而发展。

PML 文件将被存储在一个 PML 服务器上,该 PML 服务器将配置一个专用的计算机,为其他计算机提供所需要的文件。PML 服务器将由制造商维护,并且储存该制造商生产的所有商品的文件信息。

PML 语言是一个标准词汇集,主要包含了两个词组:PML 核与 Savant 扩充。如果需要,PML 还能扩展成更多的其他词汇。其中:PML 核是以现有的 XML Schema 语言为基础的。在数据传送之前,使用"tags"(标签,不同于 RFID 标签)来格式化数据,这是编程语言中的标签概念。同时,PML 核应该被所有的 EPC 网络节点(如 ONS、Savant 及 EPCIS)理解,使得数据传送更流畅、建立系统更容易。Savant 扩充则被用于 Savant 与企业应用程序间的商业通信。

二、PML 设计与应用

1. PML 开发技术

现实生活中的产品丰富多样,只有抓住自然物体的共同特性(如体积、质量等),才能用一个统一的语言来客观地描述每一个物体。

PML 首先使用现有的标准(如 XML、TCP/IP)来规范语法和数据传输,并利用现有工具来设计编制 PML 应用程序。PML 需提供一种简单的规范,通过使用默认的方案,使方案无须进行转换就能可靠传输和翻译。PML 对所有的数据元素提供单一的表示方法。例如,有多个对数据类型编码的方法,而 PML 仅选择其中一种,如日期编码。

2. PML 数据存储和管理

PML 只是用在信息发送时对信息区分的方法,实际内容可以任意格式存放在服务器(SQL 数据库或数据表)中,即不必一定以 PML 格式存储信息。企业应用程序将以现有的格式和程序来维护数据,如小应用程序(Aaplet)可以从互联网上通过 ONS 来选取必需的数据,为便于传输,数据将按照 PML 规范重新进行格式化。该过程与动态超文本标记语言(DHTML)相似,也是按照用户的输入重新生成一个 HTML 页面。此外,一个 PML "文件"可能是多个不同来源的文件和传送过程的集合,因为物理环境所固有的分布式特点,使得 PML "文件"可以在实际中从不同位置整合多个 PML 片段。

3. PML 设计策略

可将 PML 分为 PML 核与 PML 扩展,如图 9-7 所示。

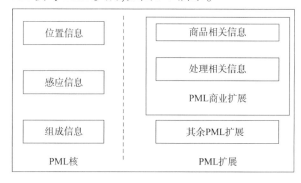

图 9-7 PML 核与 PML 扩展

PML 核用统一的标准词汇将从 Auto-ID 底层设备获取的信息分发出去,如位置信息、成分信息和其他感应信息。由于此层面的数据在自动识别前不可用,所以必须通过研发 PML 核来表示这些数据。PML 扩展用于将 Auto-ID 底层设备所不能产生的信息和其他来源的信息进行整合。第一种实施的 PML 扩展包括多样的编排和流程标准,使数据交换在组织内部和组织间发生。

PML 核专注于直接由 Auto-ID 底层设备所生成的数据,其主要描述包含特定实例和独立于行业的信息。特定实例是条件与事实相关联,事实(如一个位置)只对个单独的可自动识别对象有效,而不是对一个分类下的所有物体均有效。独立于行业的条件指出数据建模的方式,即它不依赖于指定对象所参与的行业或业务流程。

PML 扩展提供的大部分信息对于一个分类下的所有物体均可用,大多数信息内容高度依赖于实际行业,例如高科技行业组成部分的技术数据表都远比其他行业要通用。此扩展在很大程度上是针对用户特定类别并与它所需的应用相适应,目前 PML 扩展框架的焦点集中在整合现有电子商务标准上,扩展部分可覆盖到不同领域。

如此,PML 设计就提供了一个描述自然物体、过程和环境的统一标准,可供工业和商业中的软件开发、数据存储和分析工具应用,同时还提供一种动态的环境,使与物体相关的静态的、暂时的、动态的和统计加工过的数据实现互相交换。

4. PML 应用

如图 9-8 所示,PML 作为物联网的公共语言,在 EPC 物联网系统中用作各个不同部分的一个公共接口,即 PML 用作 Savant、第三方应用程序[如 ERP、MES(Manufacturing Execution

System,制造执行系统)]和存储商品相关数据的 PML 服务器之间的公共通信语言,从而实现自动跟踪物体的流动情况。

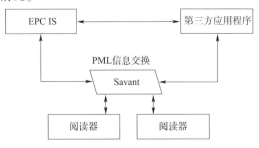

图9-8　系统公共接口 PML

高度网络化的 EPC 物联网系统,意在构造一个全球统一标识的物品信息系统,它将在超市、仓储、货运、交通、溯源跟踪、防伪防盗等众多领域和行业中获得广泛的应用和推广。随着 EPC 的发展,PML 的应用将会非常广泛,进入所有行业领域。

第九节　云　计　算

一、概述

1. 云计算的产生

2006年8月,谷歌首席执行官埃里克·施密特在搜索引擎大会首次提出"云计算"(cloudcomputing)的概念。2009年,美国国家标准与技术研究院(NIST)进一步丰富和完善了云计算的定义和内涵。NIST 认为,云计算是一种基于互联网的,只需最少管理和与服务提供商的交互,就能够便捷、按需地访问共享资源(包括网络、服务器、存储、应用和服务等)的计算模式。根据 NIST 的定义,云计算具有按需自助服务、广泛网络接入、计算资源集中、快速动态配置、按使用量计费等主要特点。

云计算也被意译为网络计算。简而言之,云计算的"云"就是存在于互联网服务器集群上的资源,包括硬件资源[服务器、存储器、CPU(Central Processing Unit,中央处理器)等]和软件资源(应用软件、集成开发环境等)。本地计算机只需要通过互联网发送一个需求信息,远端就会有成千上万的计算机为你提供需要的资源并将结果返回本地计算机,这样,本地计算机几乎不需要做什么,所有的处理都由云计算提供商所提供的计算机群来完成。即,云计算通过互联网按需提供 IT(Internet Technology,互联网技术)资源,并且采用按使用量付费的定价方式。厂商可以根据需要从云提供商那里获得技术服务,例如计算能力、存储和数据库,而无须购买、拥有和维护物理数据中心及服务器。用户从"购买产品"转变到"购买服务",他们不再直接面对复杂的硬件和软件,而是面对最终的服务。企业不需要拥有硬件设施,也不再为机房支付设备供电、空调制冷、专人维护等费用,并且不需要等待漫长的供货周期、项目实施等冗长的时间,只需要把钱支付给云计算服务提供商,人们就会得到需要的服务。

2. 云计算的分类

按照云计算提供者与使用者的所属关系,云计算可分为公有云、私有云和混合云。

(1)公有云。公有云是由若干企业和用户共享使用的云环境。在公有云中,用户所需的服务由一个独立的、第三方云提供商提供。该云提供商也同时为其他用户服务,这些用户共享该云提供商所拥有的资源。

(2)私有云。私有云是由某个企业独立构建和使用的云环境。在私有云中,用户是这个企业或组织的内部成员,这些成员共享着该云计算环境所提供的所有资源,公司或组织以外的用户无法访问这个云计算环境提供的服务。

(3)混合云。混合云指公有云与私有云的混合。一般来说,对安全性、可靠性及IT可监控性要求高的公司或组织,如金融机构、政府机关、大型企业等,是私有云的潜在使用者。因为他们已经拥有了规模庞大的IT基础设施,因此只需进行少量的投资,将自己的IT系统升级,就可以拥有云计算带来的灵活与高效,同时有效地避免使用公有云可能带来的负面影响。除此之外,他们也可以选择混合云,将一些对安全性和可靠性需求相对较低的应用,如人力资源管理等,部署在公有云上,来减轻对自身IT基础设施的负担。相关分析指出,一般中小型企业和创业公司将选择公有云,而金融机构、政府机关和大型企业则更倾向于选择私有云或混合云。

3. 云计算的发展

互联网自1960年开始兴起,主要用于军方、大型企业等,直到1990年才开始进入普通家庭。2006年8月首次提出"云计算"概念,引发了互联网的第三次革命。早在云计算概念提出之前,亚马逊已经在公司内部进行了云计算部署实践。亚马逊设计了云服务(Amazon Web Service,简称AWS),这项服务主要是把平时闲置的IT资源利用起来。在随后的时间里,亚马逊陆续推出了包括弹性计算云(Elastic Compute Cloud)、数据库服务(Simple DB)等近20种云服务,逐渐完善了AWS的服务种类。2007年,国际商业机器公司(IBM)推出蓝云(Blue Cloud)服务,为客户带来即买即用的云计算平台。2008年,谷歌推出Google Chrome平台,发布以谷歌应用程序为代表的基于浏览器的应用软件,将浏览器融入了云计算时代。微软紧跟云计算步伐,于2008年在其开发者大会上提出了全新的云计算平台计划,并于2010年正式推出了自己的云计算平台(Microsoft Azure),主要目标是为开发者提供一个平台,帮助开发可运行在云服务器、数据中心、Web和PC上的应用程序。2008年,IBM与无锡市政府合作建立了无锡软件云计算中心,开始了云计算在我国的商业应用。随后,越来越多的信息技术企业参与到云计算应用行列。百度、阿里、腾讯、浪潮等国内企业纷纷布局云计算,分别从不同的角度开始提供不同层面的云计算服务。可见,云计算走过了2006—2010年的形成期,2010—2015年的发展期,2015—2020年的应用期,如今已经迈入成熟期。

2021年7月27—28日,2021可信云(Trusted Cloud)大会在北京举行,大会以"数字裂变 可信发展"为主题,会上发布了可信云最新态势、标准和评估结果以及《2021云计算十大关键词》《云计算发展白皮书(2021)》等重磅结论,旨在通过云计算评估体系,为用户选择安全、可信的云提供支撑,促进我国云计算市场健康创新发展。大会指出,2021云计算十大关键词分别是:①云原生;②高性能;③混沌工程;④混合云;⑤边缘计算;⑥零信任;⑦优化治理;⑧数字政府;⑨低碳云;⑩企业数字化转型。基于行业研究和调查报告,《云计算发展白皮书(2021)》总结得出我国云计算发展现状为:全球增速首放缓,我国逆势上扬;云原生持续落地,行业应用加速。总之,云计算的发展在我国方兴未艾。

二、主要服务形式和核心技术

1. 云计算的主要服务形式

云计算正在风起"云"涌,蓬勃发展,各类厂商都在开发不同的云计算服务,它的表现形式多种多样,例如数据备份、灾难恢复、电子邮件、虚拟桌面、软件开发和测试、大数据分析以及面向客户的 Web 应用程序。

云计算有三种主要服务形式。

1) SaaS

SaaS(软件即服务)为用户提供基于云基础设施的应用软件,用户通过浏览器等就能直接使用在云端上运行的应用。SaaS 服务提供商将应用软件统一部署在自己的服务器上,用户根据需求通过互联网向厂商订购应用软件服务,服务提供商根据客户所定软件的数量、时间的长短等因素收费,并且通过浏览器向客户提供软件。这种服务模式的优势是,由服务提供商维护和管理软件、提供软件运行的硬件设施,用户只需拥有能够接入互联网的终端,即可随时随地使用软件。这种模式下,客户不再像传统模式那样在硬件、软件、维护人员方面花费大量资金,只需要支出一定的租赁服务费用,通过互联网就可以享受到相应的硬件、软件和维护服务,这是网络应用最具效益的运营模式。对于小型企业来说,SaaS 是采用先进技术的最好途径。

以企业管理软件来说,SaaS 模式的云计算 ERP 可以让客户根据开发用户数量、所用功能多少、数据存储容量、使用时间长短等因素的不同组合按需支付服务费用,既不用支付软件许可费用,也不需要支付采购服务器等硬件设备费用,同时也不需要支付购买操作系统、数据库等平台软件费用,不用承担软件项目定制、开发、实施费用,不需要承担 IT 维护部门开支费用。实际上,云计算 ERP 正是继承了开源 ERP 免许可费用只收服务费用的最重要特征,是突出了服务的 ERP 产品。

2) PaaS

PasS(平台即服务)把开发环境作为一种服务来提供。这是一种分布式平台服务,厂商给客户提供开发环境、服务器平台、硬件资源等服务,用户在其平台基础上定制开发自己的应用程序并通过其服务器和互联网传递给其他客户,用户无须管理和控制相应的网络、存储等基础设施资源。PaaS 能够向企业或个人提供研发的中间件平台,提供应用程序开发、数据库、应用服务器、试验、托管及应用服务。

3) IaaS

IaaS(基础设施即服务)把厂商的由多台服务器组成的"云端"基础设施作为计量服务提供给客户。它将内存、I/O(输入/输出)设备、存储和计算能力整合成一个虚拟的资源池,为整个业界提供所需要的存储资源和虚拟化服务器等。这是一种托管型硬件方式,用户付费使用厂商的硬件设施。

IaaS 的优点是用户使用硬件的成本较低,只用按需租用相应的计算能力和存储能力,大大降低了用户在硬件上的开销。

2. 云计算的核心技术

云计算系统运用了许多技术,其中以编程模型、数据管理技术、数据存储技术、虚拟化技术、云计算平台管理技术最为关键。

1）编程模型

MapReduce 是 Google 开发的 Java、Python、C++编程模型,它是一种简化的分布式编程模型和高效的任务调度模型,用于大规模数据集(大于1TB)的并行运算。严格的编程模型使云计算环境下的编程十分简单。MapReduce 模式的思想是将要执行的问题分解成 Map(映射)和 Reduce(化简)的方式,先通过 Map 程序将数据切割成不相关的区块,分配(调度)给大量计算机处理,达到分布式运算的效果,再通过 Reduce 程序将结果汇总输出。

2）海量数据分布存储技术

云计算系统由大量服务器组成,同时为大量用户服务,因此云计算系统采用分布式存储的方式存储数据,用冗余存储的方式保证数据的可靠性。

3）海量数据管理技术

云计算需要对分布的、海量的数据进行处理、分析,因此,数据管理技术必须能够高效地管理大量的数据。

4）虚拟化技术

通过虚拟化技术可实现软件应用与底层硬件相隔离,它包括将单个资源划分成多个虚拟资源的裂分模式,也包括将多个资源整合成一个虚拟资源的聚合模式。虚拟化技术根据对象可分成存储虚拟化、计算虚拟化、网络虚拟化等,其中计算虚拟化又分为系统级虚拟化、应用级虚拟化和桌面虚拟化。

5）云计算平台管理技术

云计算资源规模庞大,服务器数量众多并分布在不同的地点,同时运行着数百种应用。如何有效地管理这些服务器,保证整个系统提供不间断的服务是巨大的挑战。

云计算系统的平台管理技术能够使大量的服务器协同工作,方便地进行业务部署和开通,快速发现和恢复系统故障,通过自动化、智能化的手段实现大规模系统的可靠运营。

三、云计算技术优势与面临的问题

1. 云计算的优势

(1)敏捷性。云计算使用户可以轻松使用各种技术,从而可以更快地进行创新,并构建几乎任何可以想象的东西。用户可以根据需要快速启动资源,从计算、存储和数据库等基础设施服务到物联网、机器学习、数据湖(hub)和分析等。

用户可以在几分钟内部署技术服务,并且从构思到实施的速度比以前快了几个数量级。这使用户可以自由地进行试验,测试新想法,以打造独特的客户体验并实现业务转型。

(2)弹性。借助云计算,用户无须为日后处理业务活动高峰而预先过度预置资源。相反,用户可以根据实际需求预置资源量。用户可以根据业务需求的变化立即扩展或缩减这些资源,以扩大或缩小容量。

(3)节省成本。云计算将用户的固定资本支出(如数据中心和本地服务器)转变为可变支出,并且只需按实际用量付费。此外,由于规模经济的效益,可变费用比用户自行部署时低得多。

(4)快速全局部署。借助云计算,用户可以扩展到新的地理区域,并在几分钟内进行全局部署。例如,AWS(亚马逊网络服务)的基础设施遍布全球各地,因此用户只需单击几下即可在多个物理位置部署应用程序。将应用程序部署在离最终用户更近的位置可以减少延迟并改善其体验。

2. 云计算技术发展面临的问题

尽管云计算具有许多优点,但是也存在下列问题:

(1)数据隐私问题。保证存放在云服务提供商的数据隐私,保证数据不被非法利用,不仅需要技术的改进,也需要法律的进一步完善。

(2)数据安全性。有些数据是企业的商业机密,数据的安全性关系到企业的生存和发展。云计算数据的安全性问题会影响云计算在企业中的应用。

(3)用户使用习惯。如何改变用户的使用习惯,使用户适应网络化的软硬件应用是长期而艰巨的挑战。

(4)网络传输问题。云计算服务依赖网络,网速及其稳定性决定着云计算应用的性能。

四、云计算在物流中的应用

物流行业中的行业云就是物流云。所谓物流云,就是一个平台开放资源共享终端无线的网络。物流云是物流信息的共享平台,物流云是物流信息化下的一个应用子项。

云计算是物流系统中的一个使能技术,在充分发展以后,云计算在信息技术的支持下,会为各个层面提供信息,把各个物流功能模块中的信息集中起来,进行全方位、大范围的物流信息共享,并反作用于物流运行的控制与指挥,成为物流系统的中枢神经。

物流云应该对物流行业的各个层面进行支持,它不仅可以对微观层进行支持,如为快递行业提供数据共享,而且对其他层面也可以提供支持,如在管理层面进行相关的统计和控制。物流云的应用范围会随着物流业发展而不断拓宽。

1)云计算在快递行业的应用

从快递业应用物流云的实力看,物流云的作用主要体现在物流信息方面。在实际运作中,快递行业中的某个企业首先搭建一个行业云的平台,集中行业中的私有数据,即集中来自全球发货公司的海量货单;其次对海量货单和货单的目的路径进行整理;接着指定运输公司发送到快递公司,最后送达收件人。在这一过程中,物流云对快递行业的收货、运输、终端配送的运作模式进行了整合,实现了批量运输,部分解决了我国运输行业长期存在的空驶(或半载)问题,提高了运输效率,降低了成本。

2)云计算在整个物流行业的应用

物流从经济层面上可以分为宏观物流和微观物流。宏观物流通常是指物流范围较广、工程量较大、具有带动经济作用的物流活动。宏观物流方式会影响社会流通方式,也会影响国民经济。相对于宏观物流而言,微观物流主要指局部的、小范围的物流作业,除此之外还有社会物流、企业物流、国际物流区域、特殊物流等不同的分类。

物流活动是由包装、装卸、运输、存储、流通加工、配送和物流信息等活动构成的,提高物流效率就是提高上述各个活动的效率。

一个企业承担物流的全部功能,实际上是承担了所有的物流活动。第三方或是第四方物流出现以后,通过对物流活动进行细分,实现物流作业专业化,提高物流活动效率。第三方或第四方能够提高物流效率的本质,实际上是对物流活动进行重新组合及业务重构,实现了业务活动的专业化。所以,与快递行业一样,业务重构对提升效率起到了巨大的作用。

在业务重构过程中,云计算是可以利用的工具。借助云计算中的行业云,多方收集货源和车辆信息,并使物流配载信息在实际物流运输能力与需求发生以前得以发布,加快了物流配载的速度,提高了配载的成功率,亦可实现对运输过程的监控等。

云储存也是可以发展的方向之一,利用移动设备将在途物资作为虚拟库存,及时进行物资信息交换和交易,将物资直接出入库,并直接将货物运送到终端用户手中。

受益于物流云的还有供应链,零售业在物流云的影响下也将发生变化。

如果说云计算为快递行业降低生产成本发挥了很大作用,那么,云计算在物流行业应用带来的直接效果就是降低物流成本,这将大大提高物流业的社会效益。仅凭此一点就可以断定,云计算在物流业中将有巨大的发展空间。

新技术、新业态加速迭代,云计算将不断赋能千行百业,为经济社会高质量发展提供新动能。云计算产业未来应当加快落实产业政策,深化赋能行业转型,不断完善产业生态建设,努力实现产业高质量发展。

第十节 物联网技术

一、物联网定义和特征

物联网(IoT),即"物物相连的互联网",是通过各类传感装置、RFID技术、视频识别技术、红外感应技术、全球定位系统、激光扫描仪等,按约定的协议,根据需要实现物品互联互通的网络连接,进行信息交换和通信,以实现智能化识别、定位、跟踪、监控和管理的智能网络系统。

中国仓储与配送协会将物联网的本质概括为三大特征:

(1)互联网特征。对需要联网的"物",一定要能够实现互联互通的网络。

(2)识别与通信特征。纳入物联网的"物"一定要具备自动识别与物物通信(Material to Material,简称M2M)的功能。

(3)智能化特征。网络系统应具有自动化、自我反馈与智能控制的特点。

可见,物联网的核心和基础仍然是互联网,它是在互联网基础上延伸和扩展的网络;物联网的用户端不仅包括人,还包括物品,物联网实现了人与物品及物品之间信息的交换和通信。

作为新一代信息技术的高度集成和综合运用,物联网具有渗透性强、带动作用大、综合效益好的特点,是继计算机、互联网、移动通信网之后信息产业发展的又一推动者,是信息科技产业的第三次革命。物联网的应用和发展,有利于促进生产生活和社会管理方式向智能化、精细化、网络化方向转变,极大提高社会管理和公共服务水平,催生大量新技术、新产品、新应用、新模式,推动传统产业升级和经济发展方式转变,并将成为未来经济发展的增长点。物联网产业主要涵盖物联网感知制造业、物联网通信业和物联网服务业,可以为商业、物流、仓储、生产、家庭等提供更为先进的信息化管理手段。

二、物联网结构和关键技术

随着物联网不断发展,其技术体系逐渐丰富。物联网技术体系一般包括信息感知、传输、处理以及共性支撑技术。物联网的基本架构包含感知层(传感层)、网络层(传输层)和应用层,其结构组成如图9-9所示。

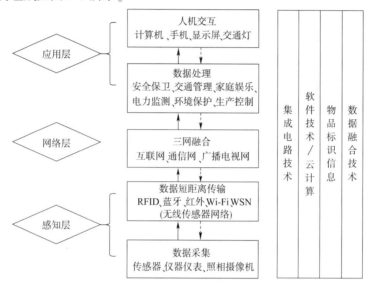

图9-9 物联网的结构组成

(1)感知层。感知层由各种传感器以及传感器网构成,包括各种传感器智能卡、RFID电子标签和各种读写器、摄像头、GPS、各种物理量传感器、传感器网络等感知终端。感知层相当于人的眼、耳、鼻、喉和皮肤等神经末梢,它是物联网识别物体、采集信息的来源。感知层的主要功能是识别物体并采集物体的相关信息,并且将信息传递出去,承担信息的全面感知和采集任务。

(2)网络层。网络层由各种私有网络、互联网、有线和无线通信网、网络管理系统和云计算平台等组成,相当于人的神经中枢和大脑,负责传递和处理感知层获取的信息,承担信息的可靠传输任务。根据应用的需要,传输层可以是公共移动网和固定网络、互联网、广播电视网、行业专网或专用于物联网的各种新型通信网。

(3)应用层。应用层是物联网和用户(包括人、组织和其他系统)的接口,它与行业需求结合,实现物联网的智能应用,完成信息的分析、处理、管理和控制,可以进一步作出智能决策,实现物联网特定的智能化应用和服务。

物联网是一个交叉学科,涉及通信技术、传感技术、网络技术以及RFID技术、嵌入式系统技术等多项知识。毫无疑问,随着"物联网"时代的来临,人们的日常生活将发生翻天覆地的变化。把网络技术运用于万物,组成"物联网",如把感应器嵌入装备到油网、电网、路网、水网、建筑、大坝等物体中,然后将"物联网"与"互联网"整合起来,实现人类社会与物理系统的整合,能力超级强大的计算机群对整合网络内的人员、机器、设备和基础设施实施实时管理和控制,以更加精细和动态方式管理生产和生活,达到"智慧"状态,提高资源利用率和生产力水平,改善人与自然的关系。

三、物联网在物流领域的主要应用

物流行业是物联网最重要的应用领域之一。物联网作为智慧物流实现的基础,伴随着物流行业的快速发展,正得到越来越广泛的应用,市场空间巨大。物流业作为国民经济发展的支柱性产业,要实现进一步增长,满足越来越高的物流需求,实现智慧物流,必须依赖于物联网技术的全面应用。

智慧物流配送体系是一种以互联网、物联网、云计算、大数据等先进信息技术为支撑,在仓储、配送、流通加工、信息服务等各个物流环节实现系统感知、全面分析、及时处理和自我调整等功能的现代综合性物流系统,具有自动化、智能化、可视化、网络化、柔性化等特点。

物联网在物流领域的最新应用如下。

1) 电商 + 物联网

电商的蓬勃发展推动了物流管理运作水平的提高,进入物流智能化新阶段,而物流系统自动化、信息化能力的提升又反过来促进电商的进一步发展。电商物流为物联网技术提供了良好的应用环境,未来几年,物联网技术将是解决该行业所面对的人员紧张、信息阻塞、合规问题的最佳途径,成为电商企业进一步抢占市场的重要技术支撑。

2) 物联网 + 车联网

车联网借助物联网技术,已经初步实现了运输过程的透明化、可视化管理,以及货运资源的优化与整合配置,从而提升运输、装载效率,实现货物的实时跟踪与追溯管理。物联网技术实现了货运资源、车辆资源、货车驾驶员和货车后市场消费信息的全方位融合,可以说,车联网已经成为物流运输发展最基本的配置。最新的物联网技术应用,不仅提高了企业对运输成本、时效及客户体验这三大指标的满意度,更从安全性、可靠性、即时通信、算法优化、仓储管理和效率提升等方面有了更深入的优化。例如,研华科技推出的智慧车队管理解决方案,不仅仅是采集相关数据回传给管理后台,在云端对车辆、人、货品的信息进行稳定的运算与统计处理,还可以直接进行边缘运算处理,通过车载计算机对采集到的数据进行复杂的边缘计算,即时防止、修正驾驶员的危险驾驶行为,实现主动式安全保障。

(1) 物流运输环节。在物流运输环节引入物联网技术,只要在运输的货物和车辆上贴上电子标签,并在运输线路上安装一些信息接收和转发设备,就可以实时了解所运货物的具体位置和相关状态。这样可以使处于运输过程中的货物管理更加透明,大大提高物流运输的自动控制程度;同时,还可以加强物流企业应对运输途中意外事故的预测和处理能力,根据道路交通情况,优化设计更便捷的交通路线,从而提高物流运输的效率。

(2) 仓储物流环节。物联网技术应用于仓储物流管理,一方面可以实现存货管理的自动化和信息化,把存货盘点由以往的手工盘点,转换为依靠物联网技术来自动进行盘点,从而大量节约存货盘点时间和企业劳动力。另一方面,通过物联网技术可以及时、准确地了解仓库的存货情况,与企业的需求状况进行比较,作出合理的补货决策,从而提高库存管理能力,减少无效库存的发生,大大提高仓储物流效率。

(3) 配送环节。在配送环节引入物联网技术,能够及时、准确地了解物品的具体仓储位置,减少货物找寻的时间,从而加快货物配送速度。同时,还可以避免人工挑拣货物的错误,保证货物配送的准确度。另外运用物联网进行配送服务还可以实时跟踪货物的配送状态,准确、合理地计划和实现货物的预期送达时间。

3)智能制造+物联网

随着智能制造、工业4.0(第四次工业革命)的推进,制造业对物流信息化、自动化、智能化的需求越来越大,纷纷在物流系统中采用物联网技术,尤其是传感器和智能控制技术的应用最多。智能制造除了要求物流系统的智能化,还需要与生产线相匹配,进行无缝对接,实现信息系统的互联互通。

工业企业的生产物流是指在生产过程中的物流活动,在生产物流环节引入物联网技术,可以实现生产环节对原材料、零部件、半成品和产成品的全过程跟踪与识别,这样一方面可以降低人工跟踪识别的成本,另一方面还可以提高跟踪识别的效率和准确率。

物联网在各行各业的应用不断深化,将催生大量的新技术、新产品、新应用和新模式。未来巨大的市场需求将为物联网带来难得的发展机遇和广阔的发展空间,将有助于物流业智能化、自动化和信息化水平的全面提升。

条码技术在汽车生产管理中的应用

一汽大众汽车有限公司使用条码数据采集系统,在该系统的各相关网点可随时进行统计、查询,为生产统计及成本核算提供了实时的、可靠的信息;对汽车各项检测数据及生产过程各项自然数据的完整记录,可为整车终身质量跟踪、事故分析和责任追查等提供第一手资料。

一汽大众总装线生产数据采集系统,就是应用条码技术、计算机网络技术以及整车试验台检测数据传输等当代世界先进的高新技术,将一台前轮定位仪、两台转鼓试验台、一台综合电器检测仪(ECOS)、两台标牌制作机、13把激光扫描枪、18台电子计算机,成功地、有机地连结在一起,组成一个实时的总装线生产数据、检测数据采集系统。该数采系统能够实现人工根本无法完成的(如整车试验台检测数据上网等)任务,同时又能够真实地记录汽车生产全过程的自然情况,从而解决了整车档案数据全面记录的难题。

该生产采系统以底盘号为关键字,在条码制作工位根据车型、类型与装备的不同,为每台车制作底盘号条码3枚,并打印"总装线配套作业指导书"4份。在CP6车身上线时分别将该条码贴在车门、前盖和随车卡上,并将总装线配套作业指导书分别送往发动机分装、仪表板分装、CP7发动机装配以及物流送件等工位,指导相关配套工位严格按总装各类车身上线顺序组织配套生产及送件。全线均采用激光枪扫描技术,由数据采集系统自动记录车身CP6上线时间、选装类型、生产班次、操作员及颜色等信息,并能根据用户需求,在CP6打印"选装件作业指导书"1份,装配工人可按此指导书进行选装件及变型车装配。从而保证混流生产的顺利进行。

标牌制作工位可以根据激光扫描结果制作汽车标牌,杜绝了标牌错号问题。

在车体号打印工位,数据采集系统根据扫描结果自动在2.8m×0.8m的显示屏上醒目地显示车体号、车型、类型、装备等信息,指导装配工人标打车体号作业。

在 CP7 下线、CP8 交车、质保部接车、销售部收车等工位,数据采集系统均采用激光扫描技术,由计算机进行检索及数据处理,自动完成数据的录入、校对,以及时间、班次、操作人员自动记录等工作,从而达到既减轻工人的烦琐劳动,又提高劳动效率,确保数据准确的目的。如按操作规程认真实施本系统,同时由系统按特殊编码规则在合格证上打印的加密条码,又能对该公司起到合格证防伪作用,对维护该公司及捷达、奥迪品牌的声誉,起到了非常大的作用。

思考题

1. 简述射频识别系统的工作流程。
2. 简述 EDI 的功能特点。
3. 简述 GPS 的构成。
4. 简述 BDS 的主要构成与特点。
5. 简述 EPC 系统结构及主要特点。
6. 简述 PML 的概念组成及其应用。
7. 简述云计算的主要服务形式和核心技术。
8. 简述物联网的结构和关键技术。
9. 论述现代物流信息技术在物流行业应用的优势。

第十章　智能化技术与装备

第一节　传感与控制技术基础

智能化是指事物在传感器、计算机、移动互联网、大数据、物联网和人工智能等技术的支持下,所具有的能满足人的各种需求的属性。智能化物流技术与装备集现代物流技术中的信息化、自动化、机电一体化等新技术于一体,广泛应用于现代物流业中。

智能化装备通常涉及感知、决策、控制、执行四大环节。传感与控制技术是智能化装备感知、控制的技术支撑。

一、传感技术基础

1. 传感器的组成与工作原理

传感器是指一种可以感知或测量反映自然性质及其变化量,并将其变成可供观察者或仪器识别和测量信号/信息的装置,以满足信号/信息传输、处理、存储、显示、记录和控制等要求,既可用于感知系统外界的状态,也可用于感知系统自身的状态。

传感器一般由敏感元件、转换元件、信号调理与转换电路组成。传感器的组成如图10-1所示。

(1)敏感元件直接与被测对象接触,将被测量变换为预先设定的一种非电量。

(2)转换元件又称为变换元件,负责将敏感元件的输出量转换成电信号。一般情况下,转换元件不直接感受被测量(特殊情况下例外)。

(3)信号调理与转换电路又被称为二次仪表,将转换元件输出的电信号放大并转换成易于处理、显示和记录的标准信号。

(4)电源为传感器提供能源。按照是否需要外接电源,传感器可以分为无源传感器与有源传感器。

可见,传感器的工作原理是通过敏感元件与转换元件,将特定的被测量诸如力、温度、光、声、化学成分等物理量,按照一定的规律转换成电压、电流等电学量并输出,以满足信息的传输、处理、记录、显示和控制等要求。

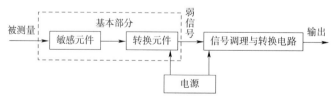

图10-1　传感器的组成

2. 传感器的分类

传感器的种类十分丰富,工作机理从简单到复杂,具体形态多种多样,使用方式巧妙,广泛应用于各类学科当中。按照不同的规则可对传感器进行不同的分类,目前广泛采用的分类方法见表 10-1。

传感器的分类　　　　　表 10-1

分类方法	传感器种类	说　明
按感知量	位移、速度、加速度、温度、声速、压力传感器等	传感器根据被测物理量命名
按工作原理	电阻式、压电式、热电式、光电式、气容式、应变式传感器等	传感器根据工作原理命名
按物理现象	结构型传感器	传感器依赖其结构参数变化实现信息转换
	特性型传感器	传感器依赖其敏感元件物理特性的变化实现信息转换
按接触方式	接触式、非接触式、独立、嵌入式传感器等	传感器根据其与感知对象的关系命名
按能量关系	能量转换型传感器	直接将被测量的能量转化为输出量的能量
	能量控制型传感器	由外部供给传感器能量,而由被测物理量控制输出的能量
按输出信号	模拟式传感器	输出为模拟量
	数字式传感器	输出为数字量
	成像传感器	输出为图像

3. 传感器的基本特性

传感器的基本特性包括(但不限于)静态特性、动态特性、稳定性、可靠性、环境适应性等。

(1)静态特性,即稳态特性,是指传感器对不随时间变化的输入量的响应特性。

(2)动态特性,是传感器对随时间变化的输入量(交变量)的响应特性,可复现被感知量随时间变化的规律。动态特性主要包含响应特性与响应时间。

(3)可靠性,是指传感器在规定条件下正确感知被测量的概率。

(4)环境适应性,是指传感器正确感知被测量时,所需要或是可以承受的环境条件。

(5)经济性,反映传感器在采购、安装、调试到使用、维护、报废等全寿命周期内所耗费资源的量值。

现代物流技术对传感器最主要的要求是可靠性高、稳定性好。如果一只传感器的稳定程度不高,在应用中就容易受到各种各样的干扰,就有可能发生事故,甚至造成生命、财产的损失。其次,传感器的其他一些特性,比如输出信号的形式、输出信号的大小、量程范围、精度、外部的接口、成本、应用耗能、对工作环境的要求等都是传感器选择的重要依据。

4. 典型的传感器

典型的传感器有光电传感器、力学传感器、温度传感器、磁学传感器和智能传感器。光电传感器是利用半导体材料的光电效应将光信号转化为电信号,从而检测被测对象的一种装置,通常由光源、光学通路和光电元件组成。力学传感器将各类力学量转换为电信号,通常由能感知到特定力学量变化的敏感元件(如压敏元件、力敏元件、磁敏元件、声敏元件等)和信息获取与处理电路构成。温度传感器能感受温度并转换成可用输出信号。磁学传感器把磁场、电流、应力应变、温度、光等外界因素引起的敏感元件磁性能的变化转换成电信号。智能传感器是一种带有微处理机且兼有信息检测、信号处理、信息记忆、逻辑思维与判断功能的传感器,其实质是用微处理器形成一个智能化的数据采集处理系统来实现人们希望的功能。相比于一般传感器,智能传感器提高了传感器的精度、可靠性和性价比,同时促成了传感器的多功能化。

5. 传感器的应用与发展

传感器作为自动化系统对外界获取信息的窗口,同时也是系统之间实现信息交流的接口,为系统提供着赖以进行处理和决策所必需的对象信息,是高度自动化系统乃至现代尖端技术中必不可少的关键组成部分。

传感器已广泛用于各个领域。以机器人为例,其所需的各类传感器如图 10-2 所示。

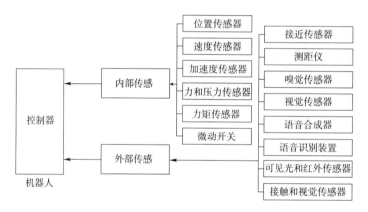

图 10-2　机器人所需的各类传感器

基于物联网大数据的智能物流是现代物流的发展方向,传感器是智能物流技术装备的核心部件。从生产加工、装配、搬运、分拣、仓储到配送,通过传感器与互联网或者云端进行信息互通,实现传感器与现代物流应用的结合,必然成为现代物流的发展趋势。传感器技术需要解决微型化、数字化、多元化、多功能化、集成化、网络化、智能化等诸多方面的问题,全面支持"智慧+"(包括智慧制造、智慧城市、智慧交通等)、物联网、现代物流等领域的应用。

二、控制技术基础

控制技术是控制论的技术实现应用,是通过具有一定控制功能的自动控制系统来完成某种控制任务,保证某个过程按照预想进行,或者实现某个预设的目标。经典控制理论能满足单输入单输出相对简单的控制需求,如工业上常见的 PID 控制(Proportional-Integral Derivative Control,比例积分微分控制)、温度控制、伺服控制等;现代控制理论则主要用于多输入多输出的控制需求,在飞行控制等领域有较多应用;智能控制理论是近年来控制领域的研究热点,它引入了诸如神经网络、模糊控制等人工智能技术,多用于满足机器人、工业生产、家用电器等领域的复杂、非线性控制需求。

1. 控制系统的评价指标

控制系统的评价指标有很多,但基本要求主要有系统的稳定性、准确性和快速性。系统的稳定性是指系统动态过程的振荡倾向及其恢复平衡状态的能力。系统的准确性是指系统的控制精度,一般用稳态误差来衡量,具体指系统稳定后的实际输出与希望输出之间的差值。系统的快速性是指输出量和输入量产生偏差时,系统消除这种偏差的快慢程度。快速性表征系统的动态性能。

不同性质的控制系统,对稳定性、准确性和快速性的要求各有侧重,应根据实际需求合理选择。

2. 控制系统的分类

按系统的结构,控制系统可分为开环控制系统和闭环控制系统。

(1)开环控制系统是指系统的输出量对控制作用没有影响的系统,在开环控制系统中既不需要对输出量进行测量,也不需要将输出量反馈到输入端与输入量进行比较。

(2)闭环控制系统也称反馈控制系统。所谓反馈,是指一个系统把输入(激励)经过处理之后的输出(响应)结果馈送回来与输入加以比较的过程,比较的结果称为偏差。闭环系统是指将输出信号部分或全部通过反馈装置(通常为检测装置)传送到输入端,与输入信号进行比较,将比较的差值送入系统中的控制器,产生控制信号控制系统的输出达到希望的输出值。大部分控制系统都是闭环控制系统。闭环控制系统的工作原理如图 10-3 所示。

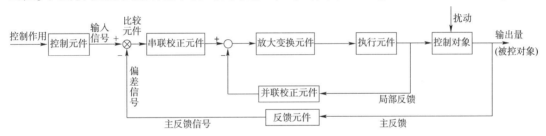

图 10-3 闭环控制系统的工作原理

开环控制系统结构简单、容易维护、相应的成本也较低,因为没有反馈,所以稳定性也不是问题。另外,也正是因为没有反馈,使得开环系统无法抑制扰动信号对输出的影响。因此,当输出量难以测量或测量成本太高,或者对控制系统性能要求不高(例如洗衣机)时,才采用开环控制系统。

闭环控制系统因输出信号被反馈到输入端,所以使系统的外部干扰和内部参数的变化最终都可以通过输出反馈到输入端,利用差值对系统的输出进行调节,从而抑制干扰对输出的影响。因为闭环控制系统引入了反馈,在调节的过程中,可能引起系统的等幅振荡或发散振荡,所以系统稳定性问题在闭环控制中成为非常重要的问题。另外,与开环系统相比,闭环系统控制要复杂得多,所使用的元器件数量要多一些,因此成本通常要比开环系统高。

按输入量的变化规律,控制系统可分为恒值控制系统、随动系统和程序控制系统。

(1)恒值控制系统的输入量是一个恒定值,该系统的任务是保证在任何扰动信号的作用下,系统的输出量恒定不变。

(2)随动系统又称伺服系统,该系统输入量的变化规律是未知的,要求输出量能迅速、平稳、准确地复现控制信号的变化规律。

(3)程序控制系统的输入量是按已知的规律变化的,将输入量按其变化规律编制成程序,由程序发出控制指令,系统按照控制指令的要求运动。

按系统中传递信号的性质,控制系统可分为连续控制系统和离散控制系统。

(1)连续控制系统是指系统中传递的信号都是模拟信号,控制规律是由硬件组成的控制器实现的。

(2)离散控制系统是指系统中传递的信号有数字信号,控制规律多用软件实现,且通常以计算机作为系统的控制器的自动控制系统。

按系统中传递信号的性质,控制系统可分为线性控制系统和非线性控制系统。

(1)线性控制系统是指可用线性微分方程来描述的系统。

(2)非线性控制系统是指不能用线性微分方程来描述的系统,此种系统包含着具有非线性关系的元器件,实际上真实的物理系统大都是非线性系统,但因非线性系统的数学描述和求解都较为复杂,所以在工程允许的情况下大部分非线性系统可线性化为线性系统,经典控制论主要研究线性控制系统。

机械控制领域所研究的控制系统大多是线性、连续、闭环控制系统。

特别指出,自动控制技术的应用是现代信息技术与自动化控制设备互相融合的结果。自动控制技术可以保证各个生产环节、工序的自动实现、依次进行,减少人工劳动,提高工业生产过程的科技化水平。自动控制技术的有效应用对提升物流效率、降低物流成本具有至关重要的作用。例如,直流电动机具有宽广的调速范围、平滑的无级调速特性,可实现频繁的无级快速起动、制动和反转,同时过载能力大,能承受频繁的冲击载荷。因此在现代物流设备上,直流电动机有着广泛的应用,如自动导引车的车轮、无人机的旋翼、堆垛机器人的关节等。

第二节 物流机器人

1. 概述

物流机器人是计算机科学技术、自动控制技术、电子技术、机械技术、动力学及光学等多学科综合的产物。机器人技术及其产品,对于提高生产自动化水平、劳动生产率和经济效益及保证产品质量、改善劳动条件等起着重要作用。

依据《物流术语》(GB 18354—2021),物流机器人是指"具有一定程度的自主能力,能代替人执行物流作业预期任务,可重复编程的自动控制操作机"。物流机器人技术是机器人技术针对物流业典型需求(如装卸搬运、抓取、拣选、包装、配送等)的特定研发和创新。智能物流机器人是以机器人作为物理载体,综合机器人、人工智能、大数据等先进技术,将物流的不同环节实现自动化、柔性化、智能化的系统级解决方案。

2. 分类及应用

按照运动方式,物流机器人可分为移动式机器人和固定式机器人。

按照工作性质,物流机器人可分为工业物流机器人(包含制造、仓储、电商等)和商用物流机器人(送餐、酒店、无人配送、医疗等)。

按照物流环节,物流机器人可分为装卸搬运机器人、分拣机器人、包装机器人、配送机器人、零售机器人等。

按照应用场景,物流机器人可分为无人机、无人驾驶车、AGV、堆垛机、子母穿梭车、分拣机器人等。

目前,我国物流机器人主要应用在仓储、运输以及制造等行业领域,以辅助/替代人工作业,提升作业环境中自动化水平和作业效率,大大降低差错率和货损率。

在实际生产中最主要的环节是搬运,可以说只要有搬运需求的地方,就有机器人的应用可能。搬运机器人目前已被广泛应用到工厂内部工序间的搬运、制造系统和物流系统连续的运转以及国际化大型港口的集装箱自动搬运中。搬运机器人可安装不同的末端执行器来完成各种不同形状和状态的工件搬运工作,不仅可以充分利用工作环境的空间,而且提高了物料的搬运能力,大大节约了装卸搬运过程中的作业时间,提高了装卸效率。

在仓储中,最广泛的应用就是智能拣选、搬运、分拣、堆垛机器人。自动化仓储系统由多种机器人组成,机器人能够自动化地分拣门类不同的产品或者快递,还能够自己根据产品的大小选择合适的纸箱进行包装,然后码垛、搬运、出入货格。它们自助规划路线和充电,从而保证整个仓储系统的无缝运行。码垛机器人能适应纸箱、袋装、罐装、箱体、瓶装等各种形状的包装成品码垛作业。子母穿梭车(机器人)与立体仓库内的各类设备(如缓冲站、穿梭车提升机等)配合,在水平层面上实现高密度仓储货物的运输。如今,拥有上百台移动 AGV 的仓储场景已经不再少见,网络化、柔性化、智能化的物流机器人正在出现,人机协同的智慧物流场景正在应运而生,如图 10-4 所示。

图 10-4　无人机与多台 AGV 协同作业

在包装领域中,特别是食品、烟草和医药等行业的大多数生产线已实现了高度自动化,其包装和生产终端的码垛作业基本都实现了机器人化作业。机器人作业精度高、柔性好、效率高,克服了传统的机械式包装占地面积大、程序更改复杂、耗电量大的缺点;同时避免了采用人工包装造成的劳动量大、工时多、无法保证包装质量等问题。

智能物流机器人的关键技术主要有智能感知、精准驱动、智能控制、能源供给与柔性作业等。

3. 物流机器人未来发展

伴随着我国物流智慧化发展趋势,以及我国老龄化社会趋势的加剧和人力成本提升等因素,我国物流机器人技术发展步入了前所未有的机遇期,特别是 5G(第五代移动通信技术)、物联网、大数据和人工智能技术的进步,为物流机器人技术及装备的创新及快速落地应用提供了强有力的技术支撑。

物流机器人未来研究和发展的趋势主要有:物流机器人运作过程日趋柔性化;机器人与周边环境的交互日益增加;激光导航技术日渐普及;物联网、人工智能和机器人三大技术日渐融合;机器人越来越体现出行业定制化特性;单台物流机器人技术已经日趋成熟,多(上千甚至上万)台机器人乃至机器人群组运动控制和规划技术。

未来物流机器人将更加智能化和柔性化,环境感知能力将会进一步增强,机器人系统、运动控制系统、调度系统将与人工智能深度融合,赋予机器人"看"和"认知"的功能,让机器人自行完成对外部世界的探测,实现对自身及周边环境状态的感知,适应复杂的开放性动态环境,进而作出决策判断并采取行动,实现复杂层面的指挥决策和自主行动,可以识别、躲避行人和障碍物,辨别红绿灯,还能自动驾驶、路线规划、主动换道、车位识别、自主泊车等,极大地增强机器人智能化、柔性化和精准控制能力,实现上千甚至上万台机器人协同及调度,大大提高整体的仓储物流运作效率,帮助企业进一步实现数字化、智能化的敏捷供应链。从无人仓库到"最后一公里"配送,物流机器人贯穿物流作业的始末,助力物流行业加速进化,形成全新的物流生态系统。

随着物联网技术发展和智能化技术的应用,物流机器人一定会拥有一个更广阔的发展空间。

第三节 无 人 机

无人机(UAV)即没有飞行员驾驶的飞机。狭义上讲,无人机是一种可以在人为控制下自主飞行并能完成特定飞行任务的无人直接操控的飞行器。

1. 无人机的分类

无人机系统的种类繁多、用途广、特点鲜明,致使其在尺寸、质量、航程、航时、飞行高度、飞行速度任务等多方面都有较大差异。

按飞行平台构型不同,可分为固定翼无人机、旋翼无人机、无人飞艇、伞翼无人机、扑翼无人机等。

按用途不同,可分为军用无人机和民用无人机。

按尺度(民航法规)不同,可分为微型无人机、轻型无人机、小型无人机以及大型无人机。

按活动半径不同,可分为超近程无人机、近程无人机、短程无人机、中程无人机和远程无人机。

按任务高度不同,可分为超低空无人机、低空无人机、中空无人机、高空无人机和超高空无人机。

2. 无人机的基本组成

无人机的基本组成主要包括机体、电机、旋翼、LED灯、相机及遥控器等,常见的DJI精灵4无人机如图10-5所示。电动机带动旋翼旋转来产生升力;相机用于拍摄周围环境;前方的LED灯表明飞机位置和机头朝向,后方的LED灯表明飞机的实时状态(正常/失控/低电压);机体是无人机的主体结构部件,是所有设备的安放平台,内含无人机的电源、电子调速器、飞行控制系统、通信模块、起落架以及其他GPS等传感器。飞行控制系统是飞机的大脑,能够对飞行器的构形、飞行姿

图10-5 DJI精灵4无人机

态和运动参数实施控制,通常载有加速度计、陀螺仪、气压计、罗盘等传感器,一般由它来控制各个电机的转速进而控制飞机的姿态;电子调速器根据飞行控制系统给出的控制信号调节电动机的转速。

无人机能够实现悬停、垂直运动、翻滚运动、俯仰运动及前后运动。

3. 无人机在物流行业的应用优势

（1）无人机采取直线运输，不受地面交通状况影响，因此无人机配送相较传统物流而言，速度更快、效率更高、受交通状况影响更小。

（2）无人机配送具有独特的空间优势，适合在传统不方便的区域作业，例如在地震灾区配送中急救物资，或者在偏远山区、湖区等区域进行物流配送作业。

（3）无人机更适应未来智能物流的发展趋势，无人机天然满足未来智慧物流的感应、互联、智能三方面的需求，因此更适合作为配送平台集成于未来智慧物流系统。

配送无人机配有 GPS 自控导航系统、GPS 接收器、各种传感器以及无线信号发收装置，具有 GPS 自控导航、定点悬浮、人工控制等多种飞行模式，集成了三轴加速度传感器、三轴陀螺仪、磁力计、气压高度传感器等多种高精度传感器和先进的控制算法。同时配有黑匣子，以记录状态信息，还具有失控保护功能。当无人机进入失控状态时，将自动保持精确悬停，失控超时将就近飞往快递集散点。配送无人机通过 4G/5G 或无线电通信遥感技术与调度中心进行数据传输，实时向调度中心发送地理坐标和状态信息，接收调度中心发送的指令，在接收到目的坐标以后采用 GPS 自控导航模式飞行，到达目的地上空后采用精准降落技术降落。

第四节 无人驾驶车

1. 基本组成

无人驾驶车（DV）是一种智能化的车辆，主要通过车载计算机系统感知车辆周围环境，获取道路、周围车辆、障碍物、信号灯等信息，通过车载移动网络即时获取路况，自动规划行车路线并控制车辆到达预定目的地。从本质上讲，无人驾驶车属于智能化移动机器人。无人驾驶车的基本组成如图10-6所示。

图 10-6　无人驾驶车的基本组成

2. 无人驾驶车关键技术

无人驾驶车的关键技术包括环境感知技术、导航定位技术、路径规划技术、决策控制技术等。

1）环境感知技术

环境感知模块相当于无人驾驶车的眼和耳，无人驾驶车通过环境感知模块来辨别自身周围的环境信息，为其行为决策提供信息支持。无人驾驶的环境感知大多以雷达、超声波等主动型测距传感器为主、相机等被动型测距传感器为辅，采用多传感器信息融合的方法提高感知结果的准确性与可靠性。

2）导航定位技术

无人驾驶车的导航技术用于确定其自身的地理位置，是无人驾驶车的路径规划和任务规划等任务的前提条件。导航可分为自主导航和网络导航。

自主导航技术是指除了定位辅助之外，不需要外界其他的协助，即可独立完成导航任务。自主导航技术在本地存储地理空间数据，所有的计算在终端完成，在任何情况下均可实现定位，但是自主导航设备的计算资源有限，导致计算能力差，往往难以保证提供准确、实时的导航服务。

网络导航是指无人驾驶车本身不负责导航任务，而代之以通过无线通信网络与交通信息中心、网络导航服务器进行信息交互，由服务器执行地图存储和各种复杂计算，无人驾驶车直接从服务器获得导航结果。其优点是不存在存储容量与计算能力的限制，而且地图数据可以频繁更新。其缺点是高度依赖网络服务与导航服务器，一旦网络出现问题，将会引起严重后果。

3）决策控制技术

决策控制模块相当于无人驾驶车的大脑，其主要功能是依据感知系统获取的信息来进行决策判断，进而对下一步的行为作出决策，然后对车辆进行控制。决策技术主要包括各类智能推理技术（如模糊推理、马尔可夫决策）和各类机器学习技术（如强化学习、神经网络等技术）。

3. 无人驾驶车在物流中的应用

1）无人驾驶移动超市

如图10-7所示，无人驾驶移动超市主要用于在公园、景区售卖饮料、纪念品等，例如投放在广州海心沙亚运公园的新石器无人驾驶移动超市。该公园和景区的道路环境相对简单，以步行的游客为主。无人驾驶车通过激光雷达、摄像头、超声波雷达感知路况环境，避让行人，通过前后的传感器组合感知游客通过手势表达的购买意愿后，行驶至游客面前。游客通过车载货箱的展示窗和车载屏幕了解物品信息，在触摸屏幕上完成选择商品、购买商品，最后取走商品。无人驾驶车会根据商品库存量，及时自行返回补货点进行补货。零售无人驾驶

图10-7 无人驾驶移动超市

车在行驶和售卖过程中,能够对景区的人流数据进行采集,自动规划预测无人驾驶车在景区的售卖路线。

2)无人驾驶配送车

如图10-8所示,无人驾驶配送车进行快递包裹配送,是智慧物流体系生态链中的终端,面对的配送场景非常复杂,需要应对各类订单配送的现场环境、路面、行人、其他交通工具以及用户的各类场景,进行及时有效的决策并迅速执行,这需要无人驾驶配送车具备高度的智能化和自主学习的能力。无人驾驶配送车的感知系统十分发达,除装有激光雷达、GPS外,还配备了全景视觉监控系统、前后防撞系统以及超声波感应系统,以便配送机器人能准确感知周边的环境变化,预防交通安全事故的发生。它拥有基于认知的智能决策规划技术,遇到障碍物时,在判断障碍物的同时判断出行人位置,并判断出障碍物与行人运动方向与速度,通过不断深度学习与运算,作出智能行为的决策。

a)校园内　　　　　　　　　　　　　　b)主干道上

图10-8　无人驾驶配送车

第五节　自动导引车

依据《物流术语》(GB 18354—2021),自动导引车是指"在车体上装备有电磁学或光学等导引装置、计算机装置、安全保护装置,能够沿设定的路径自动行驶,具有物品移载功能的搬运车辆"。自动导引车(AGV),是采用自动或人工方式装载货物,按设定的路线自动行驶或牵引着载货台车至指定地点,再用自动或人工方式装卸货物的工业车辆。

AGV按照监控系统下达的指令,根据预先设计的程序,依照车载传感器确定的位置信息,沿着规定的行驶路线和停靠位置自动驾驶。AGV是以电池为动力,装有非接触导向装置、独立寻址系统的无人驾驶自动搬运车,是现代物流系统的关键设备。它是一种集声、光、电、计算机为一体的简易移动机器人,主要应用于柔性加工装配系统、自动化立体仓库以及其他场所,作为搬运设备使用。

自动导引车系统(Automated Guided Vehicle System,简称AGVS)由管理计算机、数据传递子系统、若干辆沿指定路径行驶的自动导引车、地面子系统等组成。AGVS主要用于及时、有效地分派AGV到某位置完成指定动作,并监控、管理系统内各项功能、模块、任务的状态。

1. AGV的分类

根据用途和产品结构的不同,AGV逐步发展成各种型号,并且新型的AGV也不断问世,国际上对此尚无统一的分类。按物料搬运和作业流程要求分类如下:

（1）牵引式 AGV。牵引式 AGV 使用最早，包括牵引车和挂车。牵引车只起拖动作用，货物则放在挂车上，多采用 3 个挂车。目前牵引式 AGV 多用于纺织工业、造纸工业、塑胶工业、一般机械制造业，以及车间内和车间外运输。

（2）托盘式 AGV。托盘式 AGV 车体工作台上主要运载托盘，托盘与车体移载装置不同，有辊道、链条、推挽、升降架和手动几种类型，适合于整个物料搬运系统处于地面高度时，从地面上一点送到另一点。

（3）单元载荷式 AGV。单元载荷式 AGV 根据载荷大小和用途，分成不同形式。根据生产作业中物料和搬运方式的特点，采用以单元化载荷的运载车较多，适应性也强。单元载荷式 AGV 一般用于运输距离比较短、行走速度快的情况。

（4）叉车式 AGV。叉车式 AGV 根据载荷装卸叉子方向、升降高低分成各种类型。叉车式 AGV 不需复杂的移载装置，可与其他运输仓储设备相衔接。一般可处理 2～3t 物品，可将物品提升到 3～4m 高处；当货架高于 4m 时，可采用桅架框形结构或伸缩式结构，由电或液压驱动。

（5）轻便式 AGV。由于轻型载荷的用途日益广泛，而开发出各种类型的轻便式 AGV。这是一种轻小简单、使用非常广泛的 AGV。它体形不大、质量很轻、价格比较低、结构相对也简化了许多。由于采用计算机控制，组成的 AGVS 具有相当大的柔性，主要用于医院、办公室、精密轻量部件加工行业。

（6）专用式 AGV。专用式 AGV 根据用途而分类，如装配用 AGV、特长型物品用 AGV、冷库使用的叉车式 AGV、处理放射性物品的专用搬运 AGV、超洁净室使用的 AGV 和胶片生产暗房或无光通道使用的 AGV 等。

（7）悬挂式 AGV。悬挂式 AGV 多用于半导体、电子产品洁净室，载质量在 50～700kg 之间。这种 AGV 以轻型居多，承重多为单轨，如日本的 Murate 公司生产的公众空中无人导引运输车（SKY-RAV）。

根据自主程度划分，AGV 可分为智能型和普通型。

2. AGV 的基本组成及工作原理

AGV 的组成包括车体、能源储存装置、转向和驱动系统、安全系统、控制与通信系统、导引系统等，如图 10-9 所示。车体包括底盘、车轮、车架、壳体和控制室等，是装配 AGV 其他零部件的主要支撑装置，是运动中的主要部件之一。能源储存装置为蓄电池。AGV 常采用 24V 或 48V 直流工业蓄电池，充电操作有人工充电和自动充电之分。转向和驱动系统通常采用共用方式，使用电气方法实现前进、后退、自动导向和转弯分岔，有的还可以横向行驶，在空间受限制的情况下，使得 AGV 可靠近设备装卸载荷。为了提高定位精度，驱动及转向电机都采用直流伺服电机。

AGV 的工作原理是控制台通过计算机网络接收下达的搬运任务，通过无线局域网通信系统实时采集各 AGV 的状态信息。根据当前 AGV 运行情况，将调度命令传递给选定的 AGV。对运行中的 AGV，控制台将通过无线局域网通信系统与 AGV 车载计算机交换信息，实现 AGV 间的避碰调度、工作状态检测和任务调度，使 AGV 完成货物的输运。配合地面移载设备可实现 AGV 的自动移载、加载和交换空托盘。

通常 AGV 采取多级硬件和软件安全措施，主要有障碍物接触式和障碍物非接触式保护装置。

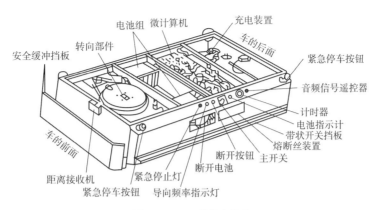

图 10-9　AGV 的基本组成

（1）障碍物接触式保护装置一般设在 AGV 车身运行方向的前后方，通常其材质具有弹性和柔软性，宽度应大于或等于车身宽度。当 AGV 与物体接触时，障碍物接触式保护装置发生变形，从而触动相关限位装置，强行使其断电停车。接触式保护装置通常为保险杆或安全挡圈。安全挡圈有的是用两层软金属构成一对电触点，有的是装有微动开关，而保险杆上常贴有应变片。当保险杆或安全挡圈碰到障碍物时，AGV 停车。其安全保护措施是终端保护屏蔽。

（2）障碍物非接触式保护装置通常为多极的接近监测装置。如在一定距离范围内，它将使 AGV 降速行驶；在更近的距离范围内，它将使 AGV 停车；解除障碍物后，AGV 自动恢复正常行驶状态。该类装置包括激光式、超声波式、红外线式等。根据所接受反射回来的激光、超声波和红外线，可测出障碍物与 AGV 间的距离，当此距离小于某一特定值时即通过警告灯、蜂鸣器或特种音调器发出警报，并将 AGV 的速度降低或使其停止运行。

此外，也有 AGVS 采用区段控制。地面控制器将导引路径分为若干区段，某一区段在某时刻只允许一辆 AGV 进入，以避免 AGV 之间发生碰撞。为了通知 AGV 的运动状态和提醒人们注意，AGV 需装备多种警报装置，常见的警报装置种类如下：

（1）自动运转显示灯。AGV 自动运行时，显示灯亮；AGV 处于非运行状态时，显示灯灭。

（2）运行警报器。在运行及移载过程中，根据不同的环境，运行警报器装置产生相应的警报信息。

（3）前进警报器。AGV 由停止状态进入运行状态时，在前进之前发出警报。

（4）后退警报器。AGV 处于后退运行状态时，后退警报器发出警报。

（5）异常警报器。AGV 发生异常时，警示灯亮，异常警报器发出声音通知异常。

（6）左转、右转显示灯。左转、右转显示灯用于识别 AGV 的左、右转方向。

（7）急停装置。急停装置位于车身易于识别的位置，通常在 AGV 的四个角设有急停开关，任何时间按下开关，AGV 立即停止动作。

（8）状态监视装置。状态监视装置用于监视 AGV 的运行状态。

工作过程中，AGV 通过通信系统从基地主控计算机接受指令并报告自己的状态，主控计算机向 AGV 下达任务，同时收集 AGV 发回的信息以监视 AGV 的工作状况。

通常 AGV 与基地主控计算机通过无线通信，或通过线路上埋设的导线进行感应通信，也可通过红外激光实现通信，从而实现 AGV 之间的避碰调度、工作状态检测和任务的调度。

3. AGV 导引系统

导引系统是 AGV 的关键部分。AGV 依靠导引系统沿一定路线自动行驶。

根据 AGVS 中 AGV 的运行路线,AGV 的导引系统可分为固定路径系统、组合路径系统和自由路径系统三类。

(1) 固定路径系统。AGV 的运行路线是以某种具体的形式设定的,如图 10-10a) 中实线所示,这种具体的线路可以是电磁感应方式中的导引电缆、机械方式中的轨道、磁导引方式中的磁条和光导引方式中的反光带。

(2) 组合路径系统。AGV 在多数工作区间内沿某种具体形式的固定路径运行,而在某些区域,AGV 可以沿控制系统指定的虚拟路径运行。如图 10-10b) 所示,两种路径分别用实线和虚线表示。这类系统一般需要综合使用上述两种系统中的不同导向技术。

(3) 自由路径系统。系统中没有任何具体形式的运行轨道,AGV 沿虚拟的线路运行。如图 10-10c) 中的虚线所示,这种虚拟的线路由控制系统间接地通过一些指示装置来确定。采用惯性导向、信标定位、位姿计算、计算机视觉等技术的自动导向系统均属此类。

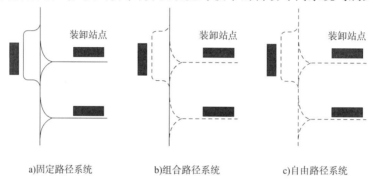

a) 固定路径系统　　　　b) 组合路径系统　　　　c) 自由路径系统

图 10-10　AGV 导引系统分类示意

1) 固定路径导引

(1) 机械导引。

这类系统是以某种形式的导轨直接导引 AGV 或通过转向机构间接导引 AGV 运行,典型的地链小车如图 10-11 所示。

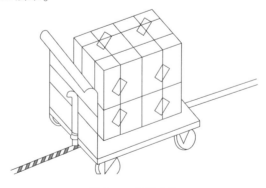

图 10-11　地链小车

(2) 电磁感应。

电磁感应导引技术是目前 AGV 自动导引系统中采用最多的一种,它沿预定的运行线路敷设导引电缆,并在其中通以低频正弦波信号,于是在导引电缆周围就产生了交变的电磁场,如图10-12a)所示。安装在 AGV 上的一对探头(即感应线圈)可以感应出与 AGV 运行偏差成比例的误差信号 e,该误差信号经处理放大后驱动导向电机,导向电机带动 AGV 的转向机构就可以使 AGV 车体沿预定的线路运行,如图10-12b)所示。

电磁感应导引方式具有不怕污染、电线不会遭到破坏、便于通信和控制、停位精度较高等优点。此外,还可以在同一沟槽内敷设通信电缆,以节省开挖沟槽的投资。其缺点在于开挖沟槽、敷设电缆具有一定的工作量,改变和扩充路径比较麻烦,路径附近的电磁辐射可能会干扰导引功能。

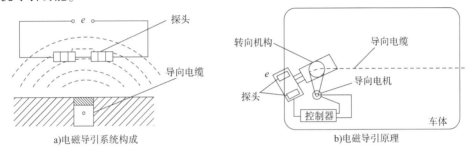

图10-12 电磁感应导引技术原理

(3)光学导引。

采用涂漆的条带来确定行驶的导引方法,称为光学导引。AGV 上有一个光学检测系统,可以跟踪涂漆的条带。具体导引原理有两种:

①利用地面颜色与漆带颜色的反差。漆带在明亮的地面上为黑色,在黑暗的地面上为白色。AGV 上备有紫外光源,用以照射漆带。AGV 上的光学检测器上装有两套光敏元件,分别处于漆带两侧。当 AGV 偏离导引路径时,两套光敏元件检测到亮度值不等,由此形成信号差值,用来控制 AGV 方向,使其回到导引路径上来。由于周围环境的光线可能影响光电元件的检测效果,故常在此种反射光检测系统上加上滤光镜以保证 AGV 不发生误测。

②采用25mm宽含荧光粒子的漆带。来自车上检测系统的紫外光线激励着这些荧光粒子,使其发射出引发光线,而这种引发光线的光谱在周围环境中是不存在的,所以不会受到干扰。AGV 上的一个旋转镜子对导引路径进行扫描并把引发光反射到光感受器上,从而将信号转发给计算机。根据漆带中心光强最大而两侧光强最小的原理,很容易找出 AGV 偏离的方向,从而修正方向保证跟踪导引路径。

(4)磁带/磁气导引。

以铁氧材料(磁体)与树脂组成的磁带代替漆带,以 AGV 上的磁性感应器代替光敏感应器,就形成了磁带导引方式。AGV 上有三个线圈作为磁感应装置,一个为扁平矩形线圈,起激励作用;另外两个为圆盘形探测线圈,起导向作用。

2)自由路径导引

(1)位姿计算。

这种技术源自航海中的推测航行法。AGV 导引系统通过由安装于车轮上的光电编码器组成的差动计程仪,测量出每微小时间段内小车转过的角度以及沿某一方向行驶过的距离,由此推算出不同时刻小车与某已知点之间的位置关系,进而即可根据小车当前的物料搬运任务,决定其下一步运行的方向和速度。

(2)信标导引。

在工作环境内的若干确定位置处分别设置信标,AGV 通过车体上安装的测量装置,测得 AGV 与各个信标之间的位置关系,如距离或角度等,同样也可以推算出自身的姿态。这种方式下,小车的定位误差只和车体与各个信标的相对位置有关,而和小车所行驶的距离无关。信标导引的工作原理如图 10-13 所示,在 AGV 工作区间 $OLMN$ 中的 O、L 两处分别设置一个信标,在 AGV 车体的 a、b 两个位置上各装一套测距装置,可以测量车体上 a、b 点与 O、L 两处信标之间的距离。只要测量出距离 r_1 和 r_2,就可以计算出 a 点在工作区间内的位置。再用同样方法得出 b 点位置,就可进一步计算出小车的方向角,即姿态。

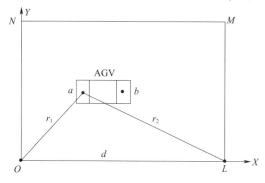

图 10-13　信标导引工作原理

(3)惯性导航。

与航天、航海中使用的惯性导航系统的工作原理相同,AGV 惯性导航系统通过测量车体的平移加速度和转动角加速度,就可以计算出小车距参考点的距离和姿态。以惯性导航系统中常见的陀螺仪为例,当小车偏离规定路径时,产生一个垂直于其运动方向的加速度,该加速度立即被陀螺仪所测得。惯性导向系统的计算机对加速度进行二次积分处理,即可算得位置偏差,从而纠正 AGV 的行驶方向。

(4)激光导引。

如图 10-14 所示,在 AGV 顶部装置一个沿 360°按定频率发射激光的装置。同时,在 AGV 四周的一些固定位置安放反射板。当 AGV 运行时,不断接收到从已知位置反射的激光束,经过几何计算,就可以确定 AGV 的位置。由此可知,实现激光导引的基本条件为:在 AGV 上装备可发射和接受激光的扫描器;在导引区域的四周按要求布置足够的反射板;通过精确测量得到各块反射板的精确位置;在 AGV 的 PLC 中存储各块反射板的数据及行走路径数据;PLC 的导引计算将激光扫描器的信号转化为驱动 AGV 的命令。

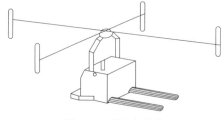

图 10-14　激光扫描器

在 AGV 激光导引过程中,涉及 AGV 的初始位置计算和连续位置计算。

(5)计算机视觉。

通过 CCD(Charge Coupled Device,电荷耦合器件)摄像机或超声波扫描仪生成 AGV 周围场景的图像,与计算机系统存储的环境地图进行特征匹配,从而可以确定出车体当前的位姿。

(6)红外线导引。

发射红外线光源,然后从车间屋顶上的反射器中反射回来,再由类似雷达那样的探测器把信号传输给计算机,经计算和测量以确定行走的位姿。其特点类似激光导引。

(7)示教型导引。

AGV 沿着要求的路径行走一次,就会记住行走路线。它实际上可学会新的行走路径,并通知主控计算机它所学的新内容,主控计算机可通知其他 AGV 关于这条新路径的消息。

4. AGV 控制系统

AGVS 普遍采用计算机集中控制和分散控制两种方案。两种控制系统按功能均可分为系统管理、交通管理和车辆控制三种主要功能。

1)AGV 集中控制系统

AGV 集中控制系统是分层控制的结构形式,其控制系统如图 10-15 所示,根据 AGVS 的规模和特点,集中控制系统可以设计为三层或者四层计算机控制的结构形式。三层计算机控制是把系统管理控制器和交通控制器的任务合二为一,由一台计算机完成。

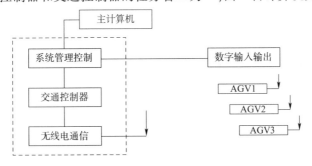

图 10-15　AGV 集中控制系统框图

(1)主计算机。主计算机是工厂自动化生产的管理核心,对于 AGV 地面管理系统来说,是 VSM 的上位计算机。主计算机主要负责编制生产日程计划。

(2)系统管理控制器。在 AGV 集中控制系统中,系统管理控制器和交通控制器一起安装在控制中心,组成 VSM。其中,系统管理控制器的主要任务是向上与主计算机通信,接受主计算机下达的物料搬运任务;向下与交通控制器通信,负责系统中车辆的调度。此外系统管理器还负责把空闲车集存在特定区、监控车辆蓄电池自动充电、监控系统中出现的问题、维持物料系统中材料库存以及系统关闭后重新启动等。

(3)交通控制器。交通控制器是 AGV 车辆交通管理的核心。交通控制器存储着系统中关于 AGV 的全部运行路线和运行时间表等信息。当交通控制器接收到由系统管理控制器指派任务后,负责为指派的车辆选择一条路径和运行时间表,使被指派的 AGV 与其他 AGV 不发生干涉。被指派的 AGV 在行驶中,一面不断向交通控制器报告它的位置,一面和指派位置比较,直到到达指派目的地。交通控制器则接收、记录 AGV 到达每个任务点的时间和速度,以便控制 AGV 准时到达目标位置。此外,交通控制器还负责 AGV 的行进路径上交叉路口和道岔合流部分的交通管理,以避免撞车。

(4)车辆控制器。近年来,AGV 车辆控制器普遍采用单片微型计算机,它的主要任务是控制 AGV 导向、起动、停车、运行车速、选择路径、安全监控、避免碰撞和交通干涉,与交通控制器通信,与其他物料搬运设备(如输送机、AS/RS 和机器人等)接口。

2) AGV 分散控制系统

AGV 分散控制系统采用递阶分级控制的结构形式,它把一个大的 AGVS 分解为若干独立的小系统,分别由子控制器控制,每个子控制器负责一个分系统的交通管理;系统管理控制器负责系统管理,并且负责协调各子控制器的活动。

通常,在控制系统中有多个子控制器,每个子控制器各自负责一个子系统的交通管理,它储存该子系统中关于 AGV 所有行车路径的"内部地图",子控制器通过 I/O 接口和通信接口与管理系统控制器、其他子系统控制器和外部设备相连。子系统控制器通过敷设在地板内的感应通信回路与 AGV 通信。由于需要沿导引路线每隔一定距离设一个通信点,AGV 只有在通信点才能感应通信回路并与子控制器进行通信,因此通信可能并不连续。AGV 一边在两个通信点间运行,一边计时,并在到达通信点时,向子控制器报告。子控制器跟踪车辆的运行,如果车辆在两个通信点间运行的时间超过了预定的时间,子控制器立即向系统操作者报告出现了问题,并且封闭这段路线,直到问题被纠正为止。

主计算机把物料搬运任务传送到系统管理器,由系统管理器负责车辆调度,决定把任务指派给哪辆车,然后把该指派信息传给相应的子控制器。子控制器负责为指定车选定路径,并通过感应通信回路把任务和导航信息传给被指派车。AGV 到达每个通信点都把它的状态信息通过感应回路传给子控制器,子控制器跟踪 AGV 的运行,直到它完成任务或离开由该子控制器控制下的分系统,该子控制器随即把离开信息传给新的子控制器。AGV 分散控制系统与集中控制系统的主要优缺点见表 10-2。

AGV 分散控制系统与集中控制系统的主要优缺点 表 10-2

功　　能	分散控制系统	集中控制系统
位置检测	车辆大概位置	车辆准确位置
实时检测	否	是
内部地图	多张分系统内部地图	一张中央内部地图
安装测试	好	差
排除故障	好	差
AGV 的数量	多	少
地板切割	多	少
与 AGV 通信	差	好
未来扩展	中	中

5. AGVS 的应用

现代化的 AGVS 要求由 AGV 自动、不受约束地从一个地点把载荷移送到指定地点,并可以完成一些特定的作业要求。近年来,随着科学技术的迅速发展和生产现场的综合自动化,AGVS 的应用范围和领域不断扩大,从超市、车间扩大到办公室、图书馆、自动化立体仓库、配送中心和物流中心,AGVS 已经成为一种高效、灵活、智能、先进的搬运系统。

在制造业中,AGV 应用最广的领域是装配作业,特别是汽车的装配作业。在欧洲各国,用于汽车装配的 AGV 占整个 AGV 数量的 57%,德国用于汽车装配的 AGV 占其整个 AGV 数量的 64%。近年来,电子工业是 AGV 新兴的用户,由于生产的多品种、小批量和柔性化的要求,AGV 比传统的带式输送机具有更大的柔性。在烟草生产企业,AGV 已经在原材料库、辅料库和成品库的物料输送中得到广泛应用。在现代化图书馆中,AGV 用于图书的出库和入库,可以自动将图书送到指定的地点。

在现代化物流中心和配送中心,AGV 已成为提高仓库作业自动化的主要标志之一,在自动化仓库中,AGV 广泛应用于库存货物的搬运。

第六节 堆垛机器人

堆垛是物流仓储中的一个典型应用,物流仓储中的卸货入库以及打包出库都需要将货物进行堆垛,堆垛的效率决定了货物入库出库的速度,因此高效率、智能化的堆垛机器人是物流仓储中的关键环节。

1. 定义与分类

堆垛机器人是指能自动识别物品,并能够自动将其整齐地堆码在托盘上(或从托盘上将物品拆垛卸下)的机电一体化装置。从结构上来看,现有的堆垛机器人总体可以分为线性运动起重机式堆垛机器人、机械臂式堆垛机器人和并联杆式堆垛机器人。

(1)线性运动起重机式堆垛机器人。其构造相对简单,主要由滑轨、线性活动电机和夹具(执行机构)构成。

(2)机械臂式堆垛机器人。广义上,是指采用了仿生学设计,通过几个关键承重杆和关节机构的串联来模拟人体手臂的形态,利用夹具来完成堆垛工作的机械臂式堆垛机器人,如图 10-16 所示。

(3)并联杆式堆垛机器人。如图 10-17 所示,它在结构上通过几个并联的承重杆与关节连接,每一个承重杆都由一个独立的电机驱动,通过各电机之间协作控制夹具运动。其特点是运动精准度高、运动迅速、可承载负荷小,因此常用于食品生产行业夹取质量小的物体。

图 10-16 堆垛饮料的 KUKA 公司机械臂式堆垛机器人

图 10-17 并联杆式堆垛机器人

2. 作业方式

在仓储系统的装卸搬运作业区,堆垛机器人能按照预先设定的命令高速、准确地将不同外形尺寸的包装货物整齐、自动地堆码在托盘上(或拆垛),完成仓库中货物的码盘、搬运、堆垛和拣选作业,特别是在有污染、高温、低温等特殊环境和重复单调的作业环境中,更能够发挥其显著的优势。堆垛机器人在物流活动中主要用于完成搬运、拣选和堆垛作业。

1)搬运

被运送到仓库中的货物通过人工或机械化手段放到载货平台上后,由具有智能系统的机器人将放在载货平台上的货物进行识别并分类,然后将货物搬运到指定的输送系统上。

2)拣选和堆垛

仓库中作业的机器人能够根据客户的不同要求和出库信息完成货物拣选作业,并按照计算机控制系统发出的指令完成堆垛作业。

堆垛机器人的工作过程是:仓库中的货物通过人工或机械化手段放到载货平台上,通过机器人将其分类。由于机器人具有智能系统,因此可以根据货箱的位置和尺寸进行识别,将货物放到指定的输送系统上。机器人根据计算机发出的入库指令完成堆垛作业,同时可以根据出库信息完成拣选作业。

3. 工作特点

堆垛机器人形式多样,虽然性能参数各不相同,但往往具有以下类似的工作特点:

(1)通用性。堆垛机器人的用途非常广泛,它既可以用于仓库进行货物的堆码和搬运作业,也可以用于车间生产线进行物料搬运、工件装配、产品下线装箱和包装等作业。

(2)生产柔性。当生产环境发生变化时,如产品的品种和规格发生变化、生产工艺有了改进等,要求机器人实现新的操作,这时,只要对机器人软件系统进行改造即可,而硬件设备无须改变。

(3)自动性。机器人完全依据其软件系统自动地进行一系列的动作,不需要人的参与,从而节省了劳动力。

(4)准确性。机器人各零部件的制作和安装都非常精确,同时机器人依据其软件系统进行工作,因而其动作具有高度的精确性。

4. 工作原理

堆垛机器人主要由执行机构、驱动系统、控制系统、检测传感和人工智能系统等组成。

(1)执行机构。执行机构的功能是抓取物品,并按照规定的运动速度、运动轨迹将物品送到指定的位置,然后放下物品。

(2)驱动系统。驱动系统是为堆垛机器人提供动力的装置。一般情况下,机器人的每一个关节设置一个驱动系统,它接收动作指令,准确控制关节的运动状态。常见的驱动系统有液压驱动式、气动式和电动式。

(3)控制系统。控制系统用于控制堆垛机器人按照规定的程序运动,它可以记忆各种指令信息,同时按照指令信息向各个驱动系统发出指令。必要时,控制系统可以对机器人进行监控,当动作有误或者出现故障时可发出报警信号,同时还能够实现对机器人完成作业所需的外部设备进行控制和管理。

(4)检测传感和人工智能系统。检测传感系统主要检测机器人执行机构的运动状态和位置,随时将执行机构的实际位置反馈给控制系统,并与设定的位置进行比较,然后通过控制系统进行调整,使执行机构更准确地完成作业过程。人工智能系统赋予机器人视觉、学习、记忆和判断能力。

5. 主要技术参数

堆垛机器人的主要技术参数有抓取质量、运动速度、自由度、重复定位精度、程序编制与存储容量等。

(1) 抓取质量。抓取质量也称负荷能力,是机器人在正常运行速度时所能抓取的货物质量。当机器人运行速度可调时,随着运行速度的增大,其所能抓取工件的最大质量会减小。

(2) 运动速度。运动速度与机器人的抓取质量、定位精度等参数有密切关系,同时也直接影响机器人的运动周期。

(3) 自由度。自由度是指机器人的各个运动部件在三维空间坐标轴上所具有的独立运动的可能状态,每个可能状态为一个自由度。一般机器人具有3~5个自由度。机器人的自由度越大,其动作越灵活,适应性越强,结构越复杂。

(4) 重复定位精度。重复定位精度是衡量机器人工作质量的重要指标,是指机器人的手部进行重复工作时能够放在同一位置的准确程度。它与机器人的位置控制方式、运动部件的制造精度、抓取质量和运动速度有密切关系。

(5) 程序编制与存储容量。程序编制与存储容量是指机器人的能力,用存储程序的字节数或程序指令数表示。存储容量越大,编制的程序越多,指令越多,则机器人适应性越强,通用性越好,从事复杂作业的能力就越强。

6. 堆垛机器人的应用

当货物进入工作区后,堆垛机器人能够自动识别货物的大小和方位,并根据预先设定的动作程序,将货物抓起移送到托盘上。货物的堆放顺序和形式也是程序预先设定的,当货物堆垛完成,能自动捆扎然后通过传送带送走。

堆垛机器人速度快、可靠性高、全自动堆垛,能适应多种工件,它能将不同外形尺寸的包装货物整齐、自动地码(或拆)堆在托盘上(或生产线上)。为充分利用托盘的面积和码堆物料的稳定性,堆垛机器人通常具有物料堆垛顺序和排列设定器,可满足从低速到高速、从包装袋到纸箱、从堆垛一种产品到堆垛多种不同产品的需求。

堆垛机器人工作能力强、适用范围大、占地空间小、灵活性高、成本低以及维护方便等多方面的优势,使其应用渐为广泛,并成为一种发展趋势。

第七节 子母穿梭车

穿梭车是一种用于自动化物流系统中的智能型搬运设备,在物流系统中(水平层面内)通过轨道上的往复运动完成货物单元(主要是托盘和料箱)的输送。子母穿梭车是一种密集式自动存取的仓储物流装置,因由母穿梭车与子穿梭车协同工作而得名。

1. 主要组成

如图10-18所示,仓储子母穿梭车主要由双向的子穿梭车和母穿梭车及其轨道、行走巷道、货物巷道、轨道贯通式密集货架、往复升降机、换层提升机、出库输送线、入库输送线和计算机控制系统组成。

采用子母穿梭车的仓储系统主要通过垂直巷道口的升降机、横向巷道中的穿梭母车以及纵向巷道中的穿梭子车协作运输来执行存取任务。与传统自动化立体仓库相比，提升机和穿梭车独立运动且配合作业，等待时间少，更为灵活高效，能节省50%~60%的空间。随着《中国制造2025》规划的实施，制造业物流仓储迅速发展，各企业仓储规模不断扩张，子母穿梭车仓储系统在密集仓储中得到了快速的发展和应用。

2. 工作原理

子母穿梭车的运作，简单来说就是母车牵引着一系列的子车在仓库的主干道上行驶。当到达某一个特定的支道时，子车可以自动释放，然后自主运行到支道上进行作业。母车则继续向前行驶，这样就在无形中节约了不少的时间，大大加快了作业的速度。

子母穿梭车密集仓储系统设备配置如图10-19所示，各穿梭子车轨道存储同种货物，子母穿梭车可通过提升机实现跨层作业，从而实现3个方向运动完全独立，最大限度地优化系统效率。同时系统可拓展性强，便于增加穿梭子车和穿梭母车的数量，解决出入库作业任务量的波动性需求。

图10-18　仓储子母穿梭车

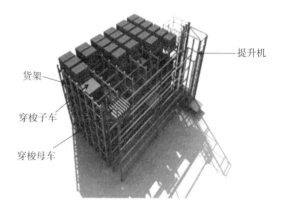

图10-19　子母穿梭车密集仓储系统设备配置

子母穿梭车执行作业时，根据货物是否在子母穿梭车上，可分为空载阶段和负载阶段。根据动作类型来分，子母穿梭车的动作主要分为接货动作和放货动作，阶段和动作是一一对应的。接货过程是指子母穿梭车接到命令，从当前的位置到入库口（入库）或货物仓储位置（出库）的过程，在此过程中设备上没有货物，属于空载阶段；放货过程是指子母穿梭车接上货物后载着货物从当前位置到达出库口（出库）或货物仓储位置（入库）的过程。

3. 子母穿梭车密集仓储系统的特点

（1）高效的仓储管理。子母穿梭车可以很好地适应现代的密集式储存立体仓库，是仓储密集存储系统和自动化系统完美结合。

（2）运作效率高。子母穿梭车的托盘能够实现自动化运行，使得子母穿梭车的货物运输量得到极大提高，保证了货物运输量和运输效率，并且确保了货物在运输途中不会受到损坏，能够被安全地送达目的地。

（3）高效的全自动化存储。仓储子母穿梭车使用方便灵活，工作效率高，在管理时只需要看母车是走哪条主干道，然后将主干道上的货物都安排到子车上面。只要子车路过相应的货架,就会自动从母车上面释放,进行自主作业。

(4)运作误差小。子母穿梭车运行过程中的定位、动作均由设备自动完成,其定位误差小、几乎不存在误动作,因此运作误差小。子母穿梭车运行时,还可以通过对子车运行状态的检测来确定其在干道上面的运行进度,实时把握设备的运行状态,进一步降低设备的运作误差率。

4. 实际应用

仓储子母穿梭车货架作为一种现代化货架,在仓储能力、智能化程度方面与传统货架相比都有了极大的提升,对于现代物流行业的发展具有非常重要的意义。在现代物流中心、自动化仓库等场所应用广泛,尤其是在密集式立体仓库中。

某企业的子母穿梭车式立体仓储系统如图 10-20 所示。该方案投入子母穿梭车,增设穿梭母车巷道,实现同层不同巷道托盘位置的移动与存储。其中母车巷道可以分为两侧布置和中间布置,两侧布置的作业模式为先进先出(FIFO),即单侧入库、单侧出库;中间布置的为先进后出(FILO),即出入库均在一侧。它使得企业出入库方式更加灵活、高效,而且更易于通过增减子母车满足使用需求。

该立体仓储在普通货架系统的前端的每一层相应位置铺设一条垂直于巷道的轨道,有一台穿梭车可以进行来回穿梭,穿梭板可以开进这一穿梭车。这台穿梭车被称为穿梭母车,穿梭板被称为穿梭子车,穿梭母车可以将货物运送出去,也可以将穿梭子车转运至不同的巷道。仓储子母穿梭车示意图如图 10-21 所示。

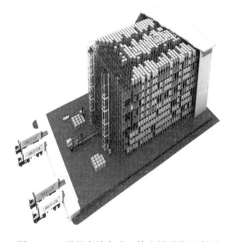
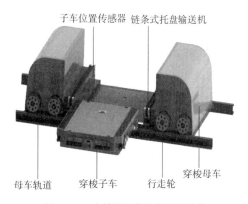

图 10-20 子母穿梭车式立体仓储系统示意图　　图 10-21 仓储子母穿梭车基本组成

子母穿梭车全自动立体仓储系统实现了托盘货物在仓储货架上的密集存放,并通过仓储管理系统控制系统对穿梭子车、穿梭母车、提升机、输送机等设备实现全自动化操作,取消了叉车通道和辅助空间,极大地提高了仓库内物料的密度,节省了叉车存取物料的时间,缩短了工人工作时间,同时满足了对物料高密度存储和高效率存取的要求。

第八节　分拣机器人

分拣机器人是一种具备传感器、物镜和电子光学系统的机器人,它能够轻松实现目标物体的快速拾取、分拣、装箱、搬运、加工等操作,主要在食品、药品、电子产品、物流等行业应用广泛。分拣机器人具有质量轻、体积小、速度快、定位精、成本低、效率高等特点。

1. 工作特点

分拣机器人通过视觉扫描技术进行高效率分拣作业,大大地缩减了客户从订货到发货之间的周期,既提高了工作效率,也提高了客服的服务水平。与人工分拣相比,分拣机器人主要有系统可拓展性强、人工成本低、分拣差错小、系统可靠性高、节能环保等特点。

1) 系统可拓展性强

传统交叉带分拣机的格口、行进路线均是固定的,而分拣机器人系统可快速根据业务需要进行自由变化、拓展。

2) 人工成本低

分拣机器人处理系统的人员工位布置紧凑、人均效能有所提高,相同处理效率下相较传统交叉带分拣机系统可节约用工约40%,解决了快递行业暴力分拣问题,很好地保证了包裹的安全。

3) 分拣差错小

自动分拣机器人在工作时,通过视觉识别技术能够较快地识别货物的运输方式,机械化的操作也使得分拣操作最大限度脱离工作人员的操控,减少了人为失误。同时分拣机器人采用静态卸载,只要货物面单信息识别正确,其理论分拣差错率为0。

4) 系统可靠性高

机器人分拣系统由众多独立运行的分拣机器人组成,不会因某台机器人故障而影响整个系统的运行效率;且系统支持远程升级及调试,相关技术人员可远程解决系统调度问题,提升了系统可维护性与便利性。

5) 节能环保

机器人分拣系统用电功率较相同规模的交叉带分拣机的实际消耗功率低,且均由低功率直流可充电蓄电池供电,能够为企业级客户的提效降本作出一定贡献。

2. 工作原理

快递自动分拣系统的部分主要由供件系统、分拣系统、下件系统和控制系统组成。快递自动分拣系统各系统分别发挥着不同的作用。

1) 供件系统

供件系统是为了实现分拣机器人高效、准确地处理而设置的,目的是保证等待分拣的物品,在各种物理参数的自动测量过程中,通过信息的识别和处理,被准确地送入高速移动的分拣主机中。由于供件系统的处理能力往往低于分拣主机,所以一般要配备特定数量的高速自动供件系统,以保证分拣的需要。

2) 分拣系统

分拣系统是整个分拣机器人的核心,是实现分拣的主要执行系统,它能够使具有各种不同附属信息的货物,在一定逻辑关系的基础上实现货物的分配与组合。

3) 下件系统

下件系统是分拣处理的末端设备,目的是为分拣处理后的货物提供暂时的存放位置,并实现一定的管理功能。

4)控制系统

控制系统是整个分拣机器人的大脑,它的作用不仅是将系统中的各个功能模块有机地结合在一起协调工作,而且更重要的是控制系统中的通信与上层管理系统进行数据交换,以便分拣机器人成为整个物流系统不可分割的一部分。

3. 分拣作业流程

分拣机器人分拣作业流程为:揽件→放件→机器人分拣→集包装车。

(1)揽件。快递分拣的货物多为包裹形式(以下称为包裹)。包裹到达分拣中心后,卸货至皮带机,由工作人员控制供件节奏,包裹经皮带机输送至拣货区工位。

(2)放件。工人将包裹以面单朝上的方向放置在排队等候的自动分拣机器人上,机器人搬运包裹穿过龙门架进行面单扫描以读取订单信息,同时机器人可自动完成包裹称重,该包裹的信息将直接显示并上传到控制系统中。

(3)分拣。所有分拣机器人均由后台管理系统控制和调度,并根据算法优化为每个机器人安排最优路径进行包裹投递。分拣机器人在分拣作业过程中可完成互相避让、自动避障等功能,系统根据实时的道路运行状况尽可能使机器人避开拥堵。如图10-22所示,当机器人运行至目的地格口时停止运行,并通过机器人上方的辊道将包裹推入格口,包裹顺着滑道落入集包区域。

图10-22 分拣机器人工作场景

(4)集包装车。集包工人打包完毕后,将包裹放上传送带,完成包裹的自动装车。

4. 分拣机器人的应用

目前用于分拣快递的高速分拣机器人"小黄人",在1s内可以进行2~3次的物品分拣工作,并且能够迅速地将物品放进对应的地方。基于高速分拣机器人对于物品位置的识别能力,它可以在瞬间抓到需要的东西,而且协同能力强,多个高速分拣机器人可以协同、配合工作,在同一流水线上进行分工合作,提高工作效率。

在三维拣选环节中,DELTA型快递分拣机器人也被投入使用。如图10-23所示,DELTA型机器人是一类并联机器人,具有精度和刚度均高、负载能力强的特点,非常适合应用于高速运动的场景,如高速包装、分拣等。DELTA型快递分拣机器人具有三轴并联机械结构及适应货物转角偏差辅助轴的特点,高安全等级,配合3D视觉系统,可动态完成货品拣选,其分拣速度可以达到3600次/h,折合1次/s,是目前人工拣选效率的5~6倍。

T800型12轴大型物流后端分拣桁架机器人如图10-24所示,其有效负载为5000kg,超大的负载能力使其适用性大大增加,尤其在一些非标准物流搬运堆场中能够脱颖而出,避免大幅改动甚至拆建,从而能节省改造的时间和成本;采用分布式无柜控制系统,可进行5min快速故障恢复,无须接线、编程、维护和调试工作,减少产品安装时间;为降低机器人潜在的碰撞干涉风险,T800进行了激光定位设计,使机器人在自由活动的同时减少发生碰撞的概率,也大大提高了机器人的运行定位精度;T800为全伺服驱动,由12个伺服轴组合而成,竖梁采用隐藏式货叉设计,可7轴联动,在尺寸范围内可进行不同规格的物料(例如建材、地板、轮胎等)抓取,满足所需的高柔性需求。

图10-23　DELTA型快递分拣机器人　　图10-24　T800型12轴大型物流后端分拣桁架机器人

智能物流是利用集成智能化技术,使物流系统能模仿人的智能,具有思维、感知、学习、推理判断和自行解决物流中某些问题的能力。智慧物流是指基于物联网技术应用,实现互联网向物理世界延伸,互联网与物流实体网络融合创新,实现物流系统的状态感知、实时分析、科学决策与精准执行,进一步达到自主决策和学习提升,拥有一定智慧能力的现代物流体系。相对智能物流而言,智慧物流多了一项自主决策和学习提升的能力。

随着传感技术、控制技术、无人机、机器人技术和物联网技术等的不断进步,以及各种智能机器人的不断涌现,智能物流技术与装备必将在运输、流通加工、仓储、分拣、配送和信息处理等物流作业中得到广泛应用;智能物流技术与装备也将更好、更高效地服务于物流业,促进智能物流的快速发展,且更快、更有力地促进智能物流向智慧物流进化。

智能化中药固体制剂生产物流系统

1. 概述

K公司工厂建筑投影地面积19300m²,建筑面积约5万m²,总投资6亿元,总体建筑3层,局部两层,立体库区单层,物流系统主体位于建筑西侧,其智能化工厂配套的智能化生产物流系统按照工业4.0理念设计,其中智能化中药固体制剂生产物流系统的功能包括两部分:①原材料、辅料的收货、储存、配送;②成品的入库、储存及配送。

这两部分共用储存系统和信息系统。在布局方面,智能化中药固体制剂工厂物流系统分为3个楼层作业,其中一楼主要进行原辅料的收货、码盘、暂存、入库、向制剂车间配送,车间剩余原辅料和车间内空托盘垛收集后的回库作业,以及成品的码垛入库和发货集货作业;二楼主要进行原辅料配送、剩余原辅料回库、车间内空托盘垛收集后回库作业,成品输送、整箱出库拣选作业,以及原辅料在抽检合格后的回库作业;三楼主要进行原辅料的配盘和车间配送作业,车间剩余原辅料、空托盘垛收集后的回库作业,以及成品向一楼码垛区的输送作业。

2. 系统构成

该智能生产物流系统包括以下部分:

(1) 储存系统。采用一套 AS/RS 立体库系统,设计 5 个巷道,5 台堆垛机,总货位数 6000 个。托盘规格为 1200mm×1000mm×150mm,单元荷载为 450kg。

(2) 原辅料输送系统。储存于立体库的原辅料及包材通过立体库输送系统送到出口,再由叉车式 AGV(图 10-25)输送至各楼层的生产工位。每个楼层配置 1 台 AGV,共 3 台 AGV,并留有未来可以扩充的接口。剩余辅料的回库也采用 AGV 输送。其中 AGV 通信首次采用 5G 技术,对于减少延时、提高系统的可靠性和灵活性起到了积极作用。

(3) 成品入库输送及码垛系统。成品从生产线到立体库的输送采用箱式输送系统完成,共 3 条输送线(每层 1 条),并配置 2 台机械手,自动码垛入库。可同时码垛 6 个品种。

(4) 原辅料的配方系统。为了压缩生产线空间,系统采用了将多个 SKU 的原辅料组合到一个托盘上的配方托盘方式,按照生产节拍配送到车间生产工位。配方系统共设 9 个托盘位置(6 个库内存储托盘位,3 个配盘工位),另设 1 个托盘垛拆垛工位。配盘后的原辅料入库暂存,根据系统调度,从各楼层出库至生产车间。

(5) 成品出库系统。成品出库分为整托盘出库和非整托盘出库两种情况。整托盘出库通过立体库输送机自动输送到出库口,进行集货后出库,需要拆盘的成品在二楼拆盘后,通过输送线出库。

(6) WMS/WCS 系统。所有库存管理和生产调度采用 AUTOWMS3.0/AUTOWCS3.0 系统实现。

3. 先进的物流技术

K 公司的智能生产物流系统几乎应用了目前所有先进的物流技术,如 AGV 系统、"货到人"拣选、机械手、AS/RS 技术等。

(1) AGV 系统。在配送中心的入库环节,采用机械手自动码垛,并应用 AGV 自动完成入库和出库作业。在生产系统中,采用 AGV 完成原辅料从储存系统到生产车间之间的双向输送。AGV 的应用,一方面提升了系统的自动化水平,降低了失误率,提升了效率;另一方面也增加了系统的柔性。

(2) "货到人"拣选。"货到人"拣选与自动拣选是目前业界普遍看好的下一代拆零拣选技术的主流技术,其在拣选效率、准确性、空间利用率、灵活性等方面具有突出的应用优势。在配送中心的拆零拣选环节,采用"货到人"拣选技术,大大提升了拣选效率和拣选的准确性。系统配置 2 个拣选站和 6 台四向穿梭车,每天可完成 3000 行以上的拣选,未来在配置足够的穿梭车的情况下,其日拣选能力可以达到 5000~6000 行。

(3) 机械手。

机械手(图 10-26)在物流系统中的主要作用包括:码垛作业、拆垛作业以及拣选作业(整件与拆零)等。在收货环节,通过伸缩皮带机卸货后,机械手自动码垛,大大加快收货的自动化程度,具有很强的示范性;在生产环节,成品下线后通过输送机输送至立体库前,机械手自动码垛入库。这一应用解决了连续生产的无人化问题,大大改善了生产车间与物流系统的自动衔接问题。

(4) 螺旋式提升机。

螺旋式提升机(图 10-27)被认为是最紧凑的提升机设备之一,且技术成熟、故障率低、运行平稳。尤其是其输送量大,每小时可以完成 1500 件以上的货物输送,解决了其他类型提升机跨楼层运输能力不足的问题。在配送中心充分利用螺旋式提升机的特点,完成整件货物和打包后的货物从 2~4 楼到达 1 楼的快速输送。

图 10-25　叉车式 AGV　　　　图 10-26　机械手　　　　图 10-27　螺旋式提升机

K 公司智能生产物流系统的应用使得其公司产品的生产效率大大提高,为其打造"两个 100 亿"(药品生产 100 亿元,商业流通配送 100 亿元)的战略目标奠定了坚实的基础。

 思考题

1. 什么是传感器的静态特性和动态特性?这两个特性各有哪些性能指标?
2. 无人机的基本构成有哪些?简述无人机在物流行业的应用优势。
3. 简述 AGV 的基本构成与导引方式。
4. 简述仓储子母穿梭车的工作原理。
5. 简述分拣机器人的工作原理及其特点。

第十一章 物流装备机务管理

第一节 概述

物流装备机务管理,是指为有效地利用物流装备所采取的各项经济技术和组织措施的总称。其目的在于合理选择、配置、使用、保养、修理、更新机器设备,达到高效、优质、低耗、安全的要求。

物流装备选型配置就是根据企业的生产需要,合理地选择、购置或建造物流设施与设备,为企业物流活动提供最合理的设施设备保障;物流装备管理则是指从装备购置到最终报废的全生命周期中,为保证其正常使用而采取的一系列措施,包括各种规章制度、人员培训、维护和修理等。

现代物流装备管理理论强调对物流装备实行全寿命周期综合管理。物流装备的生命周期可以划分为两个不同的阶段,即装备的前期管理和后期管理。前期管理称为规划工程,是从选购或更新设备开始,内容涉及物流装备的规划、设计、制造(或选购)、安装及试运转、直到投产使用这一阶段的管理;后期管理称为运用工程,涵盖从物流装备使用、维修、改造、更新直至退役后再利用等诸多环节的管理。装备的前期、后期管理是不可分割的一个管理体系,要做好装备的后期管理,必须具备前期管理的良好基础。

一、物流装备的配置原则

物流装备的选择和配置是物流装备前期管理的重要环节,也是企业经营决策中的一项重要工作。物流装备具有投资大、使用期限长的特点,在选择和配置时,一定要进行科学决策和统一规划。正确地选择与配置物流装备,可以使有限的投资发挥最大的技术经济效益。做好物流装备的配置管理,将为装备投入使用直至报废的后期管理创造良好的条件。它不仅决定企业物流装备的水平,同时也决定物流装备的投资效益。

从总体上讲,物流装备选择与配置最基本的原则是技术上先进、经济上合理、生产上适用和安全可靠。此外,还应当遵循系统化原则、标准化原则和环保性原则。

技术先进性原则就是要求选配的物流装备在技术上具有一定的先进性,能够反映当前先进的科学技术成果。

经济合理性原则就是要求选配的物流装备在经济上是最合算的。这一方面要求物流装备在满足使用需求的前提下,使全寿命周期内的总成本费用最低,即要求物流装备的购置费用和未来使用过程中的运行费用都能达到最合理,亦即低成本原则;另一方面要求选配的物流装备在生产中能够创造最高的经济效益。

生产适用性原则就是要求选配的物流装备在企业物流生产条件上具有良好的适应性,

在装备的功能选择上具有较好的实用性。物流装备并不是功能越多越好,因为在实际作业中,并不一定需要太多的功能,如果装备不能被充分利用,则会造成资源和资金浪费;同样,功能太少也会导致生产能力降低。只有充分考虑使用要求,去选择物理装备的功能,才能充分体现装备的适用性,获得较大的投资利益。

安全可靠性就是要求选配的物流装备具有良好的安全性和可靠性,确保物流装备能够安全生产和可靠地运行。其中,安全性是指物流装备在使用过程中保证人身和货物安全以及环境免遭危害的能力;可靠性是指物流技术装备在规定的使用时间和条件下,完成规定功能的可靠能力。装备的可靠性与经济性是密切相关的。从经济上看,可靠性高就能减少或避免因发生故障而造成停机损失与维修费用的支出。但是可靠性并非越高越好,因为提高可靠性需要在物流装备开发制造中投入更多的资金。因此,不能片面地追求可靠性,而应全面权衡提高可靠性所需的费用开支和与可靠性降低造成的费用损失,从而确定最佳的可靠度。汽车购置费、维修费与可靠度之间的关系如图11-1所示。

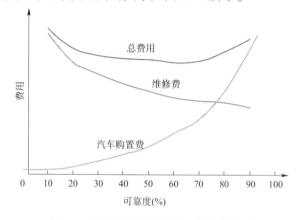

图11-1 汽车购置费、维修费与可靠度的关系

系统化原则就是在物流装备选择配置过程中,运用系统论的观点和方法,对物流装备使用过程中所涉及的各个环节进行系统分析,按系统化原则选择和配置物流装备。

标准化原则的主要意义在于降低物流运作成本、提高物流运作效率。例如,在物流托盘的选择中,采用标准规格尺寸的托盘,不仅能够便于托盘采购,降低采购成本,同时还能够便于托盘与叉车、堆垛机等装备的配套使用,而且便于托盘和外部系统衔接,降低物流运作和管理的成本。因此,在物流装备选择时,一定要坚持标准化原则,尽量选用符合国际和国家标准的各种标准化装备。

物流装备的环保性,就是要求物流装备在使用过程中,具有低能耗、低噪声、低废气排放,并且不会对环境造成其他危害。

二、物流装备配置的影响因素

1. 社会因素

物流企业必须根据社会物流经济发展的态势、国家和地方经济技术发展政策和制度等宏观条件,制定企业的发展策略,决策企业装备投资的方向和规模。不能盲目地、不合实际地投资建设和购置物流装备,以免造成巨大的浪费。另外,国家和地方政府的有关技术、环保及建筑等方面的政策和法规,也是物流装备配置必须考虑的重要因素。

2. 企业因素

物流装备是物流企业的基本生产要素,从企业物流生产角度考虑,要根据企业物流生产的作业方式和具体作业内容,选定适用的物流装备结构类型和功能配置,保证生产需要且避免功能浪费,并留有适当的发展余地;物流装备的数量配置,主要是由企业物流生产的规模、货物吞吐量和物流速度要求等方面的因素所决定。企业物流装备的配置既要满足当前的生产能力需要,又要考虑为企业的发展留有适当的空间。

3. 技术因素

物流装备的选配必须立足于当前物流装备的技术发展水平。因此,配置物流装备应当全面了解相应物流装备的现有状况,掌握装备的基本功能、技术参数和使用性能,了解装备的市场供应情况、主要生产厂家以及现有用户对产品性能的评价,并且要了解分析装备的先进性以及未来发展趋势、国内外新型装备的发展动态等因素,这些因素是设备选型和选择供应商的主要依据。

4. 货物因素

在选择和配置物流装备时,必须认真分析所处理货物的性质和特点等因素,然后有针对性地选配适用的物流装备。货物因素主要应考虑以下几点:

(1)货物的特性是影响物流装备配置的重要因素,而货物的特性又可以从不同的角度形成不同的类别划分。主要应从货物的物理特性、化学特性、几何特性和流通特性等方面考虑。例如,对于一般条件下的普通货物和危险货物、贵重货物、大型特型货物以及鲜活农副产品等特殊货物,在运输和储存等各个物流环节中所采用的物流装备的类型和功能都存在较大的差异,必须根据货物的特性选配物流装备。

(2)货物按储运形态一般可分为散料(包括干散货和液体货)、件杂货、单元化物品和集装箱等类型。同样的货物,采用不同的储运形态,所使用的物流装备也大不相同。

(3)物流企业所处理货物的品种多少和批量大小,对于物流装备的选配也有较大的影响。一般情况下,对于多品种、小批量的物流作业条件,宜选用通用性较好但生产能力不是很大的物流装备,以适应不同品种货物的作业;对于少品种、大批量的物流作业条件,则宜选用生产能力较大的专用型物流装备,以适应大批量货物的作业。

(4)货物的周转速度和频率影响着物流装备工作速度特性选择和配置数量的确定。在货物周转速度和频率较高的物流条件下,应当配置数量充足的设备,而且其工作速度也应当较高,这样才能够满足物流速度的要求。所以,对于各类配送中心、港口车站以及运输企业,要充分考虑货物周转速度和频率的要求选配物流装备。

5. 自然因素

自然条件对于物流装备的影响,主要有地质和地形条件、气象条件等因素。

(1)地质和地形条件。使用环境的地质条件对物流装备的形式、结构、造价及选用都有重大的影响。例如,在土质不好的条件下,安装重型机械或建造高大的储货仓库和油罐,都会遇到技术上的困难,即使技术问题可以解决,但是地基处理的费用会大大增加,从而影响装备系统的经济性。在设计工艺方案时,应尽量利用原有地形条件。例如,设计装卸搬运系统时,应当根据高站台、低货位、滑溜化等原则,利用位能进行货物装卸。

(2)气象条件。配置和选用物流装备,要针对不同的气象条件设计和采用一些特殊的技术措施。例如,在经常下雨的地区,为解决雨天货物装卸问题,应设计和安装防雨的装备;北方地区要采取相应的防冻措施,防止货物在严寒季节冻结;对于冬季经常封冻的港口,应考虑冰凌对码头建筑形式和港口装备的影响。

三、物流装备配置方案的制订与实施

1. 制定企业装备规划

企业装备规划是企业根据生产经营发展总体规划和企业装备结构的现状而制订的用于提高企业装备结构合理化程度和机械化作业水平的指导性计划。科学的装备规划能减少购置装备的盲目性,使企业的有限投资保证重点需要,从而提高投资效益。企业装备规划主要包括装备更新规划、装备技术改造规划和新增装备规划。企业装备规划的编制依据主要包括企业生产经营发展规划,现有装备的技术状况,国家有关安全、环境保护和节能等方面政策法规要求,可筹集用于装备投资的资金条件等。

在制订企业物流装备配置方案之前,应当先制定企业装备规划,确定企业装备条件建设的总体安排;然后根据企业装备规划制订具体装备的配置方案,按总体要求进行物流装备配置。

2. 物流装备配置的前期论证

在制订物流装备配置方案之前,一般还应当先进行技术经济和可行性论证,其目的是对装备配置的必要性和可行性以及装备配置决策的技术经济合理性等问题进行详细的分析论证,避免装备配置的盲目性和不合理性。物流装备配置前期论证的方法和内容就是根据企业装备规划并结合企业的实际情况,针对上述物流装备配置的各项影响因素进行具体的分析,写出相应的分析报告,以此作为制订物流装备配置方案的依据和指导性文件。

3. 拟订物流装备配置初步方案

物流装备配置初步方案是在充分的可行性论证的基础上制订的装备配置初步计划,它一般包括装备的功能要求、类型选择、性能参数、数量确定、投资额度、安装要求以及使用要求等具体内容。

对于同一个物流作业过程、同一类货物、同一作业线,可以选用不同的物流装备。因而在拟订初步方案时,就可能提出几个具有不同优缺点的配置方案。然后,按照配置原则和作业要求确定配置物流装备的主要性能,分析各个初步方案的优缺点,并进行初步选择,去劣存优,最后保留2~3个较为可行的、各具优缺点的初步方案,估算出它们的投资,计算出物流装备生产率、作业能力以及初步的需要数量。

初步规划不是要确定装备方案的详细规格,而是确定装备的一般性能。例如货架装备,首先要制订的装备方案是以托盘货架或者是悬臂式货架为分类依据;然后在装备规划与选择过程的后期工作中,再制订更详细的要求,如选择镀锌还是表面喷塑工艺。

4. 物流装备配置方案确定

针对提出的几个备选初步方案,要进一步采用技术经济评价的方法进行比较,确定一个最佳方案。

可以采用每吨作业量投资额和成本指标评价法、投回收期评价法、综合费用比较评价

法、现值比较评价法以及全面综合评比评价法等多种方法对方案进行评价。当然,在进行方案比较时,备选方案中如出现不可比因素,则需要对不可比因素做一些换算,尽量使比较项目具有可比性。对各个方案进行评价后,还需要进一步分析比较,从中选择出在技术性能和使用方面有较多优点,而且在经济上也是最合理的装备配置方案。

5. 选择装备供应商

这是指根据装备配置方案确定的装备类型,具体进行供应商选择。对预选出来的机型进行调查,并和厂家进行联系和询问,详细了解物流装备的各项技术性能参数、质量指标、作业能力和效率,货源及供货时间,订货渠道、价格、随机附件及售后服务等情况,选择出符合要求的几家备选供应商,然后由企业有关部门进行比较论证,选出最优的机型和供应商。

6. 谈判并签订装备购置合同

与选定的供应商会面,针对有关技术问题和商务问题进行协商谈判,对装备性能情况、价格及优惠条件,交货期及售后服务条件,附件、图样资料、配件供应等问题进行逐项确定,然后签订书面购置合同。

7. 物流装备验收

选购的物流装备供货到位后,要组织企业设备管理部门、采购部门、技术部门等各部门人员进行装备验收,并且要在供应商技术专家的指导下进行装备技术检测,然后对装备使用的相关人员进行操作和使用技术培训。

第二节 物流装备的使用管理

一、使用管理概述

装备使用是指装备工作过程。物流装备正常使用是指在正常工作条件下,物流装备从事物流作业,并且充分发挥其设计效用的各种过程。物流装备使用管理是在物流装备的日常使用过程中对其进行的各种管理工作,主要包括对装备的正确操作、合理安排工作任务和作业负荷以及保证装备正常运行等方面所开展的管理活动。物流装备使用管理贯穿物流装备从投入使用直至寿命终止报废的全过程。

1. 使用管理的目标

物流装备使用管理的目标是保证物流装备正确操作、合理使用和正常运行。正确操作就是按照装备的操作规程和技术要求操纵控制装备起动及运行;合理使用一方面是要保证在装备规定的负荷和持续工作时间范围内使用设备,严禁超负荷作业,另一方面是要尽量安排设备满负荷工作,充分发挥设备的工作能力,避免装备闲置;正常运行是在正确操作和合理使用的前提下达到的一种运行状态,同时要保障装备在无故障状态下运行,避免带"病"工作。

2. 使用管理的基本要求

物流装备使用管理的基本要求就是建立健全物流装备操作使用规程和管理制度,在日常使用中严格监督各种制度的执行,保持装备的良好技术状态,保证装备的正确操作使用,合理安排装备的工作任务和作业负荷,保证装备正常运行,并充分发挥装备的功能,保证物流生产顺利进行,并取得最佳的经济效益。

技术状态是指装备所具有的各种能力,包括性能、效率、生产率、运动参数、安全、环保能源消耗等所处的状态及其变化情况。在使用过程中,由于受到各种负荷的作用和环境条件、使用方法、操作规范、工作持续时间、工作量等影响,物流装备应有的功能和技术状态会不断发生变化而有所降低或劣化。要控制这种变化过程,除应创造适合物流装备工作的环境条件外,正确使用物流装备是控制其技术状态变化和延缓工作能力下降的先决条件。

二、物流装备操作规程

物流装备操作规程是用于指导操作人员正确掌握操作技能的技术性规范。它是根据装备的结构和性能特点,以及安全运行等要求,提出操作人员在全部操作过程中必须遵守的事项。装备操作规程的具体内容一般应包括:①装备开动前对现场环境和装备状态进行检查的内容与要求;②操作装备必须使用的工、量器具;③装备运行的主要工艺参数;④开车、变速、停车的规定程序和注意事项;⑤装备各部位的润滑方式和要求;⑥安全防护装置的使用和调整要求;⑦对装备检查、维护的具体要求;⑧防止故障及事故发生的注意事项及应急措施;⑨交接班的具体内容及工作记录等。

三、物流装备使用维护规程

物流装备使用维护规程是指根据装备结构及性能特点,对使用及日常维护方面的要求和规定。装备使用维护规程具体内容一般应包括:①装备使用的范围和工艺要求;②使用者应具备的基本素质和技能;③使用者必须遵守的各种制度,如"定机定人"、凭证操作、交接班、维护、事故报告及岗位责任等制度;④使用者必须遵守的操作规程和必须掌握的技术标准,如润滑卡、点检、定检及日常维护和周期维护等;⑤使用者应遵守的纪律和安全注意事项;⑥对使用者进行检查和考核的内容与标准。

四、物流装备使用管理制度

1. "定机定人"管理制度

物流装备"定机定人"制度就是指每台主要物流装备必须指定专人操作使用及维护,多人操作使用的装备,应指定机长负责装备的使用和维护。操作人员必须持有操作该种装备的资质证书。装备的"定机定人"由使用单位确定,经设备员同意并报装备主管部门批准;对高精度、大型且关键的装备经主管部门审查后,还需经企业主管领导批准。装备通过"定机定人"后,在现场必须有明显的标记。

实行物流装备"定机定人"制度是明确操作人员的责任,确保正确使用装备和落实日常维护工作的有效措施。"定机定人"审批后,应保持相对稳定,确需变动时,要报主管部门备案。

2. 物流装备使用交接班制度

连续生产的物流装备或不允许中途停机的装备,可在运行中交班,交班人必须把装备运行中发现的问题详细记录在"交接班记录簿"上,并主动向接班人介绍装备运行情况,做到不漏项目、交代清楚、双方当面检查和交接完毕后在记录簿上签字。交接班制度主要内容包括交清本班次生产作业任务的完成情况、交清装备运转情况、交清维护修理与技术监测情况,以及填写本班运行记录。

企业在用的每台装备,都必须有交接班记录簿,且不准撕毁、涂改。企业装备管理部门应及时收集交接班记录簿,从中分析装备现状,采取措施改进维修工作。装备管理负责人应注意抽查交接班制度的执行情况。

3. 操作证制度

为了加强物流装备使用和操作人员管理,保证装备安全运转,一些装备如载货汽车、起重机、叉车等的操作人员,需要经过该机种的技术考核合格取得操作证,方能操作该种装备。

4. 物流装备使用岗位责任制度

物流装备使用岗位责任制度就是指对使用物流装备的工作岗位规定具体的要求。建立岗位责任制度是为了加强操作人员的责任心,强制岗位人员履行职责。岗位责任制度的内容一般包括：上岗前要穿戴好劳动保护用品；参加班前会,领会当班工作事项,接受生产指令；对装备进行日常点检维护工作,并认真做好记录；按要求周期做好装备的整理和清洁；看管好装备资料及配套工具等物品；认真执行交接班制度和填写交接班记录；参加装备的修理和验收工作；装备出现异常时,要按规定采取相应的措施,并及时反馈信息；对于由于自身造成的装备事故,要如实说明经过,承担责任并吸取教训。

由于装备不同,在岗位配备上也有所差异,因此在制定岗位责任制度时一定要做到职责明确、覆盖全部。

5. 使用管理监督检查制度

为保证装备的正确使用管理,应根据有关规定,结合实际情况,制定切实可行的使用管理及监督检查制度。

五、物流装备操作人员的"三好四会"要求

为了保证物流装备的正确操作与合理使用,操作人员必须做到"三好四会"的基本要求。

1. 三好

(1)管好。操作人员应负责管理好自己使用的装备,不准非本机操作人员擅自动用；不准任意改动装备结构,对装备的附件、零部件、工具及技术资料要保持清洁,不得遗失。

(2)用好。严格遵守装备的操作规程及使用维护规程,不超负荷使用,不精机粗用,不大机小用,不带病运转,做好交接班及有关记录。

(3)修好。努力熟悉装备的结构性能及操作原理,做好装备的日常维护和周期维护,并配合检修工人进行装备检修和参加试车验收工作。

2. 四会

(1)会使用。熟悉装备的结构、性能及工作原理,掌握操作规程,正确合理地使用装备,熟悉加工工艺。

(2)会维护。学习和执行装备的维护、润滑要求,熟练掌握周期维护内容和标准,保持装备及周围环境的清洁。

(3)会检查。装备启动前,会检查操作机构和安全限位是否灵敏可靠,各滑动面润滑是否良好,能按点检内容对装备各部位技术状态进行检查和判断；装备启动后,会检查运转是

否正常,并能判断装备异常情况和故障隐患。

(4)会排除故障。通过对装备的声响、温度和压力等运行情况的检查,能判断故障部位及原因,及时采取措施防止故障扩大,并能完成一般的调整和简单故障的排除。

第三节 物流装备的技术管理

物流装备的技术管理工作内容很多,它贯穿物流装备选配和管理的整个过程。从本质上讲,对物流装备施行的一切管理工作都是为了使其具有最佳技术状态、发挥最佳技术性能,所以,物流装备的各种管理工作都具有技术管理的属性。

一、物流装备技术档案管理

物流装备技术档案就是记录装备自购置投入使用直到报废为止的全寿命周期全过程的履历技术资料。物流装备技术档案管理包括技术档案的建立、积累、整理、分析和保管等方面的工作。物流装备技术档案是物流装备操作使用、维护和修理等管理工作的重要依据,它直接影响着物流装备的管理水平。因此,加强技术档案管理对于充分发挥装备效能具有重要的作用。

1. 物流装备技术档案的内容

物流装备技术档案一般包括以下内容:

(1)装备投产前的有关资料。装备投产前的有关资料包括装备选型和技术经济论证、装备购置合同、装备出厂检验合格证及有关附件、装备装箱单及装备开箱检验记录、装备安装记录、试运行精度测试记录等。

(2)装备投产后的有关资料。装备投产后的有关资料主要包括装备登记卡片、装备故障维修记录、装备事故报告单及有关分析处理资料、装备状态记录和监测记录、周期维护及计划检修记录、调试记录和验收移交书、装备大修资料、装备改装和技术改造资料、装备停用封存和启封资料、装备报废处理资料等。

2. 物流装备技术档案管理要求

(1)技术档案要准确可靠。为达到技术档案数据准确、可靠的目的,对可以作为技术档案的信息资料应按以下要求建档:原始资料一次填写入档;运行、维护和消耗记录按月填写入档;修理、改进、改造、更换部件、事故、奖惩和交接等记录及时填写入档。各种记录方式中,必须记入准确的内容,保证技术档案的可靠性。

(2)技术档案要分级建立。大型以及作业线上关键的物流装备,要求按单机建立完整的技术档案,中型物流装备建立单机技术档案,小型物流装备按机型建立简单的技术档案。

(3)技术档案要集中管理。物流装备的技术资料,尤其是国外引进的物流装备的技术资料,对物流装备全过程管理起着至关重要的作用,应及时收集整理归档,不得丢失。装备技术资料收集之后应及时存入档案室,专项集中管理。

二、物流装备维护管理

1. 物流装备维护管理的作用

为使物流装备经常处于完好状态,除了正确使用装备之外,还要做好维护工作。如果维护工作做得好，不仅能使装备保持正常运转，减少装备的故障及修理次数，还能延长装备的使用寿命。

维护是指对装备进行清洁、润滑、紧固、检查、调整和防腐等一系列工作的总称，其目的是减缓装备的磨损，及时发现和处理装备运行中出现的异常现象。要达到维护的目的，必须加强维护管理，在维护过程中严格遵守有关作业制度、操作程序和维护技术规范。

特别指出，由于物流装备的结构、性能和使用方法不同，装备维护工作的具体内容也不完全一致，但基本内容是一致的。

2. 物流装备维护的基本要求

(1) 整齐。装备零部件及安全防护装置齐全、完整，工具、工件及附件放置整齐。

(2) 清洁。装备内外表面要清洁无污物，各滑动面、丝杠和齿条等无黑油污，各部件不漏油、漏水、漏气及漏电，周边环境要清扫干净。

(3) 润滑。按时加油、换油，油质符合要求，保证油路畅通。

(4) 安全。操作人员应熟悉装备结构，合理使用，精心维护，监测异状，确保不出事故。

3. 物流装备维护的类别和内容

物流装备维护制度通常分为日常维护制度、周期维护制度和点检制度三类。其中，周期维护制度一般分为一级维护和二级维护。

1) 日常维护

日常维护即日常性维护，其作业内容是对设备进行清洁、补给和安全检查。日常维护一般包括班前维护、班后维护和运行中维护，由操作人员负责执行。物流装备的日常维护是全部维护工作的基础，必须做到经常化和制度化。日常维护的基本要求如下：

(1) 班前对装备各部位进行检查，并按规定加油润滑。

(2) 规定的点检项目应在检查后记录到点检卡上，确认正常后才能使用装备。

(3) 装备运行过程中，要严格执行操作维护规程，正确使用装备。

(4) 注意观察装备的运行情况，发现异常要及时处理，操作人员不能排除的故障应通知维修工人，并由维修工人在故障维修单上做好检修记录。

(5) 下班前要认真清扫、擦拭装备，将装备情况记录在交接班记录簿上，并办理交接班手续。

2) 一级维护

一级维护的目的是使装备达到整齐、清洁、润滑和安全的要求，减少装备的磨损，消除装备的故障隐患，排除一般故障，使装备处于正常的技术状态。一般机械设备一级维护的时间周期为每月或在装备运行 500~700h 后进行。

机械装备一级维护的主要内容包括：对部分零部件进行拆卸和清洗；检查调整配合间隙；除去装备表面的斑迹和油污；检查和调整润滑油路，保持通畅不漏；清洗附件和冷却装置等。

参加一级维护的人员以操作工人为主，维修工人为辅。每次维护之后，要填写维护记录卡，并将其存入装备技术档案。

3) 二级维护

一般来讲，设备周期维护原则是高一级维护周期应为低一级维护周期的整数倍。多数机械设备的二级维护周期为一级维护周期的6~12倍,即一级维护周期为每个月时,二级维护周期就为6~12个月,具体与装备特点有关。

二级维护的主要目的是延长装备的大修周期和使用年限,使装备达到完好标准,提高装备的完好率,并且使操作人员进一步熟悉装备的结构和性能。一般机械设备的二级维护时间周期为一年进行一次,或装备累计运转2500h后进行。参加二级维护的人员以维修工人为主,操作工人参加,维护后要填写维护记录卡。

机械装备二级维护的具体内容主要有:

(1)拆卸指定的部件及防护罩等,彻底清洗、擦拭装备。

(2)检查和调整各部件的配合间隙,紧固松动部件,更换个别易损件。

(3)疏通油路,清洗过滤器、油毡、油线、油标,清洗冷却系统,保证油封无渗漏。

(4)清扫电器控制系统,如电器箱、电动机和控制柜等,电器装置要固定整齐。

4)点检制度

点检是一种成熟有效的装备维护管理方法,是对影响装备正常运行的一些关键部位进行经常性检查和重点控制的方法。

(1)装备点检的含义。

装备点检是指通过人的五官或运用检测的手段,对预先规定的装备关键部位或薄弱环节进行检查,及时、准确地获取装备部位的技术状况或劣化的信息,及早预防维修。

进行装备点检能够减少装备维修工作的盲目性和被动性,及时掌握故障隐患并予以消除,提高装备的完好率和利用率,提高装备维修质量,并节约各种费用,提高总体效益。

(2)装备点检的类别。

由于各种物流装备的性能和运行规律不同,装备点检可分为日常点检、周期点检和专项点检。

日常点检是指每日通过人工感官检查装备运行中关键部位的声响、振动、温度和油压等,并将检查结果记录在点检卡中。

周期点检就是按照一周、半月、一月或数月等不同的时间周期进行的点检,其周期长短可根据装备的具体情况确定。周期点检主要是针对重要装备,要检查装备的性能状况、缺陷、隐患以及劣化程度,为装备的大修、项修方案提供依据。周期点检除了凭感官外还要使用专用检测仪器进行检查。

专项点检是有针对性地对装备某些特定(特别是影响安全生产)项目的检测,一般使用专用仪器工具,在装备运行中进行检查。

三、物流装备的修理管理

1. 物流装备修理管理的作用

随着使用时间的延长,物流装备的零部件会逐渐发生磨损、变形、断裂、锈蚀和老化等现象,致使装备的技术性能降低,甚至会发生各种故障,难以满足物流生产的要求。为恢复物流装备的性能和排除装备故障而进行的技术作业,称为装备修理。装备修理的作业方法主要是更换零部件或修复磨损、失效的零部件。物流装备修理管理是物流装备使用期管理的重要工作。

物流装备的修理管理应该贯彻预防为主的原则,根据装备特点及其在生产中所起的作用,选择适当的修理方式。

2.物流装备的修理方式

物流装备的修理方式一般分为预防修理和事后修理两类。

1)预防修理方式

预防修理是根据物流装备的工作环境、零部件及控制系统的工作状态,依靠检测信息,事先编制修理计划和修理项目以及相应的工艺方案和程序,开展对物流装备的修理作业。目前普遍采用的预防修理方式有:

(1)周期检查按需修理。周期检查按需修理是以装备运行时间为基础的预防修理方式。它根据物流装备零部件的磨损和失效规律,周期性进行检查,依据检查结果确定修理类别、修理内容、修理工作量及技术要求。周期检查按需修理方式具有对物流装备进行周期性修理的特点。

(2)状态监测修理。状态监测修理是以物流装备实际技术状态为基础的预防修理方式。它是通过装备日常点检和周期检查来查明物流装备技术状态,针对物流装备的劣化部位及程度在故障发生前适时地进行预防修理,排除故障隐患,恢复装备的功能和精度。

2)事后修理方式

事后修理方式是指物流装备发生故障或性能降低到不能继续使用时进行的修理,也称故障修理。事后修理方式一类是在装备发生故障后进行的修理,一般是无预见性的临时修理,修理的目标是排除故障,恢复使用;另一类是在装备的性能降低到不能继续使用时,按照事先安排进行的修理,修理的目标是全面恢复装备的使用性能,这种修理方式一般适用于一些结构简单、利用率低的装备,或修理技术不复杂的小型装备,采用事后修理方式可能更经济。

第四节 物流装备的安全管理

一、安全管理的目的和任务

物流装备安全管理是指为了保证物流装备安全使用所进行的各种管理活动,其目的是保证物流装备安全操作使用和安全运行生产,防止物流装备异常损坏,并防止由物流装备造成人员、货物或其他财产的意外伤害。

物流生产是一个劳动密集型和装备密集型的生产领域,物流作业场所大多数是人员、设备和货物密集交会的场所。因此,物流装备的安全使用和运行,是保证物流安全生产的重要前提。从某种意义上讲,物流安全生产主要取决于物流装备的安全运行。认真做好物流装备安全管理工作,对于保证物流安全生产具有非常重要的意义。

物流装备安全管理工作的基本任务主要包括以下方面:

(1)建立物流装备安全使用制度,保证重要装备"定机定人",保证操作人员持证上岗。

(2)建立健全物流装备安全使用操作规程,严格监督操作人员按照操作规程操纵和使用装备。

(3) 监督和指导安全使用物流装备,禁止超负荷、超范围使用,针对特殊货物的物流作业(如吊运大、重型货物),协助生产部门编制安全作业技术方案。

(4) 开展经常性的物流装备安全教育和技术培训,对各种装备的操作人员进行专业技术培训,作为取得操作资格的主要考核内容;同时,还应经常对操作人员进行安全教育,增强操作人员安全生产意识。

(5) 经常开展物流装备安全检查活动,检查装备安全装置的技术状况,确保安全装置灵敏可靠;检查装备的安全作业条件和安全使用情况,确保装备安全作业。

二、物流装备产生危险的种类与事故原因

1. 物流机械设备产生危险的种类

物流装备在按规定的使用条件下执行其功能的过程中,可能对人员造成损伤或对健康造成危害。这种危害可能来自装备本身、装备的作用对象、操作人员,以及装备所在的场所等。因此,应认清危害的起源,分析危险种类,为实施安全管理提供依据。

物流机械装备产生的危险主要有:①由于本身的机械能作用,可能产生伤害的各种物理因素以及与机械设备有关的滑绊、倾倒、跌落危险;②电气危险;③温度危险;④噪声危险;⑤振动危险;⑥辐射危险等。

机械装备危险的主要伤害有砸伤、夹挤、剪切、缠绕、跌倒、坠落、触电等。

起重机械装备常见的事故有:①由于脱绳、脱钩、断绳、吊钩破断使重物从空中坠落所造成的人身伤亡和设备毁坏的重物失落事故;②由于缺少安全监督指挥管理人员、缺乏安全意识或从事野蛮操作造成的挤伤事故;③由于从机体上滑落、机体撞击、工具滑落、振动等造成坠落事故;④由于电气系统及周围相应环境缺乏必要的触电安全保护面造成的触电事故;⑤由于超载失稳等产生机体断裂、倾翻造成机体严重损坏及人身伤亡的机体毁坏事故。

2. 物流装备产生事故的原因

在物流生产过程中,发生物流装备安全事故的具体原因多种多样,但概括起来可分为装备原因、人的原因和管理原因。在这些原因中,有的是导致事故的直接原因,有的是酿成事故的间接原因。

1) 装备原因

在物流装备安全事故中,一个重要的原因就是由于装备本身的原因而导致安全事故发生。装备本身的直接原因通常主要是:安全装置失效;安全防护、保险、信号等装置缺失或有缺陷;关键零部件有缺陷、损坏;装备润滑、冷却、保温、散热和密封等方面功能失效等。

装备的间接原因一般主要是其设计上和技术上的固有缺陷,主要表现在设计上因设计错误或考虑不周而造成的结构不合理、零部件的材料缺陷或强度刚度不足、安全和控制装置性能缺陷等;在技术上一般是由于在装备的施工、制造、安装、使用、维修和检查等方面的技术水平较低、技术标准较低、零部件加工质量和制造性能达不到设计要求等原因,留下的事故隐患。

2) 人的原因

人的原因通常是导致物流装备安全事故的关键因素。从物流装备操作者方面看,人的原因一般主要有:不按操作规程操作装备;操作使用装备时注意力不集中,操作错误,忽视警

告；未按规定检查装备，使用不安全装备，使用装备带"病"运行；不按规定使用装备，使装备超载、超范围作业；冒险进行危险操作；攀、坐不安全位置，如作业平台护栏、汽车栏板、起重机吊钩等；在起吊物下作业、停留；机器运转时加油、修理、检查、调整、焊接和清扫等。这些原因一般是导致物流装备安全事故的直接原因。

3）管理原因

管理原因是指由于企业有关管理部门和管理者疏于管理、装备安全管理制度执行不严，致使员工安全意识淡薄、安全知识缺乏、装备安全操作技能低下，从而造成装备安全事故发生。管理原因大多数属于间接原因，但却是酿成安全事故的重要根源。

管理上的缺陷主要表现为：企业主要领导人对装备安全管理的重视程度不够，装备管理人员责任心不强；装备安全管理制度不健全或制度执行不严格；装备安全管理组织机构不健全，缺乏专职安全管理人员；装备安全操作使用监督不力，缺乏作业现场监督和指导；装备安全控制机制不健全，缺乏装备安全管理标准，缺乏装备事故防范和应急处理措施等。

从管理的角度看，另一个重要原因就是物流装备安全教育培训不够，致使职工对安全生产的法规和制度不了解，不能正确按操作规范操作，对安全生产知识和技术掌握不够，对各种装备的使用要求和安全防范措施缺乏了解，对本岗位的安全操作方法、安全防护方法不能熟练掌握，无法应对日常操作中遇到的各种安全问题。

三、物流装备安全管理的主要措施

1．增强物流装备的安全性能

1）合理安排物流装备作业场地

作业场地安排和组织的合理与否，对装备的安全生产具有较大的影响。因此，在进行物流作业工艺布置和装备安置时，不仅要考虑经济上的合理性，还需全面考虑装备生产的安全性。一般应满足下列安全要求：

（1）应符合防火、防爆和安全生产要求。

（2）应考虑设置过道和运输、消防通道。

（3）装备在排列时应有一定的安全距离，务必使工人在操作、维修时，既方便又安全，不受外界危险因素的影响。

（4）库房建筑要有良好的采光和通风，且坚固牢靠。

2）完善物流装备的安全防护装置

物流装备在设计时就应全面考虑各种安全装置，在制造时应确保这些装置的功能、质量和安全防护，使用时应注意精心维护，保证其功能可靠。物流装备的安全防护装置一般包括以下几种：

（1）防护装置。对装备中容易发生事故的部分均应设有隔离防护装置，以免操作人员不慎而触及危险部分。

（2）保险装置。当装备在运行中出现危险情况时，能有自动消除危险情况的装置，如熔断器、安全阀、安全销、限位器、继电保护装置、卸荷装置和自动脱落装置等。

（3）信号装置。信号装置利用声、光等方式发出的信号，使操作人员及时了解装备在运行中发生的各种情况。这一类的装置主要有：各种指示灯和声响（如电铃、喇叭和汽笛等）以及各种仪表(如温度计、压力表、流量表、报警器和限载器等)。

(4)制动装置。运动的装备上应装有制动装置,以便在应急时制动,以免发生事故。这种装置对起重运输装备及车辆来说尤为重要。

(5)危险警示标记。各种醒目的警示标记牌能帮助人们识别情况,遵守安全要求。物流装备安全警示信号一般包括警告装置、文字、标记符号等,以单独或联合使用的形式向使用者传递信息,用以指导使用者安全、合理、正确地操作使用装备。

3)加强装备的安全检查

对装备进行经常性安全检查是安全管理的一项重要工作,其目的是尽早发现事故的隐患,避免发生安全事故。结合物流装备的日常维护、周期维护和周期检测等作业过程,定时检查装备的安全状况,及时消除安全隐患。

4)合理使用安全防护用品

使用安全防护用品是预防安全事故、减轻事故伤害的辅助措施,以保护劳动者的身体健康。必须正确、合理地使用防护用品,才能起到应有的效果。事故分析表明,不少砸伤、绞伤、眼伤、高空坠落等事故,都与没有正确使用安全防护用品有关。

2. 加强物流装备安全教育

安全教育是事故预防与控制的重要手段之一。通过安全教育,可以使员工提高自身的安全意识,掌握安全控制知识和操作技能,增强保证安全的能力和手段。

安全教育实际上应包括安全教育和安全操作培训两个方面。安全教育是通过各种教育形式努力提高人的安全意识和素质,它主要是一种安全意识的培养。安全操作培训主要是一种技能的培训,其主要目的是提高员工安全操作使用装备的技能。所以,安全教育培训就是企业为提高职工安全技术水平和防范事故能力而进行的教育培训工作,也是企业安全管理的重要内容之一。安全教育的形式多种多样,主要有:

(1)班前、班后会上交代安全注意事项,讲评安全生产情况。

(2)开展安全日活动,进行安全教育和安全检查,宣传贯彻本单位物流装备安全规程。

(3)召开安全生产会议,专题计划、布置检查、总结评比安全生产工作。

(4)召开安全生产及事故现场会、总结推广经验、吸取事故教训、查明事故原因,总结事故发生规律,制订防范措施,有针对性地进行安全教育。

(5)组织安全技术学习班,举办安全技术讲座,举办安全知识竞赛,举办安全操作方法的示范训练和座谈会、报告会。

(6)举办安全管理与安全技术方面的展览,编印安全简报。

3. 强化物流装备安全制度管理

在物流装备安全管理过程中,消除人的不安全行为是避免事故发生的重要措施。但是应该注意到,人与装备不同,装备是在人们规定的约束条件下运转的,自由度较小;而人的行为则受各自思想的支配,有很大的行为自由性。这种行为自由性一方面使人具有做好安全生产的能动性,另一方面也可能使人受到其他因素的影响而产生不安全行为。因此,必须强化物流装备安全制度管理,通过严格的安全管理制度和规程规范人的行为,指导操作人员的安全行为,控制操作人员的不安全行为,从而避免人的不安全行为导致事故发生。

物流装备安全制度管理就是建立健全各种物流装备安全管理制度,并通过严格的组织管理手段监督制度的执行。物流装备安全管理制度主要包括安全生产教育制度、安全生产检查制度、安全技术改进计划制度、岗位安全责任制度、事故应急救援制度和劳保用品使用管理制度等。

(1)安全生产教育制度。安全教育包括劳动纪律教育、法制教育、安全技术训练以及典型经验和事故案例教育等,在实施这一制度时,应对企业各级干部、各工种工人进行安全教育的目的、内容和教育方法等作出具体、明确的规定。

(2)安全生产检查制度。企业安全管理部门的主要职责是对安全生产政策和法规等的贯彻执行情况进行监督和检查;检查安全技术措施计划的完成情况;对违反安全法规的部门或有关人员提出处理意见;对于不具备安全生产基本条件的作业场所和机器设备,有权提请有关部门负责人,停产整顿或予以封闭停用。

(3)物流装备安全技术改进制度。通过编制和实施物流装备安全技术改进计划,可以把改善企业物流装备条件的工作纳入企业计划之中,有步骤地解决物流装备安全技术中的重大问题,使物流装备安全技术条件不断完善。

(4)岗位安全责任制度。岗位安全责任制度应明确规定企业各级负责人和每个操作人员在装备安全管理过程中应履行的岗位职责,以及应承担的安全责任。它既是考核各级负责人和每个操作人员安全管理工作完成情况的主要标准,也是追究各岗位责任的基本依据。

(5)事故应急救援制度。物流企业应当根据《中华人民共和国安全生产法》《特种设备安全监察条例》等法律法规,建立企业事故应急救援体系,制定严密可行的事故应急救援预案,一旦发生严重的装备安全事故,保证能立即按照应急救援预案开展救援工作,使事故损失降至最低。

(6)劳动防护用品使用管理制度。物流企业应当按照《中华人民共和国安全生产法》的要求,为物流装备操作人员和其他作业人员提供符合国家标准或行业标准的劳动防护用品,并监督、教育从业人员严格按照规定佩戴和使用。

第五节 物流装备的更新和技术改造

物流装备在使用过程中,难免存在零部件发生各种磨损、老化而导致技术性能和使用性能下降,加之技术发展和进步,必须根据不同情况,采取修理、更新、改造的补偿措施。

1. 物流装备更新

物流装备更新是指以技术性能更完美、经济效益更显著的新设备替代原有技术上不能继续使用,或经济上不宜继续使用的旧设备。通过装备/设备更新,企业能够不断获得技术上先进、经济上合理的良好技术装备,保证企业物流作业建立在先进的物质技术基础上,它是提高物流现代化水平的重要途径。

物流装备的更新方式分为简单更新和技术更新两种。简单更新又称原型更新,是指采用相同型号的新设备替换原来使用的陈旧设备。技术更新又称新型更新,是指用结构更先进、性能更完善、作业效率更高、能源和原材料消耗更少的新型设备替换原用的陈旧设备。技术更新是设备更新的主要方式,是企业技术发展的基础。

究竟在何时进行更新比较适宜,存在一个更新时机的选择,即如何确定设备寿命的问题。按照计算依据的不同,把设备寿命周期分为物质寿命、技术寿命和经济寿命。

设备的物质寿命又称为自然寿命或物理寿命,它是指设备实体存在的时期,即设备从投入使用,直到报废所经历的时间。虽然对机械设备进行合理使用、正确维护可以延长其物质寿命,通过修理还可以局部或全部恢复设备的机械性能、使用性能,但设备的物质寿命并不是无止境的,对设备的每次维修并不能使之完全恢复到初始的最佳状态。

设备的技术寿命是指设备在技术上有存在价值的时期,即设备从开始使用直到技术落后而被淘汰所经历的时间。技术寿命取决于设备无形磨损的速度。科学技术的发展,加快了设备更新换代的速度,使机械设备技术寿命趋于缩短。要延长设备的技术寿命,就必须用新技术对设备加以改造。

设备的经济寿命是以设备的使用费用最经济来确定的使用期限,通常是指设备平均每年使用费用最低的年数。超过这个年数,如不进行改造或更新,就会加大设备使用费用,影响企业经济效益。因此,设备的经济寿命终了时,也就是设备的最佳更新期。设备年均总费用曲线如图11-2所示。

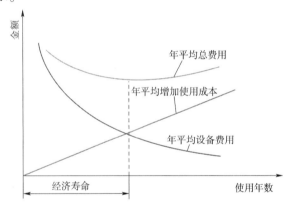

图11-2 设备年均总费用曲线

2. 物流装备技术改造

设备的技术改造是指根据物流作业的需要,应用现代科学技术成就和先进经验,改变现有设备的结构,装上或更换新部件、新装置、新附件,以补偿设备的无形磨损和有形磨损。通过技术改造,可以改善原有设备的技术性能,增加设备的功能,使之达到或局部达到新设备的技术水平。

技术改造的主要内容有:

(1) 改造或更新设备的动力装置,提高设备的技术性能和作业效率;

(2) 加装节能装置或改善耗能装置,以降低能源消耗,降低使用费用;

(3) 增加安全装置或改造原机结构,提高设备的安全性和环保性,保证设备运行安全,并防止或减少污染;

(4) 改造或增加必要装置,扩充物流技术装备功能,扩充物流装备功能,做到一机多用;

(5) 对物流设备薄弱环节进行改造,以提高设备的可靠性和耐久性;

(6) 改进原机结构,更换某些装置或总成,统一机型,以利修理和配件的供应。

物流设备技术改造,可以延长物流设备的物质寿命和技术寿命,提高物流设备的效率、安全性、可靠性,减少故障,降低维修费用,改善环境,并在较短时间内达到预期目的。

物流设备技术改造要注意的问题有：
(1)合理确定技术改造项目；
(2)进行认真的经济可行性论证；
(3)统揽全局,统筹安排；
(4)实行专业队伍和广大职工积极参与相结合。

物流装备的安全法规和标准

1. 技术法规与标准的关系

技术规范和标准的出现,强迫企业遵循其内容,达到进入市场的最低要求,客观上促进生产企业不断增大产品研发费用,提高设计、生产水平,加强质量管理。技术法规和标准的实施促进了产品技术水平的提高,它是工业发展的产物,但是法规体系和标准体系是不同的。

1) 标准

《标准化工作指南 第1部分:标准化和相关活动的通用术语》(GB/T 20000.1—2014)中对标准的定义为:为了在既定范围内获得最佳秩序,促进共同效益,对现实问题或潜在问题立共同使用和重复使用的条款以及编制、发布和应用文件的活动。标准化活动确立的条款,可形成标准化文件,包括标准和其他标准化文件。

在人类的经济和科学技术活动中,存在着大量共同的、经常是重复应用的要求。如各国或各厂在某些零部件的生产中需要尺寸统一方面的要求,性能、工艺、实施规程等许多有共性的、实际存在的重复应用的要求。为解决这方面问题就需要开展标准化工作,以规范人们的生产活动,使各方都能以最小的投入获得最佳的经济利益,这就是标准制定的目的。

标准的起草标准或采用是由一个公认机构负责的。所谓公认机构,就是有能力在标准化领域开展活动,在国际上得到各国认可、在一个国家内得到本国政府认可或是已经树立起威信和信誉并为社会有关方面一致接受的标准化机构。比如ISO就是得到各国公认的非官方组织。

标准的种类包括基础标准、术语标准、实验标准、产品标准、工艺标准、服务标准、接口标准和提供数据的标准八类。

标准一般只包括"纯"技术的内容。

2) 技术法规

技术法规是指规定技术要求的法规,它直接规定技术要求,或者通过引用标准、技术规范或规程来规定技术要求,或者将标准、技术规范或规程的内容纳入法规中。

技术法规是政府为了保证经济技术方面法律的贯彻实施而制定的包含大量技术要求的行政管理规则,是为政府法制化的行政管理活动服务的。

技术法规方面的工作则是由政府直接负责的,由政府的某一个权威机构具体管理。

技术法规除了技术的内容外,一定还包括为满足管理需要而由行政部门制定的行政法规,如内容中包括有便于法规贯彻执行而设置的管理程序和违反时的制裁措施等。

3)标准与技术法规的关系

标准与技术法规是技术领域中不同的规范性文件体系,两者之间又存在许多必然的联系。尽管标准不等于技术法规,但并不意味着标准和技术法规毫无联系,两者具有十分密切的关系:

(1)两者都是涉及技术要求的文件,均具有极强的技术性,都要以科学技术的成果为基础,内容均可包括产品特性、加工生产方法的术语与符号、包装、标志等方面的要求。

(2)技术法规可以引用标准,标准可以被技术法规引用。政府在制定技术法规时,常常引用标准来代替技术法规中有关技术要求的详述条款。这样做既可以通过引用标准充分借鉴人类科学技术成果,又能简化技术法规起草的过程,缩短起草的周期。

标准与法规是在工业发展过程中不断完善形成的,两者相互依存,在产品生产与管理中共同发挥其不可代替的作用。

2.起重装备的安全法规和标准

国家质量监督检验检疫总局及国家标准化管理委员会发布了《起重机械 检查与维护规程 第1部分:总则》(GB/T 31052.1—2014)、《起重机械 检查与维护规程 第2部分:流动式起重机》(GB/T 31052.2—2016)、《起重机械 检查与维护规程 第3部分:塔式起重机》(GB/T 31052.3—2016)、《起重机械 检查与维护规程 第4部分:臂架起重机》(GB/T 31052.4—2017)、《起重机械 检查与维护规程 第5部分:桥式和门式起重机》(GB/T 31052.5—2015)、《起重机械 检查与维护规程 第6部分:缆索起重机》(GB/T 31052.6—2016)、《起重机械 检查与维护规程 第7部分:桅杆起重机》(GB/T 31052.7—2016)、《起重机械 检查与维护规程 第8部分:铁路起重机》(GB/T 31052.8—2016)、《起重机械 检查与维护规程 第9部分:升降机》(GB/T 31052.9—2016)、《起重机械 检查与维护规程 第10部分:轻小型起重设备》(GB/T 31052.10—2016)、《起重机械 检查与维护规程 第11部分:机械式停车设备》(GB/T 31052.11—2015)、《起重机械 检查与维护规程 第12部分:浮式起重机》(GB/T 31052.12—2017)。这些标准规定了各类起重机在使用过程中应进行的检查与维护方面的基本要求。

国家质量监督检验检疫总局及国家标准化管理委员会发布了《起重机械安全规程 第1部分:总则》(GB 6067.1—2010)和《起重机械安全规程 第5部分:桥式和门式起重机》(GB 6067.5—2014)。该标准其余部分计划为"《起重机械安全规程 第2部分:流动式起重机》《起重机械安全规程 第3部分:塔式起重机》《起重机械安全规程 第4部分:臂架起重机》《起重机械安全规程 第6部分:绳索起重机》《起重机械安全规程 第7部分:轻小型起重机》,但这些内容尚未发布。该规程规定了各类起重机械的设计、制造、安装、改造、检查、使用、维修、报废等方面的基本安全要求。起重装备的国家标准、行业标准共计100多个,可分为四大类:综合类、不同起重机专用标准、起重机主要零部件标准、起重机安全防护装置标准等。

为了加强起重机械安全监察工作,防止和减少起重机械事故,保障人身和财产安全,根据《特种设备安全监察条例》,国家质量监督检验检疫还适时制订和废止了诸多行政性法规。自2007年6月1日起施行。要求起重机械的制造、安装、改造、维修、使用、检验检测及其监督检查,应当遵守本规定。房屋建筑工地和市政工程工地用起重机械的安装、使用的监督管理按照有关法律、法规的规定执行。国家质量监督检验检疫总局负责全国起重机械安全监察工作,县以上地方质量技术监督部门负责本行政区域内起重机械的安全监察工作。它是确保起重装备安全适用的法律性文件。

3. 汽车的安全法规和标准

1) 汽车强制性安全标准

我国的汽车标准分为国家标准(GB、GB/T)、行业标准(QC)、地方标准(DB)和企业标准,其中国家标准中涉及人体健康、人身财产安全、污染和能耗及资源等方面的标准纳入强制性标准(GB),其他国家标准是推荐性标准(GB/T)。

自1993年第一批汽车强制性安全标准发布以来,现有关汽车安全方面的强制性强制标准共有101项,其中包括32项主动安全标准、31项被动安全标准(其中防火安全标准有7项)及38项一般安全标准。

2) 汽车法规

我国现行的强制性标准具有技术法规的某些性质,包括了法规的某些技术要求和规范,是政府部门管理汽车产品的准则,但其不具备法规的全部属性,标准自身不带有管理规则。我国强制性汽车标准虽是法规性标准,但由于缺乏立法部门的批准及缺乏法规结构上的完整性,尚不能称其为真正的汽车法规。我国的汽车安全法规还欠完善。

4. 在用道路运输车辆的安全法规和标准

1) 在用道路运输车辆安全法规

道路运输安全既是安全生产的重中之重,也是交通安全管理的重中之重。除制造出厂要遵循相关的安全法规和标准外,在用道路运输车辆还要遵循诸多的运输安全法规和标准。

依据《中华人民共和国安全生产法》《中华人民共和国道路运输条例》(2016年2月第二次修订),根据道路运输行业对营运车辆技术管理需求的变化,修订颁布了《机动车维修管理规定》(交通运输部令2019年第20号)、《道路运输车辆技术管理规定》(交通运输部令2016年第1号)等。

《道路运输车辆技术管理规定》规定:危险货物运输车辆应当符合《汽车运输危险货物道路运输规则》(JT/T 617)的要求。道路运输经营者应当建立车辆技术档案制度,实行一车一档。档案内容应当主要包括:车辆基本信息,车辆技术等级评定、客车类型等级评定或者年度类型等级评定复核、车辆维护和修理(含《机动车维修竣工出厂合格证》)、车辆主要零部件更换、车辆变更、行驶里程、对车辆造成损伤的交通事故等记录。档案内容应当准确、翔实,如图11-3所示。车辆所有权转移、转籍时,车辆技术档案应当随车移交。道路运输经营者应当运用信息化技术做好道路运输车辆技术档案管理工作。汽车综合性能检测机构应当建立车辆检测档案,档案内容主要包括车辆综合性能检测报告(含车辆基本信息、车辆技术等级)和客车类型等级评定记录。

2) 在用道路运输车辆的主要标准

在用道路运输车辆主要按照《汽车维护、检测、诊断技术规范》(GB/T 18344—2016)进行二级维护作业和竣工出厂检验,做好车辆维护记录,并对车辆维护作业质量承担责任。该标准引用了《机动车运行安全技术条件》(GB 7258)等。

a)单车技术档案袋

b)单车技术档案

图 11-3　车辆技术档案

(1)《汽车维护、检测、诊断技术规范》(GB/T 18344—2016)。

该标准规定了汽车维护分级及周期、汽车维护基本作业项目及技术要求、二级维护竣工检验项目及技术要求以及质量保证。该标准规定:汽车维护分为日常维护、一级维护和二级维护。日常维护周期为出车前、行车中和收车后。一级维护、二级维护周期执行汽车使用说明书或维修手册规定的维护周期。道路运输车辆一级维护周期及二级维护周期推荐执行表 11-1 的规定。日常维护,由驾驶员负责执行;一级维护和二级维护,由符合《汽车维修业开业条件　第 1 部分:汽车整车维修企业》(GB/T 16739.1)规定条件的维修企业或具备资质的运输企业维护站负责执行。汽车维护作业项目及要求中二级维护前汽车技术状况检测按《机动车运行安全技术条件》(GB 7258)规定的方法进行,检测的结果应符合《机动车运行安全技术条件》(GB 7258)的要求。"

道路运输车辆的一级维护、二级维护周期　　　　　表 11-1

适用车型		维护周期		
		一级维护间隔里程或时间	二级维护间隔里程或时间	
			使用年限≤2年	使用年限>2年
货车	轻型货车(最大设计总质量≤3500kg)	5000~7500km 或 30 日	45000km 或 180 日	30000km 或 120 日
	其他货车(最大设计总质量>3500kg)	7500~10000km 或 30 日	60000km 或 180 日	40000km 或 120 日
	危险货物运输车辆	7500~10000km 或 30 日	40000km 或 120 日	30000km 或 90 日

注:对于在山区行驶、在炎热地区行驶、在寒冷地区行驶、在风沙较大地区行驶等特殊运行环境行驶为主的道路运输车辆,可适当缩短维护周期。

(2)《机动车运行安全技术条件》(GB 7258—2017)。

该标准是我国机动车国家安全技术标准的重要组成部分,是进行注册登记检验和在用机动车检验、机动车查验等机动车运行安全管理及事故车检验最基本的技术标准,同时也是我国机动车新车定型强制性检验、新车出厂检验和进口机动车检验的重要技术依据之一。该标准规定了机动车的整车及主要总成、安全防护装置等有关运行安全的基本技术要求,以及消防车、救护车、工程救险车和警车及残疾人专用汽车的附加要求。该标准适用于在我国道路上行驶的所有机动车,但不适用于有轨电车及并非为在道路上行驶和使用而设计和制造、主要用于封闭道路和场所作业施工的轮式专用机械车。

(3)《机动车安全技术检验项目和方法》(GB 38900—2020)。

该标准规定了机动车安全技术检验的检验项目(包括机动车注册登记安全检验项目和在用机动车安全检验项目)、检验方法、检验要求,以及检验结果判定、处置和资料存档。本标准适用于具备检验检测资质的机构对机动车进行安全技术检验。本标准也适用于从事进口机动车检验检测的机构对入境机动车进行安全技术检验。经批准进行实际道路试验的机动车和临时入境的机动车,可参照本标准进行安全技术检验。本标准是我国机动车技术管理和性能保持的重要技术法规和主要技术依据。

综上可知,物流装备类别繁多,相应的标准多不胜举,相应的技术法规归属诸多不同行政管理部门,标准和技术法规会适时制订、修订及废止。物流装备设计、制造、检验、报废、使用与管理过程,必须依照现行的有关技术法规和标准执行。

 思考题

1. 简述物流装备配置的总体原则及其影响因素。
2. 物流装备使用管理的基本要求有哪些?
3. 物流装备使用管理的主要内容有哪些?
4. 物流装备维护的类别有哪些?其基本作业内容是什么?
5. 简述物流装备安全管理的主要措施。

参 考 文 献

[1] 程国全.物流技术与装备[M].3版.北京:高等教育出版社,2020.
[2] 唐四元.现代物流技术与装备[M].3版.北京:清华大学出版社,2018.
[3] 冯爱兰.物流技术装备[M].北京:人民交通出版社,2005.
[4] 于英.物流技术装备[M].北京:北京大学出版社,2010.
[5] 方庆馆,王转.现代物流设施与规划[M].3版.北京:机械工业出版社,2018.
[6] 曲衍国.物流技术装备[M].北京:机械工业出版社,2014.
[7] 孔令中.现代物流设备设计与选用[M].北京:化学工业出版社,2006.
[8] 翁心刚.物流管理基础[M].北京:中国财富出版社,2013.
[9] 杨文忠.物流管理实务[M].北京:科学出版社,2010.
[10] 付丽茹.公路运输实务[M].北京:清华大学出版社,2015.
[11] 中华人民共和国国家统计局.国家统计年鉴[M].北京:中国统计出版社,2020.
[12] 史文库,姚为民.汽车构造[M].6版.北京:人民交通出版社,2013.
[13] 袁伯友.物流运输组织与管理[M].3版.北京:电子工业出版社,2018.
[14] 王海文,丁玉书.物流设施设备管理[M].北京:电子工业出版社,2013.
[15] 李海军,张玉召,杨菊花.铁路运输设备[M].成都:西南交通大学出版社,2012.
[16] 刘作义,郎茂祥.铁路货物运输[M].北京:中国铁道出版社,2011.
[17] 何民爱.物流装备与运用[M].南京:东南大学出版社,2008.
[18] 李向国.高速铁路[M].北京:中国铁道出版社,2015.
[19] 杨浩.交通运输概论[M].2版.北京:中国铁道出版社,2009.
[20] 胡思继.交通运输学[M].北京:人民交通出版社,2011.
[21] 殷勇,鲁工圆.交通运输设备[M].成都:西南交通大学出版社,2014.
[22] 王吉寅,张桥艳.民航货物运输[M].重庆:重庆大学出版社,2017.
[23] 赵智锋.物流设施设备运用(修订版)[M].上海:上海财经大学出版社,2017.
[24] 郑宁,张建明.物流运输管理[M].上海:上海财经大学出版社,2016.
[25] 金跃跃,刘昌祺.物流储存分类机械及实用技术[M].北京:中国财富出版社,2012.
[26] 田奇.仓储物流机械与设备[M].北京:机械工业出版社,2008.
[27] 王耀斌,简晓春.物流装卸机械[M].北京:人民交通出版社,2003.
[28] 罗毅,王清娟.物流装卸搬运设备与技术[M].北京:机械工业出版社,2008.
[29] 贾春玉,双海军,钟耀广.仓储与配送管理[M].北京:机械工业出版社,2019.
[30] 刘彦平.仓储和配送管理[M].2版.北京:电子工业出版社,2011.
[31] 鲁晓春,吴志强.物流设施与设备[M].北京:清华大学出版社,2005.
[32] 王国华.物流技术与装备[M].北京:中国物资出版社,2011.
[33] 陈子侠,蒋军,彭建良.物流技术与物流装备[M].2版.北京:中国人民大学出版社,2015.
[34] 魏国辰.物流机械设备运用与管理[M].3版.北京:中国财富出版社,2014.

[35] 玄兆燕.机械控制工程基础[M].北京:电子工业出版社,2016.

[36] 陈圣林,王东霞.图解传感器技术及应用电路[M].2版.北京:中国电力出版社,2016.

[37] 魏学业.传感器技术与应用[M].2版.武汉:华中科技大学出版社,2019.

[38] 方家熊.中国电子信息工程科技发展研究(领域篇)[M].北京:科学出版社,2018.

[39] 刘晶郁,李晓霞.汽车安全与法规[M].2版.北京:人民交通出版社股份有限公司,2015.

[40] 何继红.自动化集装箱码头装卸工艺系统应用现状与展望[J].水运工程,2018(06):199-203.

[41] 孙浩,张燕.直流电机闭环控制系统[J].科技资讯,2010(06):114-115.

[42] 冉蓓,覃京燕.应用于智慧物流服务的无人驾驶车产品设计[J].包装工程,2021,42(06):37-45.

[43] 王世峰,戴祥,徐宁,等.无人驾驶汽车环境感知技术综述[J].长春理工大学学报(自然科学版),2017,40(01):1-6.

[44] 赵禹程,张永伟,俞乔.无人驾驶汽车发展史、技术现状与创新管理模式研究[J/OL].新疆师范大学学报(哲学社会科学版),2021(04):1-10[2021-08-16].

[45] 王海涛.无人驾驶汽车——基本概念、发展概况与体系架构[J].电信快报,2021(03):6-10.

[46] 郑波,郭艳红,杨少鲜.我国无人机行业发展现状与前景分析[J].军民两用技术与产品,2020(07):10-19.

[47] 王喜文.机器人技术在物流中的应用:分拣、搬运到送货[J].物联网技术,2017,7(03):6-7.